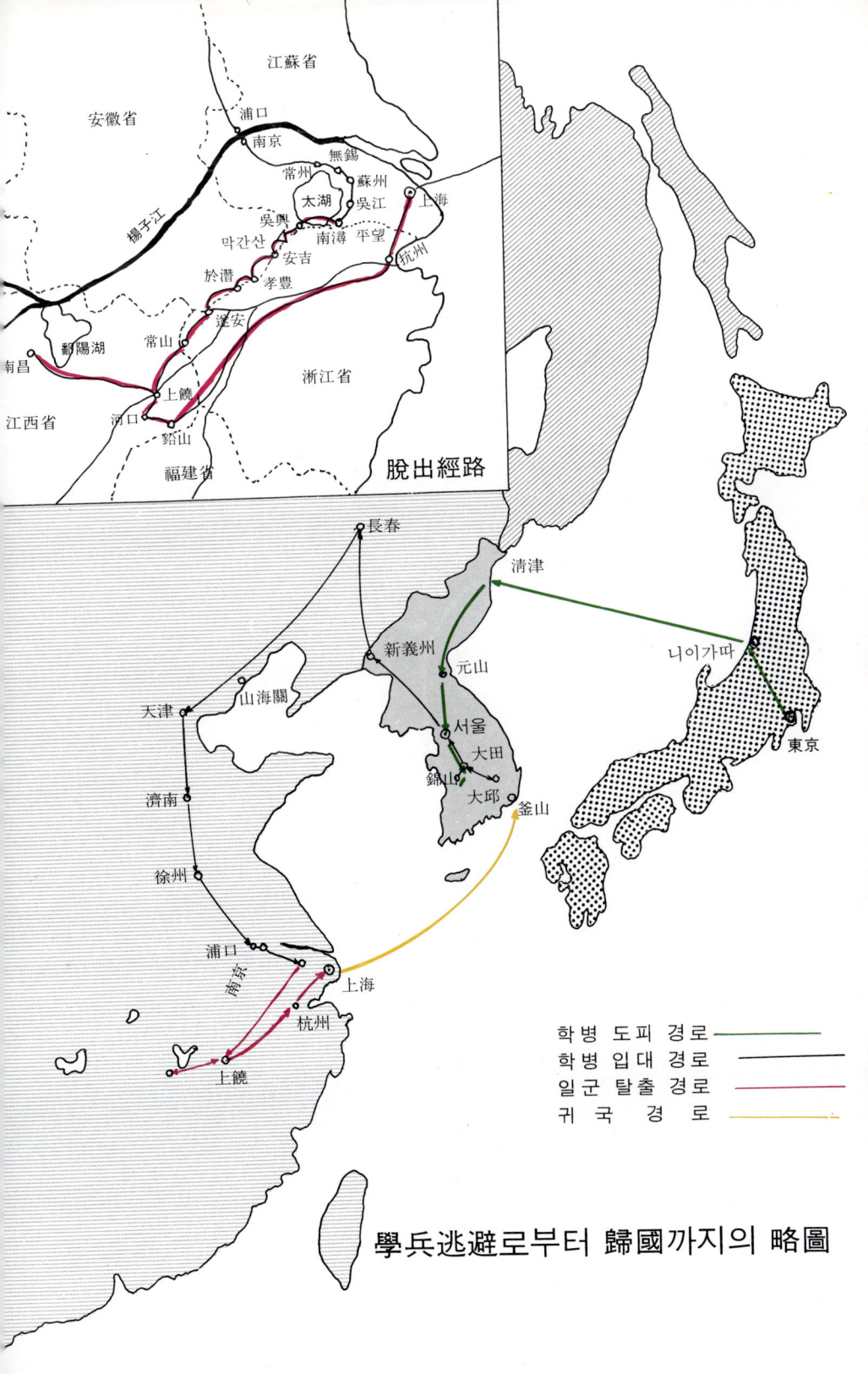

學兵逃避로부터 歸國까지의 略圖

日帝 學兵 手記

7人의 脫出

柳 在 榮 著

三知院

1940. 4. 1 明治大學豫科 入學記念(1-G班)
(中央 小林秀穗 學長)

1940. 4. 5 明治大學豫科 入學記念
(MG)는 明大 G組를 뜻하며 第二外國語로 獨逸語 選擇班을 뜻함.

▲ 1943. 8 （富士麓野）明治大學 政經學部 韓國學生 一同
學部 3학년 卒業班의 마지막 敎練時間을 마치고 사진촬영 후 1943. 11. 學兵關係로 學友들은 뿔 뿔이 헤어지고 말았다.

丁炳勳과 柳在榮(於東京池袋 暎畫館 앞) 1943. 11.
丁炳勳(法政大學法學部 3學年 在學中)
柳在榮(明治大學政經學部 3學年 在學中)
(東京留學 5년간의 學究生活中 가장 친하고 가까왔던 知己 丁君과 나는 學兵關係로 고민하면서 쓸쓸한 東京거리를 걷고 있었다.
이것이 東京에서 마지막 찍은 사진으로 우리 두 사람은 천부의 인연인지 奇異하게도 中國땅 같은 장소로 끌려 갔다가 같이 탈출하여 살아 돌아왔다.)

▲ 1944. 2. 10 中支派遣 日軍
  第60師團 第46大隊 第二中隊
  (於江蘇者 鎭澤鎭)
  初年兵 入隊記念撮影
  (筆者 右側이 宋炯圭)

蘇州 虎丘塔 ▶

우리는 幹部敎育 訓鍊中
虎丘塔을 敵陣으로
假想하고 射擊, 匍匐, 前進,
白兵戰 等을 練習하였다.

幹部候補生의 記念撮影
                1944. 10

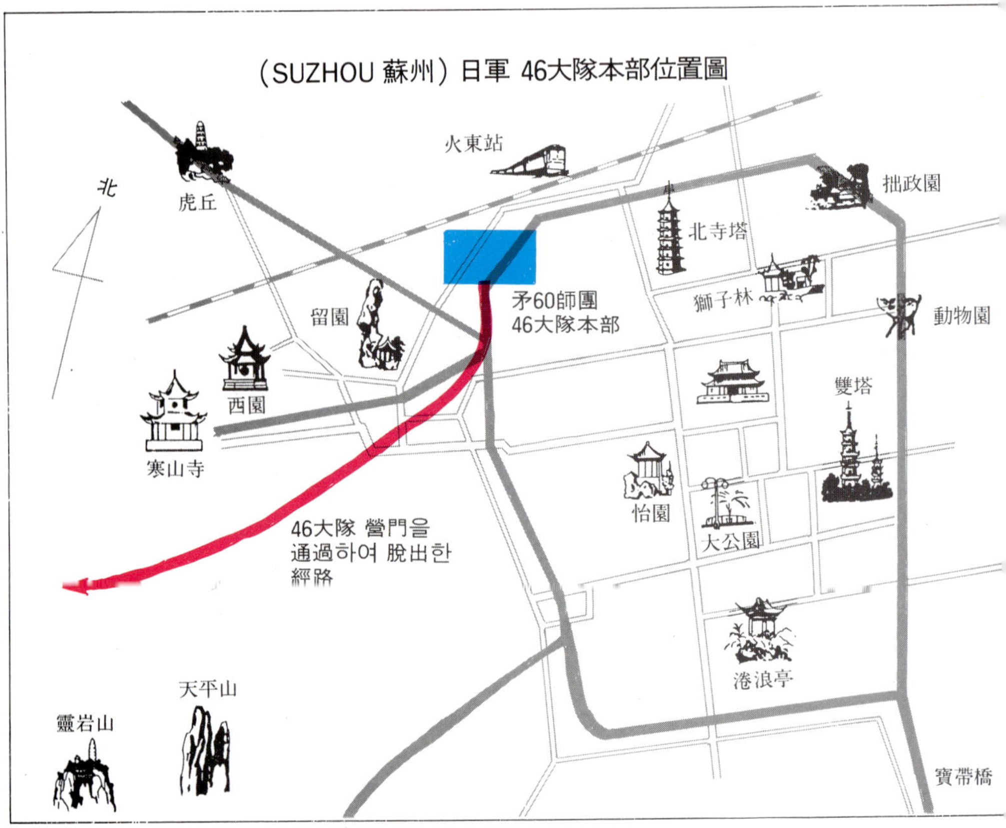

(SUZHOU 蘇州) 日軍 46大隊本部位置圖

蘇州 周邊의 크리크(Creek) 人工運河
蘇州를 中心으로 江蘇省 一帶는 크고 작은 크리크가 四方八達로 거미줄처럼 깔려있어 陸路보다도 水路가 發達되어 있고 水上에는 무수한 民船과 漁船이 떠 있어 水上生活이 그들의 職業이다.

1945. 4. 16　日軍脫出後 最初로 忠義救國軍 松浩地區 陳晉風 聯隊幹部의 歡迎을 받음 屬
우리同志들이 입고 있는 靑衣는 日軍脫出 途中 餘眞伯鎭長이 危險을 무릅쓰고 提供해준 便衣.
(一名靑衣)

1945. 6　中國 忠義救國軍 政治部 勤務時 記念撮影
日本軍 第60師團 脫出後(中國軍中校(中領)대우) (사진속의 여자는 娘子軍)

▲ 1978. 12. 13   顧祝同 將軍과 筆者
顧祝同 自由中國戰略委員會議長官邸에서
(第2次 世界大戰 當時 中國 第三戰區 司令官)
우리 七人 同志는 中國三戰區 산하 中國軍人과 같이 抗日戰爭에 참여하였었다.

◀ 1978. 12. 13   顧祝將軍과 筆者

▲ 1987. 3. 24 院淸源 將軍邸宅
　사진 左로부터 朴英 院淸源 將軍 柳在榮, 李英百(駐臺灣大使館參事)

1987. 3. 24 院淸源氏宅에서 ▶
朴英 同志와 筆者
(院淸源氏는 第二次世界大戰當
時 中國松滬地區 總指揮官이었
다.)

▲ 1987. 3. 24 自由中國
招請訪問時 阮淸源氏宅에서
阮淸源 總指揮官內外분과 筆者
(阮淸源 將軍은 現在 臺北에서
大公園(花園農場포함)을 經營
하고 있다)

1987. 3. 25 ▶
中華民國總統府國策顧問室에서
沈之岳 고문과 記念撮影

沈之岳氏는 第二次 世界大戰時
忠義救國軍 松扈地區
指揮部政治部主任으로
우리 七人同志와 對日鬪爭에
同參하였다.

功績 證書 書狀

1987. 3. 25 阮淸源 장군 招請으로
自由中國 訪問時 받은 書狀

我軍作戰에 協助한 七명의 韓國人 戰士들의 英雄스러운 勇猛에 관한 事績

　　제2차 세계대전 기간인 1945년 3월 10일에 中支(中國 中部地域) 派遣 日本軍 第60師團으로부터 步兵 總 6자루와 輕機關銃 1挺을 가지고 도망쳐 나와 我軍 忠義救國軍 淞扈指揮部에 隸屬된 太湖地區의 前方部隊에 의탁한 韓國人 戰士 朴英, 柳在榮, 金奉玉, 崔龍德, 丁炳勳, 金暎男, 成東準 등 七人은 戰場의 日本軍 配置와 방어에 관한 情報를 제공하였고 同年 3월 19일에 我軍과 함께 太湖地區에 주재하고 있던 汪逆 精衛와 日本軍 聯合의 治安部隊 및 警察局을 돌격하여 보병총과 권총 및 탄약 등 戰利品 약 70餘건을 노획하여 戰果가 크다고 할 수 있고 더우기 우리 민심을 진작시키고 士氣를 고무시켜 공헌한 바가 매우 컸다.
　　위의 일곱 戰士들이 제공한 日本軍 부대의 編制 및 兵力部署에 관한 正確하고 보배로운 情報로 인하여 美軍部隊의 淞扈地區 部署에 대한 정확한 上陸이 가능했으며 同盟軍으로 하여금 太平洋戰爭에서 勝利를 거두게 하도록 촉진시켰고, 第二次 世界大戰을 보다 일찍 종식되게 하였다. 일곱명 戰士들의 지혜롭고 용맹하며 果敢한 行爲는 실로 外國戰士들의 대단히 두려움 없는 精神의 表現이기에 특히 그 事績을 世上에 공표하며 未來史에 永遠히 남기고자 한다.
　　　　中華民國 前軍事委員會 忠義救國軍
　　　　淞扈指揮部 指揮官 阮淸源
　　　　中華民國 76年(1987년) 3월 25일 臺北에서
　阮淸源 將軍이 本文에서 얘기한 韓國人 戰士 朴英, 柳在榮 등 7人이 我軍의 作戰을 協助한 영웅스럽고 용맹스러운 事績은 確實한 事實이므로 특히 이에 증명함.
中華民國 總統府 政策顧問 前淞扈 指揮部 政治部 主任 沈之岳(정보부와 보안사가 합친기구)

▲ 1990. 7. 28 鮮·中 國境 圖們(中國)에서 ―
학병志願을 反對하고 逃避 목적지로 삼았던 滿洲땅의 도문(圖們)
뒤에 보이는 豆滿江과 北朝鮮(北韓)

▲ 北韓과 中國 國境에 세워진 標石
豆滿江 건너편에 北韓의 一部建物이 희미하게 보인다.

蘇州 虎丘山 塔   1990. 8. 1
學兵으로 끌려가 幹部候補 敎育 訓鍊場으로 利用되었던 쓸쓸하기만 한 虎丘山이 48年이 지난 1990. 8. 1 訪問했을 때 急變하는 民主化 바람으로 觀光地로 변하여 觀光客이 人山人海를 이루고 있었다. (1990. 7. 26~8. 11 獨立運動資料 蒐集次 中國訪問)

1990. 8. 1   虎丘山
學兵當時로부터 48년이 지난 1990. 8. 1 방문시 觀光地로 변한 虎丘山.
포장된 도로변에 매점이 즐비하게 들어서 있다.
1990. 7. 21~8. 5 獨立運動資料 蒐集 中國訪問時

1932. 4. 29 尹 奉吉 義士 爆彈投下 義擧場所.(筆者가 서 있는 곳)
1000. 8. 2 虹口公園(上海)
이 事件으로 日本軍 大將 白川義則 등 2명이 폭사하고 野村吉之郞 등 여러명이 중상을 입었었다.
"義擧遺址 표시가 없는 쓸쓸한 잔디밭"

◀

1990. 7. 20~8. 5 17일간 中國北京 朝鮮族 靑年學會 招請으로 社會主義 國家인 中國을 訪問하여 韓國獨立運動 遺跡地를 踏査하고 史料를 蒐集하여 그 材料中 "七人의 脫出"手記에 관계되는 一部를 사진으로 게재했다.

魯迅의 銅賞
虹口公園(一名 魯迅公園) 世界的 文人으로 中國民族運動의 先驅者이기도 하다.

天安門 廣場(北京)　1990. 7. 30

日軍脫出後 10일간의 도피생활 중 크리크(Creek)江변의 農家에서 오리고기와 오리알로 끼니를 때우던 追憶을 回想하며 순수 오리料理 食堂을 찾아갔다.

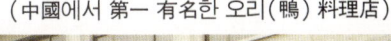

(中國에서 第一 有名한 오리(鴨) 料理店)

▲ 1990. 7. 26 學兵入隊後 中國大陸으로 끌려 갔을 때 넘어가야만 했던 萬里長城.

▲ 16日간의 中國 訪問을 마치고 桂林만 璃江(리지앙)의 遊賢船上의 休息.

1978. 5 自由中國 大平洋 文化基金 理事長 李鍾桂 博士와 筆者.
敎育監室을 訪問한 李博士 그외 招請으로 인하여 自由中國戰略委員會議長인 顧祝同 前 中華民國第三戰區司令官과 面談했다.

柳在榮(Rhyu Jae Yong)
全北教育委員會 第四代, 五代 教育監

머 리 말

 이미 49년이 지나간 서글픈 역사의 비극을 오늘에 되새기고 흘러간 과거사를 새삼스럽게 들추어 자랑하고 싶지는 않다.
 다만, 이 지구상에서 전쟁이 종식(終熄)되지 않는 한 나는 제2차 세계대전 당시의 악몽(惡夢)이 되살아나 약소민족의 비애와 나라 잃은 민족의 수난이 무엇이었던가를 회상(回想)하게 되며, 지난 날의 상처와 원한을 영구히 망각할 수는 없다. 지금 이 시각에도 세계 각처에서는 그 규모가 크든 작든 국부적인 전쟁이 그칠 사이 없이 계속되고 있지 않은가!
 "七人의 脫出!" 이것은 어떤 소설의 제목이 아니다.
 그리고, 우리들 7인만이 간직했던 비극도 자랑도 아니다. 돌이켜 생각하면, 대동아전쟁을 전후하여 일제(日帝)의 식민지(植民地) 학정(虐政)에서 신음하던 대한(大韓)의 젊은 학도들이 겪어야 했던 숙명(宿命)이요, 역사적 수난(受難)의 일면(一面)이기도 하였다.
 나는 일본 군국주의의 단말마적(斷末魔的)인 발악에 의하여 학도(學徒) 지원병이라는 미명(美名) 아래 일제의 용병(傭兵)으로 중국 대륙에 끌려갔다가 집단탈출하여 천신만고(千辛萬苦) 끝에 구사일생으로 살아남은 7인 동지 중 한 사람으로, 그 당시 보고 느끼고 겪었던 일제의 악랄

(惡辣)한 만행과, 전장(戰場)의 비극, 삶과 죽음, 조국과 민족, 자유와 속박, 그리고 인간의 욕망 등 하염없는 시련(試鍊)을 거쳐 천리(天理)를 깨달았다.

또한, 수 많은 전장(戰場)에서 이민족(異民族)인 중국의 군·관·민(軍官民)이 우리들에게 베풀어 준 인도주의와 전우애(戰友愛)는 영원히 잊을 수가 없다. 그래서, 언젠가는 이러한 사실들을 기록으로 남기고 싶었었다.

이제 마침 해방후 35년간 투신했던 교직(敎職)을 물러나 조용히 사색(思索)할 수 있는 기회를 갖게 되고, 一二〇 學兵 동지들을 비롯하여 주변의 권유와 부탁도 있을 뿐 아니라 1987년 3월 자유중국과 1990년 8월 중국(中國) 그리고 1991년 7월 일본을 방문하여 제2차 세계대전 당시의 전우(戰友)를 찾아보고 탈출과정에서 벌어졌던 중요한 자료(지명, 인명, 사진 등)를 수집하여 귀국 후 이 수기(手記)를 집필하게 되었다. 막상 지난 날 틈틈이 적어 두었던 때문은 수첩을 꺼내어 기억(記憶)을 더듬어 엮다 보니, 하고 싶은 말도 많고 현실에 조명(照明)하여 객관적인 시각(視覺)으로 기술하고 싶은 생각도 들었으나 오로지 사실을 사실대로만 적다 보니, 어딘지 모르게 부족한 감을 느끼지 않을 수 없다.

다만, 전쟁의 참상을 몸소 경험하지 못하고, 나라 잃은 민족의 비애를 실감할 수 없는 젊은 세대에게 다소나마 참고가 되었으면 다행이라 생각하고, 이미 타계(他界)한 成東準, 金映男, 丁炳勳, 金鳳玉 네 동지의 명복을 빌며, 나로 인하여 일제(日帝)에 한없이 시달리신 부모님께 효도를 못한 한(恨)을 달래며, 양친의 영전에 엎드려 소저(小著)를 바치고자 한다.

끝으로, 이 책을 상재(上梓)함에 있어 원고 정리를 도와준 姜鎭榮군에게 깊은 사의를 표하는 바이다.

1993년 8월 15일
류 재 영(柳在榮)

序 文

　조국이 광복되고, 민족이 해방된지 어언 49년이란 세월이 흘렀습니다. 독립 유공자(愛國志士)인 남애 류 재영(南崖 柳在榮) 동지께서 주변의 권고로 "七人의 脫出"이란 일군(日軍) 탈출 수기를 출간함에 즈음하여, 당시의 증인으로서 일필가지(一筆加之)하고자 합니다.
　우리 백의민족이 일본 제국주의의 강압으로 국권을 상실하고, 질곡(桎梏)을 겪은 중에도 학도 지원병과 징병제 실시는 참을 수 없는 굴욕적 사실이었습니다.
　특히, 한민족의 희망이었던 대학생들이 모조리 일제(日帝)가 도발한 제2차 세계대전의 전선에 방탄용으로, 학도 지원병이란 미명아래 끌려가게 된 것입니다. 류(柳) 동지를 비롯한 7인은 당시 최고학부 출신으로 강징(強徵)되어 이역 만리 중국 대륙에서 치열한 중·일(中日)전장에 투입되었던 것입니다. 자고(自古)로 위대한 인물은 때와 장소에 구애됨이 없이 초연하여 주관대로 행동하는 것이어서, 7인 동지들은 막다른 골목에서도 좌절하지 않고, 역사적 소명 의식을 일깨워 위국충정(爲國衷情)으로 탈출을 모의 결행 하였습니다.
　여기에 주목할 사실은 간혹 개인적으로 몸만 간신히 탈영한 예는 있지만 이들처럼 동일한 목적으로 완전무장을 하고 집단탈출을 감행하여, 더구나 추격하는 일본군과 교전을 하며, 적극적으로 일군(日軍)분견대를 기습하여 일병(日兵)을 사살하고, 많은 전과를 올린 것은 상식을 넘은 기적이요, 장쾌라 아니할 수 없습니다.

이와 같은 의거사실은 우군(友軍)으로 동참했던 중국 충의구국군(忠義救國軍)의 보고로 장 개석(蔣介石) 총통에게 알려졌고, 중경(重慶)에 있는 한국 임시정부에 통보되었으며, 각 신문지상에 대서특필로 보도되었던 것입니다. 그 후로, 7인 동지들은 광복군(光復軍)에 자진 입대하여 일군(日軍)이 무조건 항복을 할 때까지 오로지 조국의 독립과 민족의 해방을 위하여 자아(自我)를 버리고, 항일투쟁에 진력하였습니다.

8·15 해방으로 7인 동지는 전원 무사히 귀국 개선하여 각계각층에서 국가와 민족을 위해 활약하였는데, 그 중에서 특히 류 재영(柳在榮) 동지는 교육계에 투신하여 36년간 제2세 국민의 바른 교육을 몸소 실천하였고, 제4대, 5대 전라북도 교육감으로 재직하면서 탁월한 경륜을 펴 국가 백년대계에 공헌하였습니다.

실은, 진작 이러한 역사적 사실이 세상에 널리 알려졌어야 했는데 필자가 고사(固辭)하여 미루어 왔으나, 정부 포상(褒賞)을 계기로 사료(史料)를 남기기 위해 만시지탄(晚時之嘆)을 무릅쓰고 상재(上梓)함에 이르러, 젊은 세대에게 애국애족의 정신을 고취(鼓吹)시키는데 큰 도움이 되리라고 확신하면서 졸문(拙文)으로 서문에 대하는 바입니다.

獨立有功者 金 文 鎬

추 천 문

벌써 49년전의 일이 되었다. 우리는 당시 중국 소주(蘇州)에 있었다. 학병이란 서글픈 이름의 일본군대의 용병(傭兵)들이었다.

그 비굴했던 생활 속에 돌연 낭보(朗報)가 있었다. 이웃 부대에서 한국출신의 학도병 7명이 집단 탈출에 성공했다는 소식이었다. 어떻게 그럴 수가 있었을까 하고, 대뜸 의아하게 느꼈던 것은 소주부대(蘇州部隊)에선 탈출이 거의 절대적으로 불가능하다고 되어 있었기 때문이다. 소주는 한 발만 교외로 나가면 그들에게는 크리이크(運河)가 거미줄처럼 깔려 있을 뿐더러, 운하가 교차하는 요소에는 일본군의 검문소(檢問所)가 있기 때문에 좀처럼 빠져나갈 수가 없는 것이다.

그런데, 그들은 성공했다. 뒤에 안 일이지만 그 7명은 분대편성으로 출동을 가장하고, 상당한 거리까지 가서는 일본의 분견대를 습격 돌파하고, 드디어 중국군 지역으로 들어가 버린 것이다.

당시 우리가 소속해 있던 제60사단에서는 이들을 추격하기 위한 사단작전까지 전개했다. 그만큼 대사건(大事件)이었던 것이다.

해방이 되자 그들은 고스란히 살아 돌아왔다.

그들은 바로 영웅이었다. 탈출했다는 사실만으로도 영웅인데, 그들은

추천문

중국군에 섞여, 또는 광복군의 일원으로 당당하게 항일전과(抗日戰果)를 올렸다. 말하자면, 우리는 앉아서 해방을 얻은 것이지만, 그들은 싸워서 해방을 획득한 셈이다.

우리는 그들을 환영하고 존경하며, 그들을 친구로 가졌다는 것을 자랑으로 했다. 장한 친구들이다.

그 영웅 가운데의 하나가 류 재영(柳在榮)군이다. 성격이 독실하여 호학(好學)의 기상이 있는 그가 귀국하자 교육계에 투신했다. 그리고는 전북 교육감으로서 교육에 있어서의 총지휘를 맡기까지 했다. 그러나, 그는 지난날의 영웅적 행동을 한번도 자랑한 일이 없고, 그것을 내세워 본 적도 없었다. 워낙 검손한 사람인 것이나.

그래서, 친구들이 그에게 권했다. 당신들의 애국심, 그 용기, 그 의지가 민족의 영광일 뿐 아니라 후세대를 가르치는데 있어서 진실로 보람되는 교재일 수 있을 것이니 기록으로 남기라고 했다. 그는 교육감을 그만 둔 이래의 한가를 이용해서 그의 회상을 이렇게 집대성했다. 만가운 일이 아닐 수 없다.

이 책이야 말로 널리 권하고 싶은 책이다. 우리의 쓰라린 과거를 알기 위해서, 그 과거 속에서도 광명을 찾은 줄기찬 노력이 있었다는 사실을 알기 위해서, 이 책은 우리의 정신을 함양하는데 큰 도움을 줄 것으로 안다.

그런데, 그 때의 그 7명의 영웅 가운데, 4명은 이미 유명을 달리했다고 들었다. 그 가운데에는 나와 친했던 친구 성 동준(成東準), 김 영남(金映男) 양군이 있다. 이 자리를 빌어 그들의 명복을 빈다.

작가 **이 병 주**(李炳注)

同志의 辯

"七人의 脫出"…… 참으로 평생 동안 한시도 잊을 수 없는 젊은날의 대사건(大事件)이었습니다.

10년이면 강산(江山)도 변한다는데, 이제 고희(古稀)를 넘어 이 세상과 멀어져 가고 있는 우리에게 류 재영(柳在榮)동지의 본 책자 출간 소식을 듣고, 기사회생환 감회를 느끼며, 7인 동지(同志)의 한 사람으로 몇 자 적는 바입니다.

돌이켜 보건대, 아직도 기억(記憶)이 생생한 것은 암흑기와도 같은 일제(日帝) 말기의 학정(虐政)으로 본의(本意) 아니게 일군(日軍)에 강제로 끌려가 갖은 고초를 다 겪은 사실들입니다.

그러면서도, 고등교육(高等敎育)을 받은 우리 학도병(學徒兵)들로서는 왜놈들이 하라는 대로 무작정 그들의 전쟁놀이에서 방패막이가 되어 무의미한 죽음을 당할 수가 없었기에, 7인이 뜻을 모아 지옥과도 같은 일군(日軍)에서 탈출하게 된 것입니다.

자세한 경위는 본 책자에서 류 재영 동지가 서술하였으므로 약(略)하거니와, 우리들이 특별히 강조하고 싶은 것은, 우리 7인 동지 모두가 단순히 목숨만을 건지기 위한 탈출이 아니라, 일군에 적극적으로 항전하면서 그들에 대한 사무친 원한을 풀고, 일병(日兵) 한 사람이라도 더 무찔러 일군의 전력을 최소한으로 약화시켜 하루 빨리 조국 광복을 맞아야겠다는 굳은 결의(決意)속에, 전원이 일심동체(一心同體)가 되어 정신무장을 단단히 한 채, 쫓기면서도 쫓긴다는 피해 의식 속에 사로잡히지 않고, 일군(日軍)을 쳐부수며, 우리들의 작전을 수행한다는 능동적인 자세에서 과감한 탈출을 감행하였기에, 거미줄 같은 경계망이 펼쳐진 일본 점령지역을 무사히 뚫고, 전원이 살아 남을 수 있었다는 점입니다.

남애 류 재영(南崖 柳在榮) 동지는 우리 7인 동지 중에서도 우리와 같은 부대에서 동고동락한 유일한 친구였고, 7인의 탈출을 발의(發議)한 선각자로서 명철(明哲)한 지모(智謀)의 치밀한 계략으로 시종 핵심적 역할을 수행하여 7인의 의거(義擧)를 성공할 수 있도록 주도한 장본인입니다.

이제 만시지탄(晚時之嘆)이 있으나마 류 재영 동지의 노고로 7인 동지의 자그마한 발자취가 세상에 널리 알려지고, 후세에 기록으로 남길 수 있게 되어 흐뭇한 마음 가눌 길 없으며, 이미 타계(他界)한 4인 동지의 영전에 이 사실을 알릴 수 있는 기쁨과 아울러, 우리 또한, 류 동지의 덕분(德分)으로 "七人의 脫出"이 출간됨으로써, 얼마 남지 않은 여생을 홀가분하게 보낼 수 있게 되어 가슴 후련합니다.

류 재영 동지! 그대가 처음 작심(作心)하고 시작한 일을 결국 그대가 마지막으로 결실(結實)을 거두게 되었습니다.

참으로, 장(壯)한 장부(丈夫)의 수기(手記)입니다. 동지 전체의 이름으로 그대의 수고를 다시 한번 진심으로 치하드립니다.

　　　　　　　　　　　七人同志　**박영**(朴英), **최용덕**(崔龍德)

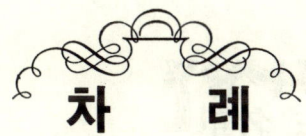

차 례

머리말	27
序文	29
추천문	31
同志의 辯	33
七人同志 名單	36
抗日의 意志 길러준 培材時節	37
싹 트는 反日 精神	39
제1부 民族의 受難	43
제1장 내가 설 땅은 어디냐	45
제2장 몸은 끌려가도 마음만은	83
제3장 祖國과 民族을 위하여	109
제2부 憤怒의 熱氣	133
제4장 山너머 山, 江건너 江	135
제5장 쫓기면서도 怨讐를 갚고	177
제6장 正義와 不義의 對決	207
제3부 하늘 끝 바다 끝	227
제7장 머나먼 重慶 길	229
제8장 먼동이 틀 때까지	249
제9장 勝戰鼓를 울리며	277

七人同志 名單

◇ 成 東 準　　全南 順天出身
　　　　　　　九州帝大 法科卒
　　　　　　　全南 敎育監, 文敎部次官 歷任
　　　　　　　1978年 宿患으로 死亡

◇ 丁 炳 勳　　全北 鎭安出身
　　　　　　　法政大學 法學部卒
　　　　　　　井邑女高 校監 在職中 6·25 動亂時 死亡

◇ 金 映 男　　全南 莞島出身
　　　　　　　專修大學 法科卒
　　　　　　　憲兵 大領으로 6·25 動亂時 戰死

◇ 金 鳳 玉　　全北 群山出身
　　　　　　　日本 中央大學 法科在學
　　　　　　　6·25 動亂中 死亡

◇ 崔 龍 德　　慶南 南海出身
　　　　　　　日本 中央大學 法科卒
　　　　　　　南海에서 農場運營

◇ 朴　　英　　釜山 出身
　　　　　　　日本 關東大學商科卒
　　　　　　　LA 總領事·뉴지랜드大使 歷任
　　　　　　　韓國유네스코聯盟 常任副會長 歷任

◇ 柳 在 榮　　忠南 錦山出身
　　　　　　　明治大學 政經學部卒
　　　　　　　第四代, 五代 全北 敎育監 歷任

抗日의 意志 길러 준 培材 時節

싹트는 反日 精神

싹 트는 反日精神

1935년 배재중학교에 입학했다.

입학 당시는 교명이 배재 고등보통학교(高等普通學校)이었으나 재학 도중에 학제가 변경되어 5년제 중학교로 개명(改名)된 것이다.

그 당시 서울에는 5大 사립고보라고 배재(培材), 중앙(中央), 휘문(徽文), 양정(養正), 보성(普成)이 있었다.

그 중에서 배재고보는 민족정신이 강한 전통으로 일제의 주목 대상이기도 하였다.

1885년 미국인 선교사 아펜셀라(亞扁薛羅)(HG. APPENZELLER)에 의해 개교를 본 배재의 건학(建學) 이념은 "욕위대자 당위인역"(欲爲大者 當爲人役)으로 "크고자 하거든 남을 섬기라" 하였다.

이와같은 이념은 당시 봉건주의와 사대사상에 묶겨 있는 학생들에게 자주적이며 희생적인 정신자세를 요구한 것이었다. 즉 기독교의 희생정신을 근간으로 국가와 민족에게 봉사하는 행동인을 목표로 한 것이었다. 이같은 건학(建學)이념은 학생들의 가슴마다 파고들어 내가 배재고보에서 수학하고 있는 동안 학교의 전통적인 정신으로 살아있었다.

한편 1920년대의 일제식민지 정책은 극렬화(極烈化) 되었다.

일제는 1920년대를 한국지배체제의 확립기(確立期)로 삼아 소위 문화정치라는 가면적 탄압 식민정책을 전개한 뒤 1930년대로 접어들면서부터는 이미 식민화되었다고 보는 한국을 거점(據點)으로 하여 대륙 침략을 전개하기에 이르렀다. 이를 위해 일제의 조선총독부(朝鮮總督府)는 이미 한국내에서의 식민지 보루 구축을 위한 모든 시책 위에 국가총동원법을 시행하는 비상조치를 취하고 황민화운동(皇民化運動)을 강제로 실시하는 한편 1937년 황국신민의 서사(皇國臣民 誓詞)를 제작하여 제창케(齊唱) 하였다.

또한 다음해인 1938년에는 한국어 교육의 철폐를 강요하였다.

이러한 시대적 상황속에서 한국의 뜻 있는 학생들은 배일사상(背日思想)을 간직하고 키워갔다.

이 무렵 나는 낙원동(樂園洞) 둘째 누님의 시가에서 하숙하고 있으면서(둘째 자형(姉兄) 이병직(李丙稙)은 이씨조선 왕족이었다) 민비(閔妃)의 시해사건(弑害事件)을 들으면서 어린 마음속에 약소민족의 비애를 느끼기도 하였다. 또한 선생님 중에는 특히 우리들에게 민족의식과 항일의 정신을 불러 일으켜 주신 체육 담당 강필상(姜弼尙) 선생님이 계셨다.

이러한 배재의 분위기 속에서 생활한지 5년, 1939년 4월에서 11월 사이의 시절이었다.

抗日의 意志 길러준 培材 時節

일본인 자녀들이 수학했던 경성중학(京城中學)과 경성제일여중(京城第一女中)생들은 대개(大槪) 덕수궁(德壽宮) 뒷담을 끼고 남에서 북쪽으로 배재와 이화여고생들은 북에서 남쪽으로 옛날 방송국 고갯길을 오르내리면서 등하교를 해야 했다.

이 고갯길에서 일주일에 한두번은 우리들 배재학생과 경성중학생들의 집단 싸움이 계속되었었다.

싸움의 동기는 언제나 일본 학생들이 이화여고학생들을 희롱하는 데에서 발단되고 그 결과는 항시 우리 편이 불리하게 처리되어 분통과 울분만 가슴에 쌓이고 쌓였다. 항상 그들의 뒤에는 일경(日本警察)의 비호가 있었기 때문에 우리들은 분을 참고 때를 기다려 복수의 기회만 노려왔었다.

드디어 11월 초 그동안 참아왔던 우리들의 분통은 터지고 말았다.

일인 학생들이 이화여고생들을 희롱하고 책보(冊褓)를 빼앗아 덕수궁 담 너머로 내던지는 것을 본 일부 배재학생과 싸움이 벌어졌다는 소식이 교내에 들어오자 홍보식, 한능원, 김준흥 등과 나는 5교시 박임연 선생님의 화학 시간중에 급우들을 향하여 "나가자!" 소리치며 교실 뒤쪽에 항시 준비해 둔 야구 방망이와 몽둥이를 나누어 들고 교문밖으로 뛰어나가 참혹한 집단 유혈극이 벌어지고 말았다.

일본 학생 5, 6명이 피를 흘리고 노상에 쓰러졌으며 도망치는 경중(京中)생의 뒤를 쫓아 무자비하게 치고 차고 그동안 참아왔던 분을 통쾌히 복수하였다.

그러나 우리들은 곧 출동한 일경에 붙잡혀 서대문(西大門) 경찰

싹 트는 反日 精神

서로 연행되어 밤새도록 매질과 문초로 시멘트 바닥에 쓰러지고 말았다. 그러나 지금도 장하다고 생각되는 것은 연행된 학생중 누구 하나 비굴한 모습은 보이지 않았고 꼬옥 입술을 깨문 채 모든 수모를 이겨냈던 것이다.

다행히도 우리들은 졸업반이라는 명목과 아편설라(亞扁薛羅)교장 선생님의 주선으로 풀려나와 퇴학만은 면하게 되었다.

그후 나는 1940년 3월 2일 민족주체 의지를 길러 주었던 배재를 졸업하고 1940년 4월 1일 일본 명치대학(明治大學) 예과(豫科)에 합격하여 졸업 후 다시 1942년 4월 1일 명치대학(明治大學) 정경학부(政經學部)에 입학하여 3학년 재학중 졸업을 5개월 앞두고 일제 학도병(學徒兵)으로 끌려가 일군에 입대하게 되었다.

입대 후 5개월만에 군대(軍隊)내에서 졸업장을 받았으나 일본 유학생활(留學生活)중에 일경에 의하여 그들이 말하는 소위 불온사상의 요시찰(要視察) 인물로 지목되고 이유없이 받아야했던 탄압과 박해는 나로 하여금 확고한 반일(反日) 사상을 싹트게 만들었다.

抗日의 意志 길러준 培材 時節

제1부

民族의 受難

제 1 장 ●●●●

내가 설 땅은 어디냐

―제2차 세계 대전과 학병 기피―

1943년 10월 20일, 이날이야말로 한민족사(韓民族史)에 있어 굴욕적인 기록이 될 일제의 만행이 최후를 재촉하는 단말마적 발상의 날이었다.

일본 제국주의는 이른바 조선인 학도 특별 지원병 제도를 공포하고, 동년도 졸업생과 전문학교 및 대학[예과(豫科)·전문부 포함] 재학 중인 한국 출신 학생들을 지원병이라는 미명으로 일군(日軍)에 강제 입대시켰다.

그들의 지원 강요 방법은 대략 아래와 같았다.

1. 윤(尹)모, 이(李)모씨 등 저명 인사로 하여금 지원을 종용하는 강연회 개최

2. 학부형이나 보호자를 본적지의 경찰서에 연행하여 그들의 자질(子姪)을 지원하도록 강요

3. 부관(釜關 : 釜山과 下關) 연락선에서 학생들을 심문, 색출하여 지원서에 서명, 날인 종용

4. 학생들의 숙소를 탐방, 협박하여 지원 강행

이상과 같은 악랄하고도 집요한 일제의 강압에 견디지 못하여 대부분의 학생들은 자기 집이나 하숙집에서 또는 부관 연락선 내에서 그 밖의 거리에서 그 곳의 경찰서로 연행되어 자의(自意)든 타의(他意)든 눈물을 머금고 지원서에 서명, 날인하였다.

그러나 일부 학생들은 지원을 피하려고 학업을 중단하면서 산속에 숨어들거나 숙소를 옮겨가면서 기한없는 도피생활을 계속해야만 했다. 너욱 불행한 네토는 극소수이있기는 허니 지학(自虐)으로 병없는 환자가 되어 막대한 입원비를 감수하면서 병원에서 은둔(隱遁)생활을 하는 학생도 있었다. 이러한 현상은 나라없는 민족이 받아야 할 숙명적인 비애라고 체념해야만 옳을지, 어느 누구에게 호소할 여지도 없었다.

1943년 11월, 나는 명치대학(明治大學) 정경학부(政經學部) 3학년에 재학 중 졸업을 눈앞에 두고 수업을 중단하려니 원대했던 이상(理想)도 사라지고 부모님에게 죄스러워 절망만이 눈 앞을 가렸다. 뿐만 아니라, 목전에 다다른 학병 지원문제를 어떻게 해결해야 옳을 지 좀처럼 결심이 서지 않았다.

신중히 정세판단(情勢判斷)을 하여 보았으나 어떤 길을 택해야 좋을 지 부모님과 만나 상의하지도 못하고 독자적으로 자신의 진로를 결정짓기에는 너무나 중대하고 괴로운 문제가 아닐 수 없었다.

비록, 부모의 은덕이기는 하나 원대한 이상을 품고 젊음의 정열을 오로지 학업에 쏟아 중학교를 졸업하고 곧 바로 이곳 동경에 유학 온 지 5년만에 명치대 예과(豫科)를 마치고 이제 최고학부의 졸업을 눈 앞에 두고 그 동안 쌓아온 형설(螢雪)의 공이 허무하게도 일시에 무너지게 된 것이다.

 어찌 그뿐이랴, 소위 일제가 말하는 대동아전쟁(大東亞戰爭)의 제물(祭物)로 끌려가야 할 가련한 운명이 일각일각 엄연한 현실로 엄습하여 오는 것이 아닌가. 아무리 냉정을 찾으려 해도 심신이 공히 얼어 붙어 절망과 고독을 느끼지 않을 수 없었다.

 이렇듯 착잡한 심경 속에서 노부모님의 인자하신 모습과 고마우신 은덕이 머리에 떠올라 미칠 것만 같았다.

 그 당시 한국 출신 유학생의 대부분은 지주층의 자녀들로서 학비 조달의 전부가 소작료(小作料)로 받아들인 농작물과 전답(田畓)이나 산림을 매각한 수입 밖에는 아무런 재원이 없다고 해도 과언이 아니었다.

 그러므로, 자녀의 고등교육을 위해서는 가산(家産)의 탕진은 물론 재물 못지않게 학부모의 지극한 교육열이 없고서는 감히 엄두도 못내는 시절이었다. 이러한 시대적 배경을 분석할 때 조선인 학도 지원병 제도(朝鮮人 學徒志願兵制度)는 우리 민족 입장으로 보아 조상으로부터 이어받은 국토인 논밭을 왜놈들에게 팔아 가세가 몰락하여 국토를 잃는 결과가 될 것이며 또한 그들의 식민지 정책 수행에 장애의 요인이 될 한국의 젊은 지성(知性)을 전장(戰場)으로 몰아 넣어 대동아전쟁(大東亞戰爭)의 제물로서 몰살시키려는 흉계임에 틀림없었다.

 아뭏든, 이제는 학문을 연구하고 진리를 탐구한다는 학생의 입장을 떠나서 나라 없는 민족으로 한 인간의 삶에 대한 회의와 민족적 비애를 통감하게 되었다.

그러나, 반면 일제에 대한 적개심이 가슴속 깊이 싹터 오름을 자각하였다. 비록 그들의 강압에 속수무책이어서 묘안이 없다하더라도 고분고분 끌려가 목적 의식 없는 개죽음을 당할 수 없다는 분노가 치밀어 올라 마침내 어떠한 난관이나 모험을 무릅쓰고라도 학병(學兵)만은 기피하고야 말겠다는 결의를 굳게 하였다. 그리고, 일단 마음을 굳힌 바에야 주저하지 않고, 일각이라도 빨리 실천에 옮기기로 작정하였다.

그 때만 해도 모든 서신은 군경의 검열이 엄해서 함부로 사연을 전할 수 없었고, 특히 한국과 일본으로 오가는 편지는 안부 이외에 쓰기가 곤란했다. 서신의 자유가 어디에 있었으며, 신체의 자유가 어디에 있었겠는가. 실로 안타까운 일이며, 원통한 일이었다.

그러나, 세상사는 요행이라는 운이 간혹 있다 하여 이를 가리켜 "사실은 소설보다도 기묘한 것이다"라는 속담도 있기에, 이러한 생각도 해보면서 위험을 무릅쓰고 아버님께 글월을 올리게 되었다.

  부주전(父主前) 상서(上書)
 복미심(伏未審) 차시(此時)에 아버님 기력 만강하시옵고 댁내 제절(諸節)이 균안하시온지 복모구구(伏慕區區) 하나이다. 자 재영(子 在榮)은 객지 면식(眠食)이 고보(姑保)하옵고, 친우들도 무사하오니 학병관계로 과히 심려마시옵기 복망(伏望) 하나이다.

 취복백(就伏白) 급히 소용되어 상서하오니 금(金) 120원(圓)만 송금하여 주시옵기 복원하나이다.

 저는 어떠한 역경에 처하여도 부모님을 기쁘게 하여 드릴 날이 반드시 있을 것이오니 당분간 소식이 없더라도 근심하시지 마옵시고, 아버님 어머님 만수무강하옵소서. 두 손 모아 재배드립니다.
                            11월 15일
                          자 재영 상서

　아버님께 상서한지 일주일만에 등기우편이 배달되었는데, 지금도 기억이 생생한 한자로만 쓰인 필적과 뜻깊은 간략한 내용은 눈물이 앞을 가려 그대로 보고 읽을 수 없는 사연(詞緣)이었다.
　즉,
　부(父)는 요사이 심정이 괴롭기는 하다만 너 때문에 있는 일은 아니니 집안 걱정은 하지 말고 좋은 친구들과 어느 곳에 있던 몸 성히 잘 있거라. 부탁한 돈 120원(圓)을 즉송하니 아껴 쓰고 답은 하지 않아도 좋다는 하서이었는데 여러가지 뜻이 암시(暗示)되어 있는 것 같아 그 내용을 풀이하여 보니,
　첫째로, 국내는 시끄러우니 귀향하지 말라는 뜻이고,
　둘째로, 심정이 괴롭다 함은 시국을 짐작하라는 뜻이며,
　세째로, 돈을 아껴 쓰라는 것은 앞으로 송금하기가 어렵다는 뜻이고,
　네째로, 답서를 하지 말라는 것은 집에 돌아오지 말라는 뜻이 분명하였다.
　그 당시에 120원(圓)이란 금액은 정말로 거금(巨金)이 아닐 수 없으며 전답(田畓)을 여러 마지기 팔아야 간신히 마련할 수 있는 큰 돈인 것이다.
　이 액수를 갑자기 마련하기 위해서는 고리대금(高利貸金)을 하는 일인(日人)에게 헐값으로 전답을 매도하기로 하고 급전(急錢)

을 차용한 것이 틀림없었다.

그럼에도 불구하고 금액의 다과에는 일언반구 언급도 않으시고 빨리 송금하여 주신 것을 생각하니 다시 한번 일인들의 소행이 가증(可憎)스럽기 짝이 없고 늙으신 아버님께 불효를 저지른 것 같아 마음이 아팠다.

그러나 언제까지 슬퍼만 하고 침울한 감상적 기분에만 잠겨 주저할 때가 아니라 생각되어 나는 곧 다까다노바바(高田馬場) 우편국을 찾아가 돈을 찾으려 하자, 담당 여사무원이 액면의 큰 것에 깜짝 놀란 모양이었다.

매월 한 번씩 송금위체(送金爲替)를 찾으려고 자주 갔기 때문에 나는 그 직원을 잘 알고 있었다. 그는 나에게 이 많은 돈을 어디에 쓰려느냐고 웃으면서 물어 왔다.

그도 그럴것이 120원(圓)은 정말 학생 신분에 과분한 돈이요, 일반인에게도 거금이 아닐 수 없었으며 그 당시 동경(東京)에서 한달 학비(下宿費包含)는 10여 원(圓)이면 충분하였다.

현금을 챙겨 하숙집으로 돌아와 생각하니 할 일이 바빠졌다. 맨 먼저 언제쯤 어디로 떠나야 할지, 해외로 도피할까, 일본 내에서 은거(隱居)할 곳을 물색해야 할까, 좀처럼 계획을 확정하지 못하였다. 그러나 떠날 준비만은 서둘러야 하겠기에 우선 신사복부터 마련하기로 했다.

이 무렵, 나의 하숙집은 성계장(星溪莊)이라는 요도바시구 다까다노바바(高田馬場) 성선역(省線驛)에서 가까운 곳에 위치하고 있었고 그 곳에서 약 200미터 떨어진 도쓰가(戶塚) 아파트에서는 석진항(石鎭恒)군이 자기 조카와 자취하고 있었다. 석군(石君)은 경기도 광주 출신으로 척식대학(拓殖大學) 척식과(拓殖科) 3학년에 재학중이었고, 그 조카 태호(泰浩)군은 그 해에 자기 삼촌따라 유학은 척대(拓大) 1학년 재학생이었다.

　석군은 나와 가장 가까운 거리에 있는 동창 이상의 친한 친구였고 서로 비밀이 없는 사이일 뿐 아니라 용돈이 떨어지면 서로 빌어 쓰는 유일무이(唯一無二)한 친구여서 나이는 나보다 위인데다 기혼(旣婚)이라 그런지 언제나 어른스러웠다. 어쩌다가 내가 영화구경이라도 가자고 하면 그는 차라리 맛있는 요리를 만들어 식사를 같이 하자고 하며, 자기 조카에게 곧잘 찬거리 심부름을 시켰다. 며칠 전부터 우리 둘은 학병문제를 가지고 심각하게 구수협의(鳩首協議)를 가졌는데, 원칙적인 문제는 이미 결정한 것이나 다름없으나 실천에 옮기는 날짜와 구체적인 계획만 남았었다.

　한가지 불행중 다행이라 할까, 나의 하숙집 주인 부부는 그들이 비록 일본인이었지만 나에게는 고마운 사람이어서 가끔 지원병 문제로 중요한 사항이 있으면, 그때 그때 정보를 알려 주고 많은 협조를 아끼지 않았다.

　이날도 나는 주인에게 외출을 알리면서 뒷일을 부탁하고, 석군을 찾아갔더니 때마침 그는 조카와 점심을 들고 있다가 기다렸다는 듯이 내가 좋아하는 가지조림과 된장찌개를 차려 놓고, 같이 먹기를 권하기에 사양하지 않고 맛있게 먹었다. 나는 하숙집에서 늘 먹는 일식(日食)보다는 석군이 가끔 만들어 주는 한식이 식성(食性)에 맞아 그를 자주 찾아가 얻어 먹곤 하였다.

　본래 나는 어머님 식성을 닮아 생선과 육류(肉類)를 좋아하지 않았으며 채식(菜食)을 즐겨 먹기 때문에 방학때 귀가하면 으례 고추

장, 마늘장아찌, 김 등 밑반찬을 마련하여 가지고 와서 하숙방 한구석에 놓고 즐겨 먹었다.

식사를 마친 뒤 석군은 자기 조카를 방 밖으로 내보내고 나에게 바짝 다가와 앉으면서 담배를 청하였는데 나는 평소에 술은 마시지 않았지만 담배는 많이 피우는 편이어서 학부(學部) 1학년때부터 피우기 시작하여 이때는 하루 한 갑 이상 즐겨 피웠다.

그러나 석군은 술도 마시지 않았지만 담배도 피우지 않았다. 가끔 나를 만나 무슨 중요한 일이라도 생기면 내 담배 한개비를 피워 물고 곧잘 연기를 내 뿜는 짓이 있다.

이날도 예외는 아니어서 담배를 몇 번 빨아 연기를 내 뿜더니 말문을 열어 자기는 준비가 다 되었으니 내일이라도 떠나는 것이 어떠냐는 것이었고 조카인 태호(泰浩)도 같이 데리고 가야하지 않겠느냐는 것이었다. 한 시간 이상 우리들은 이것저것 숙의하고 일차적인 도피계획(逃避計劃)을 결정지었다.

그 동안 동경을 빠져 나가기 위하여 며칠 동안 잠을 제대로 자지 못하고 초조(焦燥)와 긴장 속에서 불안한 생활을 계속했으나 그것도 이 날이 마지막이 된 것이다. 출발은 내일로 확정짓고 시간만은 열차편을 알아본 뒤에 다시 정하기로 했다.

태호가 돌아오기를 기다리다 못해 석군과 나는 아파트를 출발하여 외출을 서둘러 성선(省線)을 타고 간다(神田)에 나가 대학생들의 동태를 살펴보고 양복점에 들러 동복 한 벌을 입어 보았다. 기성복이 별로 마음에 들지 않았으나 그렇다고 새로 마출 시일의 여유도 없었고 다급한 판이라 적당히 한 벌 골라 산 뒤, 대금을 지불하고 내가 다니는 명대(明大)쪽으로 보행을 계속했는데 그렇게도 번화했던 간다(神田) 거리에서 학생복의 모습은 별로 보이지 않았다.
 무서운 시국의 일면을 여실히 웅변하고 있었는데 그럴 수 밖에 없는 것이 일인(日人) 학생들은 그들 나름대로 징병으로 입대하였고 한국 학생들은 지원병 난리가 났으니 거리에 교복 입은 학생이 눈에 뜨일 리 없었다.
 간다(神田)역을 향하여 두 사람은 침묵의 발걸음을 재촉하여 인적이 뜸한 곳에 이르자 갑자기 석군은 내 옷자락을 끌어 당기면서 퉁명스럽게 "재영이, 빨리 동경을 벗어나야겠지"라고 나의 동의(同意)를 얻으려는 듯 말문을 열었다. 나는 "내일 아침이라도 떠나는 것이 좋겠어"하고 대답하면서 약속대로 우에노(上野)역에서 하차하였다. 그 곳에서 니이가따(新潟)로 가는 배편도 알아 보았다.
 우리들은 일단 일본 본토를 벗어나 청진이나 나진(羅津)으로 상륙할 것을 약속했으나 이심전심(以心傳心)으로 만주 방면을 최후 목적지로 구상했던 것이다.
 들리는 바에 의하면 부관(釜關) 연락선은 검문이 심하여 학생이라면 모조리 선내(船內)에서 강제로 지원을 당한다는 것이며 심지어 지원증명서(志願證明書) 없이는 부산에 상륙할 수 없다는 소문이기에 함경도 방면으로 귀국(歸國)하는 것이 현명한 방법이라 생각하였다.
 그뿐 아니라, 확인할 수는 없었지만 진작부터 송화강변(松花江邊)의 밀림 속에서는 우리 독립군이 활동하고 있을 뿐 아니라 이민(移民)간 동포들도 많이 살고 있다는 풍문을 들은 바 있었다.
 이런 생각과 여러가지 의견을 주고 받으며 이것저것 세밀하게 알아보고 숙소로 돌아왔다. 하숙생들이 모두 고향에 돌아가고 사까모도(阪本)라는 조도전대학(早稻田大學) 문학부에 다니는 구주(九州) 출신인 학생 한 명과 나 뿐이어서 하숙집 안은 매우 쓸쓸하기만 했다.

그리고 몹시 심신의 피로를 느꼈는데 그것은 며칠째 잠을 이루지 못하고 공상과 울분으로 긴긴 밤을 지새웠기 때문이며 그런 중에도 다행인 것은 타고난 체질관계인지 무병(無病)하고 건강이 유지되었다. 오늘 아침까지만 해도 마음이 초조하고 머리가 복잡하던 것이 막상 도피계획을 확정하고 보니 그렇게 마음이 홀가분할 수가 없었다. 그러나 일면 어딘지 모르게 불길한 생각이 늘였는데 외출시에 보고 느꼈던 주변의 정세가 마음에 걸려 금방이라도 하숙집에 일본 경찰이 들이닥칠 것만 같았다.

마침내, 1943년 11월 27일 아침, 이날이 바로 내 인생에 있어서 고난이 시작되는 첫날로서 동경 유학생활에 마지막 종지부를 찍고 이상과 낭만속에 마냥 즐겁기만 했던 학창생활이 종료될 줄이야 꿈엔들 상상이나 했겠는가? 참으로 한없이 서글펐다.

나도 모르게 솟아오르는 나라 없는 서러움과 일제에 대한 적개심이 가슴 속 깊이 끓어 올랐으며 원한에 사무친 조국독립에 대한 민족정신이 강렬하게 싹터 올라 나를 고무(鼓舞)시켰던 것이다.

동경을 빠져 나가기 위해 마지막 신변 정리를 끝내고 신사복 차림에 보따리 하나뿐인 간단한 여장으로 한많은 적도(敵都)를 벗어나기 위하여 발길을 재촉하였다.

보따리 속에는 사진첩과 이와나미문고(岩波文庫) 몇 권이 들어 있었다. 그 책은 평소 틈이 있으면 즐겨 읽던 쉘리(Shelley)의 생애(生涯)와 청춘방황(靑春彷徨, Hesse, Hermann 1877~1902), 프

랑스 혁명사(佛蘭西革命史) 등이었다.

그리고 양복 안주머니에는 언제나 부모님 사진을 간직하고 때때로 꺼내 보았다. 그것은 마음의 위안을 위해서라고 할까, 신념의 자위라고나 할까, 양친의 모습을 볼 때마다 나에게는 수호신같이 용기와 총명(聰明)을 일깨워 주었고 가호(加護)하여 주시는 것 같았다.

11월 하순, 아직 춥지도 않은 선선한 날씨는 여행하기에 아주 적기였지만, 오늘의 여행은 평소 내가 즐기던 낭만의 여행이 아니라 끝없는 유랑(流浪)이요, 중단없는 도피행각인데다 영영 돌아올 수 없는 죽음의 여정일지도 모를 일이다.

그러나, 나는 곧잘 운명론자처럼 막연하게 내 나름대로의 믿음과 신념을 갖고 매사에 임하기로 하였다. 그것은 나의 낭만적인 성격이기도 하지만 절망하거나 패배의식(敗北意識)에 사로 잡히지는 않았다.

약속대로 우에노(上野)역에 도착하니 석군과 그의 조카 태호군 두 사람이 개찰구에 당도하여 있었으며 멀리서 나를 본 두 사람은 안심했다는 듯 차에 올랐고, 나도 서서히 거리(距離)를 두고 승차하여 자연스럽게 합석하였다. 이렇게 하여 지루하기만 했던 도피계획 상태를 청산하고 니이가따(新瀉)행 열차에 몸을 실어 동경을 하직하게 되었다.

열차 안에서 태호군이 마련해 온 김밥으로 요기를 하고 몇 시간을 달렸는지 달리고 또 달려 석양 무렵에 니이가따(新瀉)에 도착하였다. 해안 근처의 여관에 숙소를 정하고 우리는 곧바로 연락선 사정을 알아보기 위해 부두로 나갔다.

그 동안, 청진(淸津)이나 나진(羅津)행 선편(船便)이 매일 취항하여 왔으나 며칠 전부터 나진행 편은 중단되었고, 특히 야간 운항은 해상에 표류하는 어뢰(魚雷) 때문에 항해(航海)하지 못하고, 주간에만 느린 속도로 가야 하기에 출발한 뒤 도착 일자나 소요 시일을 전연 예측할 수 없다는 것이다.

그러나, 우리들에게는 해상 운항의 위험이나 몇 날 몇 시간이 걸리는 지루한 항로도 구애되지 않을 뿐 아니라, 그렇다고 다른방법이 있는 것도 아니어서 당초 계획을 변경할 수도 없는 노릇이었다.

아무튼 선만(鮮滿) 국경을 넘으려면 동해를 건너 함경도 쪽으로 가야만 한다고 재삼 결의를 다지며 세 사람은 내일이 운명을 예측 못한 채 잠자리에 들었으나 좀처럼 잠이 들지 않았다. 여관집 주인은 지나치게 친절하여 이말저말을 물어 왔고 시국에 대한 이야기를 끄집어냈다.

그는 우리들로부터 무슨 시국에 대한 새소식이라도 듣고 싶어 그런 것인지? 우리 일행의 행동에 의심이라도 생겨 그런 것인지? 아무튼 귀찮을 정도로 말을 걸어왔다. 그러나, 우리 일행은 아무도 말 대답을 하지 않았는데, 할말도 없으려니와 혹시 우리의 반응을 읽어 보자는 수작인지도 몰라 경계심마저 들어 아무 말도 하고 싶지 않았던 것이다.

실은 본래 내 성품이 필요 이상으로 어떤 비밀을 감추거나 누구를 무턱대고 의심하거나, 본의 아니게 사교적인 제스쳐 따위를 쓰는 것을 싫어했으므로 여간 신경이 쓰이는 것이 아니었다. 석군(石君)이 무어라고 대화를 좀 해 주었으면 좋으련만 그도 역시 묵묵부답이었다.

이날 밤, 꿈속에서 고향 산천과 부모님을 비롯한 가족들 모습이 선명하게 나타나 잠을 깬 뒤에도 한동안 멍하니 앉아서 향수에 젖은 흥분을 억누를 수 없었다.

시간은 흘러 아침을 들고 숙박료를 지불하려고 현관쪽으로 내려갔더니 주인이 조그마한 종이 봉지를 하나 주면서 잘 가라고 작별을 고하기에 이것이 무엇이냐고 반문하니 멀미약이라고 하면서 몸조심하라는 부탁이었다. 그들의 상술인지는 몰라도 친절한 인정은 고맙게 느꼈다.

애당초 해안 근처에 숙소를 정했기 때문에 부두로 가는 길은 그리 멀지 않았는데 우리들의 앞뒤에는 삼삼오오(三三五五) 짐꾸러미를 들고 배를 타려고 가는 사람들을 볼 수 있었다.

나는 동경에서 유학하는 동안 한국인을 만나면 일인(日人)과 쉽게 식별할 수 있어 얼굴의 모습과 거동으로 보아 십중팔구(十中八九)는 알아 볼 수 있었는데, 그것은 아마도 같은 민족이라는 동질성(同質性)과 얼을 같이하는 인연이기 때문이라 생각되었다.

부두(埠頭)에 모여드는 사람들을 보니 과반수는 한국인인 것 같았고 10여명은 학생들임에 틀림없었다. 나는 뱃속에서 우리들 옆에 자리한 3명의 동포와 이야기를 주고 받으면서 국내 사정을 조금이라도 들어 보고자 했으나 그들 역시 침통한 표정으로 시국에 대한 불평만 털어 놓았고, 평안도 사투리를 구사하는 걸로 미루어 자기들 고향에 가는 것 같았다.

부관 연락선보다는 배가 작고 승객도 많지 않아 어딘지 모르게 쓸쓸하였고, 갑판(甲板) 위에 올라가 바람이라도 쐬며 여행을 즐기려는 사람은 전연 없었다. 나와 석군은 옆자리에서 엿들을 수 없을 정도로 조용히 귀엣말로 속삭이며 무료(無聊)함을 달래기도 하고,

누워서 천정만 멀거니 바라보며 수심어린 공상에 잠기기도 하였다.
　배가 서행(徐行)을 해서인지 배멀미를 하는 사람은 없었고 어딘지 모르게 삼엄한 경계 속에도 지원병 문제로 심문하거나 조사하는 것도 전혀 없어 우선은 다행한 일이라고 생각되어 우리의 도피계획은 일단 성공한 셈이었다. 수일간의 선중생활(船中生活)도 비교적 자유로워 아무도 우리의 심경을 건드리지 않았다.
　니이가따(新潟)를 출발한지 4일만에 마침내 청진(淸津)항에 도착한다는 전갈이 있자, 한 사람, 두 사람 갑판으로 올라가기 시작하였는데 옆에 누워 있던 석(石)군도 벌떡 일어나 자리를 박차고 선상(船上)으로 뛰어갔다.
　객실은 점점 소란하여져 침울했던 표정들이 갑자기 명랑한 분위기로 변하여서 고국에 돌아온 우리 동포들의 가냘픈 환희(歡喜)요, 자연 발생적인 심리 작용이었으리라! 우리 세 사람도 묵묵히 짐을 들고 부모 형제 자매가 살고 있는 고국땅에 돌아 온 감격을 느끼면서도 낯선 곳이라 그런지 못내 아쉬움과 긴장감이 교차되었다.
　선내에서 불심검문을 받지 않고 무풍지대(無風地帶)로 지내 온 것이 어쩐지 마음에 걸리고 앞으로 무슨 사태가 기다리고 있는것 같은 불길한 예감에 휩쓸려 불안하기만 하였다. 그러나 어찌되었든 고국땅에 안착하였으니 일본 본토를 벗어난 것만 해도 불행중 다행이 아닐 수 없었고, 만주까지 무난히 갈 것도 같아 자위(自慰)도 해보며 갑판 위로 줄지어 나갔다.
　선객들의 하선이 시작될 무렵, 세 명의 낯선 사람이 눈을 좌우로 흘겨 보면서 상륙하려는 남자 승객을 일일이 주시하였다. 그들은 사복경찰이었는데 아마도 고등계 형사임에 틀림없었다.

우리 세 명은 상륙과 동시에 열(列) 밖으로 끌려나가 그들의 지시를 받기 위하여 대기하게 되었다. 하선이 완료되자 그들은 강제로 끌어낸 10여명의 승객을 부두 근처에 있는 수상 경찰서로 연행하여 별도 지시가 있을 때까지 기다리라고 하며 감시를 하였다. 그 순간 불안하고 초조했던 불길한 생각이 초긴장(超緊張)으로 돌변하여 절망감마저 느꼈다.

우리들은 한 사람씩 취조실로 불려가 소지품 검사와 아울러 신분과 행선지 등에 관한 심문을 받게 되었는데 그들의 조사내용은 간단했지만 결국 따지고 보면 주로 학병지원(學兵志願)에 관한 계획적인 책략이었다.

즉, 대화를 부드럽게 하려고 신경을 쓰는 눈치였으며 소지품 검사는 형식적으로 적당히 지나갔고 전시생활에 얼마나 고생이 많으냐는 등 감언이설(甘言利說)로 회유(懷柔)하려 드는 것이었다.

새벽 6시경에 상륙하여 조사를 받기 시작한지 6시간만에 심문이 끝나고 나니 정오가 되었다. 그때서야 형사 한 사람이 여러분 점심식사가 준비되었으니 회의실로 집합하라는 것이다. 다른 승객들은 벌써 각기 목적지를 향하여 어디론가 사라져 갔고 우리들 10여명만 남아 죄없는 죄인(罪人) 취급을 당하며 심문에 시달려야만 했다.

회의실로 들어서니 말 없는 10여명의 우리 학생들은 이심전심으로 한숨만 내쉬며, 깊은 수심에 잠겨 아무도 말을 끄집어 내려하지 않았다.

한가지 분명한 것은, 일본에 대한 적개심과 아울러 고등계 형사들에 대한 분노는 우리들 한사람 한사람 모두가 성난 눈빛에 입술을 깨문 표정으로 역력(歷歷)하게 나타나고 있었다.

제1장/내가 설 땅은 어디냐

그 당시 우리 대한의 젊은이라면 예외가 있을 수 없는 공동체(共同體) 의식이 아닐 수 없었다.

백의민족(白衣民族)으로 태어나 시대적으로 불운에만 허덕여 시달리고 있는 대한의 젊은 학도들은 과연 이 역사의 수레바퀴가 어떻게 돌아갈 것인가? 그저 암담할 뿐이었다.

그들이 마련해 준 점심은 중국 음식점에서 배달해 온 짜장면이었는데 그 심란한 우환 중에도 배는 고팠기에 거뜬히 먹었다.

식사가 끝나자, 이윽고 형사주임이라는 일인(日人)이 나타나 의기양양한 어조로 일장연설을 하기를 무슨 가본을 읽듯이 궤변을 토(吐)하였는데, 그 요지는 대략 다음과 같았다. 즉,

여러분 황공하옵게도 대일본제국(大日本帝國) 천황폐하(天皇陛下)의 은총으로 내선일체(內鮮一體)의 혜택을 입어 학도 지원병으로서 대동아전쟁(大東亞戰爭)에 참여하게 된 영광을 저버리고 아직껏 지원하지 않고 있음은 매우 유감된 일이요. 이 곳에서 지원시킬 수도 있으나 우리는 여러분의 부모님이 계신 고향으로 호송하여 자유롭게 입대할 수 있도록 할 것인 즉, 앞으로 헌병의 지시에 따라 주기 바란다는 것이었다.

궤변을 듣고나니 너무나 어이없고 허망하여 깊은 허탈감에 빠져 들었다. 일언반구(一言半句)말도 못하고 의사표시도 못해 본 채 일방적으로 강압의 올가미에 걸려 들었으니 진퇴유곡이었다.

이윽고, 다른 학생들은 함경도나 평안도 출신이어서 자동차편으로 떠났고, 우리 세 명은 서울행 남행열차를 타야만 했는데, 이제는 모든 것이 허사로 돌아가 만주 방면으로 가려는 의도는 일장춘몽이 되어 버렸고 가산을 탕진하며 보내 주신 귀중한 거금도 낭비(浪費)

로 끝나 좌절감만 짙어갔다.

　절망감에 사로잡혀 석군과 나는 서로를 바라보며, 말없이 눈물만 글썽거릴 뿐이었다. 정말로 억울하고 원통한 일이 아닐 수 없어 지나온 여정(旅程)을 돌이켜 볼 때 한가닥 희망을 걸고 약간의 고난도 감수하여 왔건만 겨우 고국땅을 밟자마자 일헌(日憲)에게 연행될 신세가 되었으니 다시 한번 나라없는 비애를 느끼지 않을 수 없었다.

　그러나, 내 가슴속에 싹터 오는 일인들에 대한 복수심은 더욱 굳어만 가고 언젠가는 반드시 활화산(活火山)처럼 터지고야 말 것 같아 그저 그 시기가 닥칠 때까지 참고 또 참아야만 했다.

　그 순간, 석군이 나의 손을 꼭 쥐며 눈물을 글썽거렸는데 본래 석군은 무슨 심각한 일이 있으면 곧잘 눈을 깜박거리는 버릇이 있었다.

　우리는 무슨 말을 주고받아야 할지, 앞으로 할 일이 무엇이며 의논하고 약속할 일이 무엇인지 미처 생각이 나지 않았다.

　결국, 우리 세명에게는 서울행 승차권과 급행권이 교부되어 야간열차로 서울에 도착하면 나는 다시 곧 대전(大田)까지 직행해야만 했을 뿐 아니라 신병(身柄)은 헌병에 의하여 인수 인계토록 된 모양이었고 출발시간까지는 약 5시간 정도 남았는데 자유시간을 허락하며 아량을 베푸는 듯하였다. 아마도, 설마 또 도피야 하겠느냐는 배짱이었고 도피해 보았자 독안에 든 쥐로 가소롭게 여겼음이 틀림없으리라고 생각하니 더욱 더 분하고 억울하기 짝이 없었다.

　수상 경찰서를 나온 우리는 해변의 가까운 시장터 쪽으로 발길을 옮겨가고 있을 때 강한 어조의 함경도 사투리가 귓전을 찔렀으나 우리 동포라는 것을 생각하니 모두가 형제같고 다정스럽기만 했다. 시장 속이라 그런지 음식점도 많았고, 남부지방과 달라서 부엌과 방이 문 하나로 연결된 음식점의 구조는 색다른 감(感)이 있었다.

우리 셋은 손님이 없고 조용한 경춘옥(京春屋)이라는 조그마한 목로집에 들어갔다. 아랫목이 따끈따끈하여 오랫만에 시골집 온돌방에 들어 온 것 같이 고향 생각이 물씬 떠 올랐다. 방안에 놓여진 큰 상 위에는 양념그릇 같은 것이 몇 개 있었고 큰 물주전자가 눈에 보여 서슴지 않고 갈증을 풀고 있을 때 아가씨가 나타나 주문을 받으려 하사 식군이 기다렸다는 듯이 내 식성을 김인히여 백반(白飯)을 청하였다. 그리고 접대부 아가씨의 간청으로 술이 반주로 상 위에 올라왔는데 석군이나 나나 술을 전연 마시지 않는 터이지만 그녀의 청에 못이겨 주문했던 것이다.

이 처녀는 충청도(忠淸道)가 고향이라 하였고, 청진에 온지 한달도 채 되지 않았다는 것이며 나이는 18세쯤 되어 보였고 일자무식이었으며 어딘지 모르게 초라하기만 하여 순진한 그대로의 시골 처녀였다.

우리는 술을 못하려니와 또한 마실 경황도 없는 터이라 식사를 들면서 그 아가씨에게 밖에 나가서 일을 보라고 하였더니 끝내 나가려 들지 않았다. 그것은 손님방이 아니면 밖에 나가서 있을 만한 곳도 없을 뿐더러 그녀의 몸은 팔려 온 신세인지라 자기의 책무인 손님 접대와 매상 올리는 본분을 저버릴 수 없기 때문인 것 같았다.

그러나, 그녀가 집요하게 권하는 술잔을 석군이 화를 벌컥 내며 밀어 제치니 술이 바닥에 엎질러져 내 옷이 축축하게 젖고 말았다. 아가씨는 얼굴이 홍당무가 되어 나를 쳐다보며 어찌할 바를 몰랐

제1부/民族의 受難

다. 그 순간 나는 석군의 거친 언행이 이해는 가지만 한편 냉정하기 짝이 없었으며 울상이 되어 당황하는 처량한 그녀의 모습은 정말로 가련하기 그지 없었고 아무리 우리의 처지와 심경이 비길데 없이 비통하더라도 몰인정하게 심했던 처사가 아닌가 싶어 자책감마저 들었다.

사실, 따지고 보면 이 모두가 일제의 식민지 학정(虐政)에 신음하던 백의민족이 받아야 했던 숙명적(宿命的)인 비애라 아니할 수 없었다.

그 때만 해도 오직 농사만이 우리 겨레가 먹고 사는 천직이라고 생각하던 시대인데다 모든 농사는 하늘에만 의존하고 수리사업은 불완전하여 장마가 지면 낙동강, 금강, 영산강 하류가 범람하여 많은 수재민(水災民)들이 논밭을 잃고, 만주지방으로 정처(定處)없이 이민(移民)을 가야만 했고, 한해(旱害)로 흉년이 들면 먹을 양식이 없어 순박하기만 했던 시골 처녀들이 도시의 홍등가(紅燈街)나 왜놈들 가정에 식모살이로 몸이 팔려 가지 않았던가! 왜 우리가 이토록 못살게 되고, 왜놈들에게 학대마저 받아야 하나 생각할수록 치밀어 오르는 민족적 분노가 내 혈압을 상승하게 하였던 것이다.

오늘, 이 자리에서 일어났던 한토막의 비극도 모두 여기에 기인된 것이 아니겠는가! 말 못할 이 처녀의 비애나 석군과 나의 앞날을 예측하지 못하는 운명이 그 질(質)과 양(量)은 달라도 일본의 식민지하에서 나라 잃은 백성이 받아야 했던 동일한 서글픈 처지임에는 틀림이 없었다.

식사를 마친 나는 식대를 지불하면서 그 처녀를 위로하였고 석군도 사과를 했다. 그러나 이 처녀의 장래는 어찌 되는 것일까 생각하며 다시 한번 위로를 하면서 경춘옥을 나왔다.

시계를 보니 아직도 기차 시간은 많이 남았는데 마음 한구석에는 이 틈을 이용하여 가는데까지 도피(逃避)를 다시 해 볼까 하는 생각도 떠 올랐으나 곰곰이 우리들의 지나간 계획을 돌이켜 보니 정말 어리석기 짝이 없었다. 일경(日警)의 그 치밀한 경계망을 미처 깨닫지 못했고 안일한 탈주를 계획했던 것이 무모하고 소홀하기만 하였다.

석군과 나는 역쪽으로 발길을 옮기면서 한가지 약속을 하게 되었는데, 이왕 어쩔 수 없이 이렇게 된 바에야 그들의 호송을 받아들여 한시라도 빨리 귀가하여 그리던 부모님과 가족, 그리고 고향 친구들을 모두 만나보고 또한 학병 문제를 매듭지어 한숨을 돌린 후에 서로 다시 만나 의논하기로 일단 뜻을 모으고 청진역에서 헌병의 감시를 받아가며 남행열차(南行列車)에 몸을 실었다.

동경을 떠나온 지 벌써 6일째 접어들어 급행열차 속에 마주 앉은 우리 셋의 마음은 괴로왔지만 그 동안 남의 눈을 피해가며 불안한 상태에서 초조감에 사로 잡혀 긴장의 연속이었던 만주행(滿洲行) 도피 여로와 달리 기구한 운명 속에 감시마저 받아가며 연행되는 처지일 망정 모든 걸 체념하고 안정된 입장에서 대화를 나누며 명상에 잠기기도 하였다.

그리운 나의 학우들! 모두가 뿔뿔이 헤어져 지금쯤은 어디서 무엇을 하고 있는지? 얼마나 고생을 하는지? 대학 주변에서 사각모를 쓰고 삼삼오오 모여 앉아 인생을 논하고 철학을 운운하며 조국의 앞날을 전망하던 믿음직스럽던 친우들, 이제는 그 높기만 했던 이상(理想)도 사라지고, 남가일몽(南柯一夢)이 되어 버린 현재, 일제가 책동한 소위 대동아전쟁의 침략사에서 한낱 제물로 이름조차 없어질 운명 앞에 절망과 자학에서 신음하고 있는 것이 아닌가 싶어 두서없는 잡념에 머리는 떵하여졌고, 서울까지의 차중시간은 지루하기만 했다.

동석한 헌병 때문에 뜻있는 이야기는 할 수 없었고, 석(石)군과 시선이 마주칠 때마다 서로의 건강과 행운을 빌 따름이었다. 마침내 철마는 우리의 수도(首都) 서울역에 미끄러지듯 들이닥쳐 창밖에 플랫포옴이 보이는 순간, 나는 함성이라도 질러 보고 싶은 충동을 느꼈다.

과거 5년 동안 배재(培材)중학교에 다닐때 고향에 내려가고 올라올 때면 친구들의 환송받고 출영받던 그 시절이 문득 생각나 마냥 그립기만 하던 그 서울역이건만, 오늘따라 왜 그리도 처량하고 음산해 보이는 지 모를 일이었다.

또한, 같은 신세가 되어 동행하던 석군과 그 조카를 이곳 서울역에서 기약없는 석별의 아픔을 간직한 채 나홀로 남행을 계속하여야 했다. 한없는 슬픔을 가슴속에 안고, 나와 석군은 뜨거운 작별의 악수를 나누며 헤어졌는데, 이 때의 슬프고 괴로운 고독감은 무어라 표현할 수 없었다.

서울역에서 기차를 갈아 타고 몇 시간을 달리는 동안 갑자기 엉뚱한 생각이 머리에 떠올랐다. 그것은 서울까지는 감시하는 자가 있어서 어쩔 도리가 없었으나 이제는 나 혼자 독자적인 행동을 취할 수 있는 절호의 기회인 것 같아 대전에서 다시 어디론가 도망쳐 버릴까 하는 부질없는 생각이 어지럽게 뇌리를 스쳐갔다.

주위를 살펴보니 수상한 사람이 없거니와 미행하는 사람도 없는 것 같았으나, 문득 호송헌병이 하던 말이 떠올라 머리만 무거워 복잡하였다. 고향으로 직행하라는 그 말에 무서운 뜻이 내포된 것만 같아 공연히 어리석은 행동은 하지 않는 것이 장차 제2의 계획을 위하여 이로울 것 같았다.

드디어, 기차는 대전역에 도착하였는데 그동안 배와 기차에 시달려 피로한 내 모습이 흉하지나 않나 신경이 쓰여져 태연한 기색을 보이기 위하여 마음을 가다듬어 여유를 가지려고 노력하였다. 그리하여 요기도 할겸 플랫포옴에 있는 간이매점에서 가락국수를 한 그릇 징하여 들이미시듯 단숨에 머어 버리고, 곱장 출입구를 향하여 발을 옮기려 할 때 나를 아는체하며 류 재영(柳在榮)씨 아니냐고 물어 온 사람이 있었다.

이제는 별로 놀랄 것도 없지만, 혹시 고향인 금산(錦山)분이 나를 알아보고 인사를 하는 것인가 생각하였는데 그때 주변에는 다른 사람이 없었거니와 전혀 안면이 없는 사람이었다. 알고보니 그는 금산 경찰서 고등계의 한국인 형사로서 기차가 도착할 무렵부터 나를 기다리면서 멀리 감시하고 있었던 모양이었다.

그리고, 나를 확인하고 나서 "오시느라고 수고가 많습니다. 금산행 버스표를 부탁해 놓았으니 빨리 가십시다."라고 공손하게 영접하였다. 참으로 악착같이 철저하고 징글징글했으나 무어라 할 말이 없어 그저 좋은 듯이 그를 따라 금산행 버스에 올랐다.

이렇게 되고 보니, 이제는 그립기만 했던 부모님의 모습이 눈앞에 어른거려 자동차의 느린 속도에 신경질이 나고 마음이 다급해졌다. 차속에서는 승객 거의가 아는 분들이어서 그 시절에는 차를 타고 한밭(大田) 나들이를 할 만한 사람이라면, 이 지방에서는 잘 사는 유지(有志)들이었다.

 그렇기에 인사받기가 바빴으며, 그저 모두가 반갑기만 한 고향사람들이어서 마치 금의환향(錦衣還鄕)하는 사람을 맞아주듯 부러운 눈초리로 말을 걸어왔다. 그것도 그럴것이 금산이라면 인삼(人蔘)의 고장으로 비교적 부촌(富村)이기 때문에 전국 어느 곳보다도 해외유학생이 많았으며, 더구나 학부출신은 얼마 되지 않아 더욱 그들의 환대를 받는 것 같았다.

 그들은 현재 내가 처해 있는 입장을 아는 지 모르는 지 학병에 대한 이야기는 전혀 없었고, 그저 시국에 관한 배급쌀 이야기며 배급수건(配給手巾) 등 전시생활에 대한 푸념이었다. 나의 심정은 그런 대화에 관심도 없으려니와 그들의 환영하는 태도도 반갑지 않았다.

 방학때면 동경에서 부모님과 가족들에게 드릴 간단한 선물을 사 들고 신바람이 나게 달려 왔는데, 오늘의 이 귀향길은 마치 패잔병이나 낙오자(落伍者)같이 희망을 잃은 초라한 모습으로 낙향을 하게 되었으니 나의 착잡한 심정을 어찌 필설(筆舌)로 다 표현할 수 있을 것인가!

 금산과 대전 사이의 70리 길은 굴곡이 심하고 위험한 고개가 있어 비나 눈이 오면 승객들은 곧 잘 차에서 내려 걸어서 그 고개를 넘어야만 했다. 옛날 궁중(宮中)에서 애기를 낳으면 그 태(胎)를 이 험하고도 기이했던 산속에 묻었다고 해서 재(峙) 이름이 태봉(胎封)재라 지어졌다고 한다. 그리기에 숱한 전설과 역사가 잠겨 있는 유서깊은 낭만의 길이기도 했다.

 드디어, 고향땅에 당도하여 보니 그동안 경위야 어찌 되었든 나의 보금자리에 다시 안긴 셈이 되어 마음 한구석에는 기쁘기도 했는데, 차부(車部)에 도착하자 차안으로 머리를 들이대고 마치 자기 어버이나 동기간을 마중하듯 하차(下車)를 돌보려는 자가 있어 자세히 바라보니, 그는 바로 금산 경찰서에서 악명높은 장모(張某)라는 한국인 고등계(高等係) 형사였다. 나도 잘 아는 사이였는데 언제 그렇게 사람이 변하였는지 아주 친절하게 나를 안내하며 "아버님께서 기다리고 계시니 같이 갑시다. 그간 고생이 많으셨죠, 이제 오늘부터는 두다리 쭉 뻗고 편히 잠잘 수 있게 될 것입니다."라고 말하며 두 형사끼리 눈짓을 하는 태도가 나의 비위를 거슬리게 했나.

그러나, 그들이 무슨 짓을 하든 안중에 없었고, 오직 아버님께서 경찰서에 연행되어 계시는구나 하고 직감적(直感的)으로 생각하니 분노가 머리끝까지 치밀어 올라 갑자기 정신을 차릴 수 없었다.

뛰어가다시피 달려가 보니 예상대로 서장실에 아버님이 계시는 것이었다. "아버지!"하고 나도 모르게 큰 소리로 부르며 아버님 앞에 다가섰다. "재영이냐! 그 동안 몸성히 잘 있었느냐?"하고 고개를 떨구시며 나를 바라보는 아버님의 표정은 반가움보다는 근심스러운 눈치였다.

바로 그때 일인(日人)인 경찰서장이 "훌륭한 아버님을 두셔서 고마운 일입니다. 매일 이곳에 나오셔서 학생(學生)을 기다리고 계셨습니다."라고 칭찬하는 말이 어색하게 들렸다. 사실은 내가 돌아 올 때까지 매일 이곳에서 연금상태(軟禁狀態)로 계셨던 것이었다. 다시 말해서, 자식이 지원할 때까지 인질처럼 자유를 속박하고 은근히 위협을 가해 온 것이었다.

그런데, 기가 막힌 일은 한인(韓人) 형사들이 한술 더 떠서 왜경

보다 더 악질적인 언행으로 괴롭혔던 점이다. 금방 아버님의 짤막한 말씀중에서 틀림없이 '왜 돌아왔느냐?'라는 힐책이 느껴져 심장(心臟)의 고동(鼓動)을 억제할 수가 없었다.

마침내, 서장이 형사 한 사람에게 붓과 벼루를 가져오라고 명(命)하자 언제 준비하여 놓았는지 지시가 떨어지기 무섭게 필묵(筆墨)을 갖고 와 서장의 책상 위에 놓았다. 서장(署長)은 미소를 지으며 책상 서랍에서 서류를 꺼내더니 학병 지원서를 나에게 펴보이며, 서명, 날인하기를 종용하였다. 그 순간 드디어 올 것이 왔구나 하는 생각이 들었다. 이토록 허무하고 원통한 노릇이 이 지구상 어느 곳에 또 있단 말인가? 참으로 기막힌 일이 아닐 수 없었다.

하늘이 무너지듯 눈앞이 캄캄하였으나 속수무책으로 역사의 흐름만이 가혹할 뿐이었다. 이 억울하고 분통한 현실을 누구에게 호소하며 누구를 원망하여야 한단 말인가! 나는 아버님을 무심코 바라보니 심각한 표정이면서도 태연스럽게 각오가 되어 계신 듯 아무런 말씀도 안 하였다.

나도 더 이상 괴로움을 드리지 않기 위하여 일부러 미소를 지으며 서슴지 않고 서명, 날인에 응(應)하였다. 이로써, 나의 최대 고민이었던 지원병 문제는 일단락(一段落)된 셈이다.

그동안 무모했던 우여곡절도 자나깨나 허무맹랑했던 갖가지 공상도 이제는 모두가 물거품이 되고 만 것이다. 그러나, 일단 지원을 끝내고 보니 앞일은 어찌 되던 간에 심신만은 홀가분하였다. 어느 길이 현시점에서 최선의 길인지 이것도 내 운명(運命)이라면 아무튼 한 고비는 넘긴 것 같았다.

지원 수속을 끝마치고 나서 서원들의 배웅을 받으며, 서장실을 나와 오래간만에 아버님을 모시고 집을 향하여 거리로 나와 발걸음을 옮겼다.

평소에 그렇게도 엄(嚴)하시고 말이 없으셨던 부친께서 오늘따라 유난히도 부드러우시고 웃는 얼굴로 나를 대하여 주셨다. 그러나, 나는 그럴수록 더욱 마음이 괴로왔고 아버님이 처량하게 보였다. 그 순간 나도 모르게 아버님의 손을 꼭 잡고 학병 지원을 마음쓰지 않는 양(樣), 명랑하게 이야기하면서 조금이라도 근심을 덜어 드릴려고 신경을 썼다.

고향 친구들의 소식을 여쭈어 보았더니 정 병훈(丁炳勳)군은 비롯하여 모든 대학생들이 이미 지원을 마쳤고, 매일같이 나의 행방과 안부를 물어 왔다는 것이다.

집에 들어서자마자 나는 어린아이처럼 "어머니!"하고 소리를 질렀는데 그때에 어머님을 비롯한 모든 가족들이 미처 신발도 신지 않고 비호같이 마루에서 달려나와 나를 감싸 안았다. 만감이 착잡하면서도 너무너무 기뻐서 말문이 막히고 쏟아지는 눈물에 목이 메여 어찌 할 바를 몰랐다.

이윽고, 동리 사람들이 달려오고 친구들이 한 두명씩 찾아와 우리 집안은 온통 잔치 아닌 잔치가 벌어져, 부엌에서는 음식 장만이 시작되었고 머슴은 무슨 심부름인지 부리나케 대문(大門)가로 뛰어 나갔다.

큰 방에는 벌써 부모님을 위시하여 많은 사람들이 모여 앉아 이야기로 꽃이 피었으며, 친구들은 그저 반가와하기만 하였다. 이구석 저구석에서 웃음소리와 이야기가 오고가고 마냥 즐겁기만 한 분위기 속에서 먹을 것과 마실 것도 나와 시간 가는 줄 몰랐다.

한동안 북새통을 치른 뒤에 찾아 온 손님이 모두 돌아가고 가족들만 남게 되어 집안이 조용해졌을 때, 비로소 부모님과 가족들이 둘러앉은 자리에서 나는 그간의 자초지종(自初至終)을 소상히 말씀드리고, 태연한 표정으로 침착한 태도를 유지하기 위하여 무척 신경을 썼다. 그렇게 하지 않으면 모두가 곧 병(病)이라도 생겨 집안꼴이 말이 아닐 것 같아서였다.

그런 중에도 아버님의 안색은 어딘지 모르게 수심이 가득하면서도 오히려 나를 위로하려는 인자함이 엿보였고, 반대로 어머님은 무슨 신념이라도 확립되셨는지 연상 반가움과 웃음을 잃지않고 그저 먹을 것만 연거푸 내 놓으셨을 뿐 아니라, 학병 지원을 조금도 근심하는 기색도 없이 내가 돌아 온 것만 기뻐하셨다.

불행중 다행이 아닐 수 없으나 사실은 의도적으로 그렇게 보이려는 꾸밈도 아니요, 일시적 표정도 아니어서 본래 어머님은 언제나 독자적인 어떠한 믿음이 있었던 것이다. 예(例)를 들어 우리집은 그러한 미신 같은 믿음의 생활양식이 가족 전체에게 많은 영향을 미쳐 왔다. 위로 딸만 셋을 낳고 아들이 없다가 몇 년 동안 공(功)을 들여 아래로 형과 나 두 아들을 얻은 뒤로부터 집뒤의 장독대 앞에는 새벽 일찍부터 하루도 빠짐없이 기도를 드리고, 공을 올리는 물동이가 청결하게 자리잡고 있었다.

그리고 큰방 아랫목 한 구석에는 언제나 대학노트 크기의 책 한 권이 놓여져 있었다. 기름먹인 종이에 순 언문(諺文)으로 쓰여진 이 책은 얼마나 오래된 것인지 색이 변한 표지는 손때가 묻어 군데군데 헤져 있었다. 어머님은 가끔 밤중에 틈을 내어 이 책을 구성지게 소리내며 읽고 또 읽어 몇 십번이나 보셨는지 내용을 줄줄 외우

시고 곧 잘 나에게 이야기하여 주셨다.

　어린시절에 어머님으로 부터 들은 이야기는 모두가 신기하고 재미있고 무섭기도했던 기억만 남아있을 뿐 책 이름도 몰랐거니와 이야기 줄거리에 담긴 뜻도 알아차릴 수가 없었다.

　세월이 흘러 철이 들면서 중학교에 다니던 겨울 방학 어느날 그때까지도 여전히 안방 아랫목 구석에 놓여있던 어머님의 오직 하나 뿐인 그 책을 읽어 보았다.

　책 표지에 "유충렬(劉忠烈)전"이라 쓰여져 있는 것은 국민학교에 입학하여 한글을 배우고서 알았지만 내용을 읽어 본 적은 없었다.

　그 후 나는 어린시절 어머님으로 부터 헤아릴 수 없이 많이 들었던 옛 이야기를 기억하고 있었지만 그 중에서도 유독 유충렬에 대한 단편적인 무용담(武勇談)과 충효(忠孝)정신은 늘 머리속에 깊이 박혀 언젠가는 한번쯤 그 책을 읽어 보고 싶었던 차에 하루종일 밤늦게까지 읽어 보았다.

　지금 생각하면 어머님께서 유충렬전을 그렇게도 열심히 읽으시고 또 나에게 이야기하여 주신 뜻이 의도적은 아니었을 지라도 무언가 암시를 준 것은 사실이었다. 유충렬전의 줄거리는 대략 아래와 같았다.

　중국 명(明)나라 때 충신 유심(劉尋)은 슬하에 자식이 없어 조상에 죄가 됨을 항시 상심하던 차 부인 장씨(張氏)말을 듣고 깊은 산속에 들어가 천제단(天祭壇)을 쌓아 놓고 제물을 올리면서 정성드려 기도하고 신에게 빌어 천고(千苦) 만신(萬辛)끝에 아들 하나를 얻으니 그 이름이 유충렬(劉忠烈)이었다.

충렬은 날 때부터 기골(奇骨)이 장대(壯大)하고 총명(聰明)하여 커가면서 문무(文武)를 겸한 위인이 되어 부모에게 효도하고 나라에 충성하여 역적(逆賊) 정한담과 취일귀의 반란(叛亂)을 쳐부시고 그들의 무리를 조정에서 몰아내여 영종(英宗)황제를 받들어 나라를 바로 잡고 백성을 평안하게 함은 물론 가정을 화목하게 하여 태평세상을 이룩했다는 무공담을 엮은 소설이었다.

자녀 중에서도 오직 나만 유달리 사랑하고 아껴주신 어머니이기에 성장과정에서 모든 것을 어머님으로부터 깊은 영향을 받아 온 것만은 틀림이 없었다. 그러기에 자식의 장래에 대하여 어머님은 믿음을 갖고 절대적인 신앙심에서 걱정을 하지 않는 것이었다. 미래(未來)는 알 수 없으나 어찌 다행한 일이 아니겠는가!

나는 가끔 신변(身邊)에 무슨 중요한 일이라도 생기면 으례 어머님이 꿈에 나타 나셔서 곧잘 해결해 주셨고, 어려운 입장에 처했을 때 바르게 인도(引導)하여 주시기도 하였다. 어찌 생각하면 미신 같기도 하고 운명론자 같기도 하지만, 어머님의 이런 믿음에서 현실을 내다보듯이 나 역시 내 자신의 신앙이라 할까, 그러한 특성(特性)이 있었다.

1943년 12월 3일, 학도지원병 지원서에 날인 후, 어느 시기에 입대하는지 몰라도 그 기간이나마 집에서 자유롭고 편하게 생활할 수 있게 되었고, 또한 나는 이 기회를 가족과 더불어 사는 마지막 생활일지도 모른다는 생각이 가끔 머리에 떠올라, 부모님께 대한 효성(孝誠)은 물론 동기간 사이의 화목과 행복스러운 가정을 이룩하는데 최선을 다하기로 굳게 다짐하였다. 그리하여, 틈이 생기면 가사(家事)를 돌보고, 가족끼리의 환담을 즐겼으며, 친척집도 두루 찾아 다니며 인사를 드리고 농촌사정(農村事情)도 살펴 보았다.

우리집은 금산읍(錦山邑)의 남북쪽 인삼(人蔘)의 영산(靈山)으로 유명한 진악산(進樂山) 밑에 맑은 시내가 있는 나즈막한 언덕 위에 부락이 형성되어 있어 동네 이름을 밭가온데라고 불렀고 그 중심지에 자리잡은 전형적인 큰 농가(農家)였다.

읍(邑) 소재지이면서도 변두리에 있었기에 고요하고 평화스러운 외딴 시골이나 다름없었다.

멀고 여기저기 산재(散在)되어 있는 전답(田畓)은 소작인(小作人)에 맡겼으나 문선옥납(門前沃畓)의 자작(自作)도 많았기에 집터가 넓어 400평이나 되었다.

넓은 앞마당에서는 보리타작(打作), 벼타작 하기에 충분하였고 집 뒤에는 텃밭이 있어 상치, 마늘, 고추 뿐만 아니라 무, 배추 등도 재배하여 언제나 손쉽게 신선한 야채를 먹을 수 있었다. 가옥(家屋)은 몸채, 사랑채, 행랑채 그리고 헛간과 방아간 등 5동으로 되어 있어 비교적 큰 편이었다. 몸채에는 부모님과 여동생 그리고 형님 내외가 거처했고, 사랑채에는 내방과 큰 머슴, 작은 머슴 방이 있었다.

언제나 방학때 집에 돌아오면 텃밭에서 자란 상치와 마늘, 가지, 풋고추, 호박 등으로 채식을 즐겨 먹었고 머슴방에서 일꾼들과 장기를 두고 새끼를 꼬며 때로는 멍석 만드는 방법도 배워가면서 농촌(農村)생활의 즐거움과 고달픔을 만끽(滿喫) 하였다. 그리고 대문에서 들어오면 오른편에 다시 말해서 내방 앞에는 디딜 방앗간이 있었다. 물론 우리집 전용의 사유물이었지만 동네에 오직 하나뿐인 까닭에 부락민의 공유물이 되어 춘하추동 가리지 않고 보리방아,

쌀방아, 고추방아 쉴사이 없이 쿵더쿵 쿵더쿵 방아 찧는 소리가 은
은 하였고 여론의 광장이 되기도 하였다.
 동네안에서 일어나는 크고 작은 일은 말할 것 없고 때로는 남의
집 사생활을 들추어 시시덕거리는 입심좋은 여자도 있는가 하면 시
종일관(始終一貫) 말없이 일에만 열중하는 소박하고 얌전한 젊은
여인들도 있었다.
 어쩌다 내가 외출하려고 그들 앞을 지나려면 나이든 아주머니들
은 이구동성으로 "이봐요 학생 총각" "우리들에게 언제 국수 먹일
꺼요" 소리치며 웃어대는 일이 종종 있었다.
 그럴때면 나는 서슴치 않고 "좋은 색시가 있으면 중매하세요"라
고 웃으며 답하기도 하였었다. 아마 그들에게는 내가 여태껏 결혼
을 하지 않은 것이 퍽이나 궁금하고 기이한 일로 생각되는 모양이
었고 그들 중에는 결혼못할 무슨 사정이라도 있지 않나 하고 수근
거리는 모습도 엿보였다.
 그렇지만 나는 언젠가는 결혼을 해야겠지만 아직 한번도 혼사문
제를 마음속에 간직해 본 일도 없거니와 하고 싶지도 않았다.
 다만 앞으로 때가 되어 배우자를 고른다면 상대방의 재산이나 학
력은 문제될 것 없고 그저 순박하고 착한 여성이면 그만이라는 생
각 뿐이었다.
 아무튼 내가 방학때 집에 있으면 머슴따라 농사에 참여하고 방앗
간 아주머니들과 평화로운 대화를 나누는 것이 재미있는 휴가생활
의 일부이기도 하였다.
 집에 돌아온 지 3일째 되던 날 나는 갑자기 우울한 침묵에 잠겨
갔다. 지나온 과거를 되돌아 보고 과연 부모, 형제, 자매에 대한 나

의 지나온 언행(言行)이 자식으로서 동생으로서 최선을 다했던가 생각하고 또 생각해봐도 어쩐지 부족함이 많았고 후회와 죄의식(罪意識)까지 겹쳐 가슴을 답답하게 하였다. 부모에 대한 효심 동기(同氣)간에 대한 우애 모두가 새삼스럽게 후회막급(後悔莫及)이었다. 엄하시면서도 인자하신 아버님, 도에 넘칠 정도로 나를 사랑하고 돌보아 주신 어머님, 그리고 말수도 없고 순하며 착하기만한 오직 하나뿐인 형. 형은 양반이고 장손(長孫)이라 하여 중앙고보(中央高普) 1학년때 할아버지와 집안 어른들의 인습(因襲)에 젖은 고집으로 본의 아니게 조혼(早婚)하여 젊은이의 이상과 의욕을 상실하고 대학 진학도 포기한 채 중앙고보(中央高普)를 겨우 졸업하고 의무적인 인습에 사로 잡혀 무기력한 사람이 되고 말았다.

세 누님은 나와 연령 차이가 많아 누님이라기보다 어머니를 대신하여 키워주고 아껴주며 사랑해 주었다.

첫째와 셋째 누님은 같은 금산읍에 살고 계셨고 특히 큰 누님 소생(所生) 두 조카는 나의 주선으로 큰 조카는 배재(培材), 여동생은 이화(梨花)에 재학중이었다.

둘째 누님은 일찌기 진명(進明)여고를 졸업하고 서울로 출가하여 백경(百京)이라는 여아(女兒)를 낳고 불행하게도 산욕열(産褥熱)로 작고한지 몇년이 되었었다.

출정(出征)하기 전에 모두가 모인 자리에서 나는 남기고 싶은 말이 있었고 그 외에 언젠가는 가 보아야 할 곳이 한군데 있었다. 그곳은 어머님이 늘 염려하고 가 보고 싶어 하던 외가(外家)집이다.

논산군(論山郡) 양촌면(陽村面) 인천리(仁川里)에는 내가 1년에 한 번 여름방학때 즐겨 찾아 갔던 외삼촌댁과 이모님댁이 있었다. 그 곳에는 인내천이라는 넓고도 맑은 냇물이 흘러 여름철이면 산골의 아름다운 자연을 즐기고 목욕도 하면서 이종 동생들이 잡아 온 민물고기로 이모님과 옥순(韓玉順)이가 요리(料理)한 어죽과 생선찌개를 맛있게 먹었었다. 그것은 소박하면서도 아름답기만 했던 여름 한철의 낭만이기도 했다.

특히 그 당시 여학교에 다니던 옥순(玉順)이는 오빠인 나를 퍽이나 따랐고 나도 그를 친동생 이상으로 아끼고 귀여워 했으며 떠나기 전에 꼭 만나고 싶었다. 이런일 저런일 공상과 명상을 되풀이 하면서 시간가는 줄도 모르고 저녁때가 되어 내 방에서 일어나 막 안으로 들어가려고 할때 대문 밖에서 인기척이 들려왔다. "재영이"하고 들어온 사람은 정병훈(丁炳勳)을 위시하여 김오수(金五秀), 신영길(辛泳吉), 박찬동(朴贊同) 등 학병(學兵)에 지원한 친구들이었다.

인정이 많으신 어머님은 내가 혼자 있는 것을 안타까워 하던 차에 친구들이 온 것을 기뻐하시면서 간단한 술상을 차려 보내왔다.

술상에 둘러앉은 친구들은 한결같이 울분과 환멸 낙망과 수심으로 가득찬 분노의 소리를 터뜨렸다.

너무나도 당연한 일이었다.

그러나 나는 의도적으로 한가지 희망을 연상하면서 그들을 위로 하였다.

나는 동경(東京)을 떠나오기 전 가장 존경하는 아끼가미(赤神) 사회학(社會學) 교수를 찾아가 제2차 세계대전의 전망에 대하여 들은 바가 있었다.

그는 현재 일본이 점령(占領)하고 있는 중국 대륙(中國大陸)을 위시해서 남양군도(南洋群島) 동남아(東南亞)일대 등 광범위(廣範圍)한 지역에 걸쳐 있는 전쟁을 계속 하기에는 인적(人的), 물적(物的) 자원부족으로 패배(敗北)가 가시화(可視化)되고 있어 승리는 불가능하다고 예언했다.

나는 그 점을 친구들에게 알려 주고 현재의 처지를 위로하였다.

옆에 앉아있던 정(丁)군이 나의 손을 꼭 잡으며 "좋아! 알았어!"하고 동조하면서 친구들에게 "자! 우리 시국(時局) 이야기 그만하고 술집이나 가세 어때?"하여 동의를 요청했다.

모두가 내찬성 이였다.

이러하여 우리 일행은 난생처음으로 기생(妓生)이 있는 술집을 향하여 우리 집을 나섰다.

그 후, 친구들과 주석에도 어울려 울분을 풀어보고, 비애도 달래 보았다. 이제는 아무도 간섭하고 감시하는 사람도 없거니와 일경의 앞잡이 고등계 형사 따위도 거리낄 것이 없었다. 그것은 어떻게 보면 일제가 출정군인(出征軍人)과 그 가족에게 베푸는 일시적인 특혜인지도 모를 일이나, 아무튼 자유롭게 나의 주관에 의하여 가정에서 행복하게 고향산천을 누비며, 한때나마 평화스럽게 나날을 보낼 수 있었다.

집에 돌아온 지 일주일이 지난 어느날 몇 친구들과 유성기(留聲器)를 틀어 놓고 그당시 한참 유행(流行)되던 이난영의 "목포의 눈물"과 장세정의 "연락선은 떠난다"를 듣고 배우면서 괴로운 심정을 풀고 있을 때 아버님이 찾으신다는 어머님의 전갈을 받고 안방으로 들어갔다. 아랫목에 앉아 계신 아버님은 오늘따라 유난히 부드러운 모습으로 담뱃대로 쇠 재떨이를 서너번 치면서 타고 남은 담배재를 털으셨다.
 무슨 말씀을 하시려는지 궁금하기도 하였지만 긴장되기도 하였다.
 그러나 한가지 마음속에 다짐했던 부모님에 대한 효도(孝道)는 이번이 마지막이 될 지도 모르기 때문에 무슨 일이든 거역해서는 안되겠다는 생각이 들었다. 옆에 앉으신 어머님이 무엇을 생각하셨는지 장농 미닫이에서 흰 봉투 하나를 꺼내어 아버님 앞에 내 놓으셨다.
 드디어 아버님은 "재영아, 너 군에 입대하기 전에 결혼을 했으면 좋겠는데 너의 의향이 어떠냐?"
 "너의 친구 김모와 박모는 이미 결혼날짜까지 받아 놓고 있다는데 너도 결혼을 서둘러 했으면 좋겠다."
 "그동안 청혼이 들어온 규수(閨秀)의 사진이 이 봉투속에 들어 있다."
 이렇게 말씀하시면서 흰 봉투를 내 앞으로 내 놓으셨다.
 나로서는 전혀 예상하지 못한 말씀이셨다. 나는 결혼에 대하여 한번도 생각해 본 일이 없거니와 그동안 여자와의 교제도 일체 없었다.
 무어라고 나의 의사를 전해 올려야 할 터인데 아버님의 비위에 거슬리지 않고 명분을 합리화할 지 주저하지 않을 수 없었다.
 아버님 말씀대로 몇 친구는 서둘러 결혼을 하게 되어 있고 나머지는 기혼이었다. 이무렵 학병 지원자 중에는 군에 입대하기 전 본인의 의사든 부모의 강요든 서둘러 결혼하고 군에 입대한 친구들이 많았다. 그들 중에는 군에 입대 후 살아 돌아올 지 확실한 보장이 없기 때문에 만일에 대비하여 대(代)를 이을 자손이라도 보자는 어이없는 발상에서 이루어진 것 같았으나 따지고 보면 모두가 일제의 침략으로 인한 웃지 못할 민족의 비극이 아닐 수 없었다. 몇일 후 나는 어머님을 통하여 아버님의 의도를 알고 안도의 한숨을 쉬었다. 형의 조혼(早婚)으로 후회가 많았던 부모님은 나의 혼사에 대해서는 권고나 강요는 고사(固辭)하고 반대로 내가 원하는 결혼을 부모로써 무관심한 것이 아닌가 하는 걱정의 말씀이셨던 것이었다. 그 후 어머니로부터 건너받은 봉투속의 여자의 사진을 한번 보고 되돌려 드렸다.

세월은 빨라 어느덧 해가 바뀌고 새해를 맞이한 지도 10여일이 지났다.

1944년 1월 15일 겨울 날씨치고는 퍽이나 따스하였다.

아침식사를 마치고 아버님의 분부로 나는 한복을 갈아입고 형과 선산(先山)에 성묘(省墓)갈 준비를 서두루고 있던 차 손님이 왔다는 전갈을 머슴으로부터 받고 두루마기의 웃고름을 여며 매면서 앞마루를 내려 가려고 하자 두사람이 마당에 들어섰다. 한 사람은 고등계 주임인 일인(日人)이었고 또 한 사람은 얼굴만 보아도 정이 떨어지던 장(張) 형사였다. 두 사람은 류상(柳樣)"기뻐 하십시오. 입대 통지서가 나왔습니다."

"자세한 것은 이 봉투안에 있으며 오는 1월 20일 장행회(壯行會)에서 류상(柳樣)이 학병을 대표하여 장행사를(壯行辭) 하셔야 겠습니다."

"그리고 이것은 서장(署長)님의 선물입니다."

보자기로 싼 네모진 물품과 봉투 한장을 건내어 받았다.

어색한 인사이기는 하나 나는 고맙다는 말을 전하고 선물과 봉투를 받아 어머님에게 맡기고 성묘길을 서둘렀다.

산소(山所)는 두곳에 있어 한군데는 읍에서 가까운 진악산(進樂山) 밑에 있고 또 한군데는 20리가 떨어진 남이면(南二面) 깊은 산속에 있었다.

언제나 산소에 갈 때면 아버지와 형 그리고 나와 머슴이 아침 일찌기 출발하여 해가 진 다음에야 집에 돌아올 수 있었다. 오늘은 해가 짧은 겨울이기에 더욱 더 서둘러서 집을 나섰다.

아직도 음달에는 흰 눈이 쌓인 숲속을 돌아 다니며 조부모(祖父母)를 위시하여 조상에 성묘를 마치고 집에 돌아오니 깜깜한 밤중이었다.

오래간만에 아버님 진지상에 형과 나 삼부자가 오붓하게 저녁식사를 들면서 옆에 앉은 어머니와 같이 겨울밤 한때를 즐겼다.

성묘에서 돌아 오신 아버지께서는 어머니와 동갑(同甲)으로(생일은 어머니가 한달 위이시다) 금년에 61세 회갑(回甲)을 맞이하는 연세(年歲)이기도 하셨지만 피로의 기색도 없고 무엇인가 마음이 후련하신 모양이었다. 그도 그럴것이 내가 집을 뜨기전에 조상에 성묘를 해야겠는데 겨울철이라 엄두도 못내시다 무사히 마쳤으니 얼마나 기쁘시겠는가. 당연한 일이라 생각했다.

나는 아침에 서(署)에서 가져온 봉투와 선물을 식구들 앞에서 펼쳐 보았다.

선물이란 것은 일제 모리나가(森永)과자였고 봉투속에 들어있는 서류는 입대통지서와 장행회(壯行會) 식순 그리고 출정(出征) 학병(學兵) 명단이었다.

제1장 / 내가 설 땅은 어디냐

입대 날짜는 1944. 1. 20이었고 오전 10시 남산에서 장행회를 마친 뒤 대전(大田)으로 출발하게 되어있었다.

학병 명단에는 정병훈(丁炳勳), 김오수(金五秀), 허재준(許在俊), 신영길(辛泳吉), 박찬동(朴贊同), 김정규(金政圭), 고광래(高光來), 김경진(金暻鎭), 김용근(金容根), 임정환(任正桓), 김영섭(金永燮) 등 나를 합쳐 12명의 이름이 있었다.

금산(錦山)은 옛부터 인삼(人蔘)의 명산지로 문화 경제가 발달된 부촌(富村)이었기에 군(郡) 단위로는 전국에서도 가장 많은 학병들이 끌려 갔었다.

위와같은 내용을 아버님에게 설명드리고 가족들의 눈치를 살펴 보았으나 불행중 다행으로 부모님은 물론 가족들의 동요도 별로 눈에 띄지 않았다.

그것은 그동안 나의 처지를 안심시키려는 부단한 노력도 있었거니와 가족들에게 일맥상통(一脈相通)하는 희망의 암시(暗示)도 내포(內包)되어 있었기 때문이었다.

제 2 장 ●●●●

몸은 끌려가도 마음만은

— 강제 입대와 간부 후보 —

　20일 아침 9시 금산읍 남산(南山)에는 강제로 동원된 읍민은 물론 우리들의 출정(出征)을 지켜보려는 친척과 많은 군민들이 모여들었다.
　10시 정각 그들이 말하는 소위(所爲) 출정 군인을 위한 장행회(壯行會)는 시작되었다. 식순에 따라 나의 출정사 차례가 되었다.
　단상(壇上)에 올라간 나는 강력하고도 요령있게 출정사를 외쳐 마쳤다.
　지금 생각하면 어떻게 그리 대담했었는지 나도 모를 일이었다.
　요지는 "우리 12명의 학도는 전쟁을 위하여 지원한 것이 아니고 군민 여러분의 생명과 재산을 보호하기 위하여 군에 입대키로 했고 다시 돌아와 만날 날을 기약하면서 떠난다"는 요지로 연설했던 것이었다.
　장행회가 끝나고 남산에서 내려와 금산을 출발하기 전 버스 정류장(停留場)에서 마지막 가족들에 대한 거수경례(擧手敬禮)가 있었지만 나는 구령(口令)을 생략(省略)하고 "출전동지(出戰同志)들은 각자 가족들에게 작별인사를 하세요"라고 소리쳐 알렸다.

모두가 부모님 앞에 가서 공손(恭遜)히 절을 올리고 마지막이 될지도 모르는 가족들과의 작별에 눈시울을 적시며 대전(大田)을 향하여 삶의 보금자리인 고향을 떠났다.

많은 가족들의 울음소리로 처량(凄凉)하고 숙연(肅然)하기만 했던 이별의 정류장을 뒤로 하고 대전역(大田驛) 광장에 도착하여 경부선(京釜線) 열차를 기다리고 있는데 "오빠"라고 소리치면서 군중 속에서 달려오는 여학생이 잠시 후 우리들 앞에 나타났다.

그는 다름아닌 나의 이종(姨從) 동생 옥순(韓玉順)이었다. 논산(論山)에서 대전까지 새벽차를 타고 부랴부랴 달려온 것이 이제 막 이곳에 도착한 모양이었다. 차가운 겨울 날씨에 뛰어 오느라 얼굴은 벌겋게 상기된 채 숨을 헐떡이면서 수줍은 듯 내 가슴에 안겼다.

기적(汽笛)소리가 요란하고 차가 들어오는 소리가 들리자 개찰구(改札口)에서는 작별의 인사 소리가 여기 저기서 들려와 내마음을 아프게 하였다. 나도 이제는 플랫트폼(PLAT FORM)을 향하여 발걸음을 옮겨야만 했다. 막상 나와 작별을 하고 혼자 논산까지 돌아가야 할 옥순이를 생각하니 애처롭기까지 했다.

옥순이도 "오빠! 꼭 살아 돌아와야 해요. 꼭요."하면서 눈물을 흘리고 "오빠 안녕"을 몇번이나 되풀이 했다.

우리 금산 출신 학병 12명은 드디어 경부선 열차에 몸을 싣고 일차 목적지인 대구(大邱)를 향하여 달렸다.

나는 옥순이가 정성들여 마련해 준 선물 센인바리(千人針)를 옷속에 간직하고 달리는 차(車) 속에서 창밖을 내다보고 서글픈 마음을 달래며 가족들의 안녕을 빌었다.

 1944년 1월 20일, 아- 어찌 잊으랴! 내 평생토록 잊을 수 없는 원한(怨恨)의 그 날, 한국인 대학생들이 특별지원병(特別志願兵)이란 미명(美名) 아래 제2차 세계대전 중인 일본군대(日本軍隊)에 강제로 입대하게 되었으니, 그 수(數)는 전국적으로 약 4,000명에 이르렀다.

 숙명적인 이날 우리들은 마침내 정든 고향산천과 그리운 부모형제 자매를 저버리고 다시는 돌아올 수 없을지 모르는 죽음의 전쟁터로 첫발을 내딛게 된 것이다. 일군(日軍) 대구부대(大邱部隊)에 입대한 우리 학도병(學徒兵)들은 고향을 하직한 슬픔의 감상(感傷)에 젖어 있을 사이도 없이, 그저 기계적으로 상등병의 지시에 따라 바쁘기만 하였다. 1주일간의 부대생활은 각종 예방접종과 정신훈련, 그리고 집단 도수훈련에 시간 가는 줄 모르고 어리둥절 하게 지나갔다.

 그러자, 갑자기 어느 날 밤 1시에 비상소집령이 내려 우리들 학도병 전원은 각자에게 배당된 38식 소총, 배낭, 탄환, 피복 등으로 완전무장(完全武裝)을 하고 연병장에 집합하였다. 밤중에 비상소집을 하는 것으로 보아 부대의 이동이나 작전명령이 내려진 것이 틀림없었다.

 불안감과 아울러 불길한 생각마저 뇌리를 스쳐 갔으나 아무도 그 상황을 알 리가 없었다. 소대별로 몇 번이고 큰 소리를 내어 번호를 불러 인원파악이 끝나자 부대(部隊)는 인적 없는 대구(大邱)의 밤거리를 조용하게 행군을 시작하였다. 대구역에 도착하고 보니, 비로소 우리들이 기차를 타고 어디론가 이동되는 것을 짐작할 수 있었다.

  그러나, 북(北)행인지 남(南)행인지 전연 알 수가 없었으며 열차에 승차하자 출발의 기적이 요란하건만 차창에는 암막이 가려져 있어 밖을 내다볼 수가 없기 때문에 다만 방향 감각으로 북쪽으로 가는 것같이 느껴졌다.

  열차 안은 찬물을 끼얹은 듯 고요하기만 하였는데, 그간 우리들은 정말로 심신(心身)이 극도로 피로해 있을 뿐 아니라, 허탈감과 비분에 잠겨 각자가 과거와 미래를 연상하며, 그저 침묵(沈默)만이 흐를 뿐이었다.

  이러한 상황 속에서 시간은 자꾸만 흘러서 몇 시간을 달렸는지 적막을 깨는 기적소리가 요란하더니, 육중한 철마는 서서히 속도를 줄이고 정지하였다. 모두가 이심전심(以心傳心)으로 흥분하여 암막을 제치고 밖을 내다보고 있을 때, 나도 재빠르게 밖을 내다보니 분명히 서울역 플랫포옴이었다.

  그러나, 이석(離席)이 금지되어 있어 누구 한 사람 밖에 나가 볼 수가 없었고 새벽녘 혹한 속에 깜박거리는 전등 아래 군데군데 서 있는 일군 헌병의 매서운 눈초리만이 번득거리고 있었다.

  아— 이 시간에 서울 장안(長安)의 동포들은 잠이 깊이 들어 한국의 엘리트인 대학생들이 강제로 사지(死地)에 끌려가고 있는 것을 꿈에서나마 아는 이가 몇 분이라도 있을까? 생각하여 보았다. 이 엄연한 현실은 한민족(韓民族)으로서의 수난(受難)이겠지만 후일(後日) 조국광복의 효시(嚆矢)가 될지도 모른다는 가냘픈 희망을 그려 보며, 그들이 가자는 대로 가고 하자는 대로 할 뿐이었다.

  서울까지 왔는데 앞으로 어느 방향으로 더 가는 것일까? 만·소

(滿・蘇) 국경인지, 중국 대륙(中國大陸)인지, 엉뚱하게도 남양군도(南洋群島)로 갈지? 도무지 짐작할 수가 없었으나, 아무튼 고국 땅을 떠난다는 것은 거의 기정사실이고 보니 우리의 수도였던 서울도 오늘 밤이 마지막이 될지 모를 일이다.

산너머 산이요, 강건너 강이라더니 한많은 그 동안의 역정은 이제 종지부를 찍고 새로운 국면으로 접어들게 된 것이다. 이윽고 요란한 기적소리는 마치 일제(日帝)의 야수와 같은 울부짖음으로 들리었고 북쪽을 향하여 달리기 시작하는 것이었다.

이 생각 저 생각에 혼미(昏迷)하여진 머리가 띵하게 아파 왔고, 잠을 청하여도 좀처럼 잠이 오지를 않았는데 옆자리에 앉아 있는 동지들은 기진맥진하여 잠이 깊이 들어 여기저기에서 코고는 소리가 열차 안의 고요함을 깨뜨렸다. 모두가 내일의 운명을 모른 채 잠이 든 선량한 대한의 학우들이었다.

나는 대학 강의실에서 가끔 휴강시간이 있으면 곧잘 사꾸라다(櫻田)씨가 저술한 관상학 개론(觀相學概論)을 재미있게 읽어 보았었다. 잠도 오지 않는데다 공상(空想)에 지쳐 문득 그 책에 담겨 있는 관상법이 연상되어 내 주위에 잠자고 있는 친구들의 얼굴을 하나하나 훑어보며 그들의 상(相)을 풀어 보았다.

그 때 마침 세칸 정도 앞자리에 앉아 있는 장 경순(張坰淳) 동지와 눈이 마주쳤다. 그도 잠이 오지 않는지 무엇인가 생각하며, 이곳을 바라보다 나를 보고 픽 웃으며, 날더러 오라는 눈짓을 하였다. 장 동지(張同志)는, 나와 배재중학교 동창이며 친한 처지이기에 나는 허물없이 달려가 그 앞자리에 끼어 앉아서 장 동지의 얼굴과 손바닥을 번갈아 가며 상(相)을 보아 주었다.

제2장 /몸은 끌려가도 마음만은

그런데, 내가 아는 관상과 수상(手相)으로는 그가 절대 요절(夭折)할 운(運)은 아닐 뿐 아니라, 손금의 운명선이나 얼굴의 상이 그렇게 좋을 수가 없었다. 그래서, 나는 "어이 장 동지 자네 절대로 죽지 않네, 어느 곳에 끌려가든 죽지 않을 것이니 안심해."라고 그의 운수(運數)를 설명해 주었다.

그러자, 장(張)은 껄껄 웃으면서 위안이 되는 듯하였는데 "그러면 다른 동지들도 좀 보아 주지." 하면서 옆자리에 있는 동지들을 모두 깨워 앉혔다. 나는 서슴지 않고, 근처에 앉아 있는 친구들의 상을 일일이 아는 내로 보아 주였으나, 기이(奇異)하게도 모두가 요절한 운은 아니었다.

내 말을 귀담아 듣던 동지들은 잠시나마 안도의 한숨을 내뿜으면서 환성을 올리자, 우리 차량 인솔 책임자인 일병(日兵)이 깜짝 놀라 소리치는 바람에 판은 깨져 버렸으나, 이와 같이 내가 본 상은 장난기는 아니었고, 사꾸라다(櫻田) 관상학에 적혀 있는 내용을 인용하여 해설한 것이기 때문에 차안에서의 내가 보아 준 관상은 후일 모두에게 적중(的中)하였고, 종전 후 귀국해서도 동지끼리 모이면 가끔 에피소드로 등장하여 나에게 상을 보아 달라는 친구가 간혹 있었다.

그때 내가 타고 있던 군용열차(軍用列車) 차량(車輛)에는 장경순(張坰淳), 구태회(具泰會), 류기춘(柳基春), 민충식(閔忠植), 나길조(羅吉祚), 최세경(崔世卿), 이병주(李炳注), 김성일(金誠一), 이윤근(李潤根), 이종록(李鍾祿), 윤우현(尹禹鉉), 김종수(金宗洙), 이병선(李炳善), 김봉열(金奉烈), 김문현(金文鉉), 정석진(鄭石珍), 이건우(李建雨), 박주은(朴柱溵), 정용준(鄭鏞濬), 정순상

(鄭順相) 등 한국 학병들이 같이 끌려가고 있었다.

이러한 가운데 시간은 흘러 상당한 거리에 왔으리라 생각이 들었을 때, 열차가 덜거덕거리며 기적소리도 요란하기에 밖을 내다보며 가만히 생각하여 보니 압록강(鴨綠江) 철교인 것 같았다.

나는 과거 중학교 5학년때 수학여행차 이 다리를 건너 만주의 대련(大連), 신경(新京;長春) 등지에 가 본 일이 있어 한·만(韓·滿) 국경인 이 다리는 잘 기억하고 있었다.

이제 우리 일행은 고국땅인 신의주(新義州)를 마지막으로 국경을 넘어 달리고 있는 것이다. 그리운 조국이여! 3천리 금수강산(錦繡江山)이여! 그리고 3천만 동포여! 이 몸은 비록 국경을 넘어 기약 없는 어느 전쟁터로 끌려가고 있지만 마음만은 언제나 내 조국을 잊지 않으리라!

비록, 현재는 아무런 목적 없이 화물처럼 끌려가고 있지만 어찌 한시라도 민족혼(民族魂)을 잊을 수가 있으랴! 앞으로 나에게 닥쳐올 상황이 어떠한 고난이나 형극(荊棘)의 길이라도 온갖 지혜와 신념으로 이를 극복함으로써 나 자신을 지키고, 부모 형제와 국가 민족을 위하여 왜적(倭賊)과 싸우겠다는 복수심이 솟구쳐 오름을 새삼 느꼈다.

이렇게 생각하면서 시간이 흐르고 있을때, 머리 속에는 '탈출(脫出)'이라는 두 글자를 깊이깊이 되새기면서 마음을 가다듬었다.

이국(異國) 땅에 들어서면서 이와 같은 결의를 하게 된 나는 지금까지의 허탈 상태에서 벗어날 수 있었고, 마음의 안정을 찾아 가벼운 심정으로 매사에 처신할 수 있었다. 원한의 군용열차는 어느새 만리장성(萬里長城)을 뚫고 산해관(山海關)을 거쳐 중원(中原)

대륙을 종단(縱斷)하여 남하하고 있었다.

창 밖의 광대무변한 평원에서 대륙의 광활함을 여실히 느낄 수 있었고, 중국이 대국임을 새삼 깨달았다. 간혹, 열차가 폐허가 된 역사(驛舍) 없는 들판에 정지하면 청의(靑衣)를 입은 중국 아이들이 떼를 지어 차창 앞으로 모여들었다. 그들은 모두가 손을 내밀면서 '쎈쎙(先生) 쎈쎙(先生)'하며 무엇인가 달라고 구걸하였다.

담배, 비누, 건빵 등을 달라고 애걸하였는데 정말 불쌍한 패전국의 참상은 목불인견이었다. 언어는 통하지 않았지만, 그들의 남루한 옷차림과 야위고 초라한 모습은 그저 불쌍하기만 하여 전화(戰禍)를 입은 민족의 참상이 남의 일 같지 않았다.

차가 달리는 도중에 한 시간 이상 정거할 때도 있었고, 갑자기 급정거할 때도 간혹 있었으나, 장시간 정거할 때는 식사를 급여 받거나 기관차의 급수를 위해서였는데, 급정거하는 경우는 아마 중국군의 기습정보가 있거나 선로에 장애물이 나타났을 때인데, 어느 때나 우리들은 차안에 갇히어 한발도 육지를 밟아 볼 수 없었다.

이러한 상태로 우리들은 차안에서 먹고 자고, 또 자고 먹고 하여 1주(週)일이 경과하였을 무렵, 전쟁 도발 후 대격전지로 일군(日軍) 몇 개 사단이 전멸당했다는 서주(徐州)를 거쳐 남하하고 있었다.

일군의 군가(軍歌)인 '보리와 병대(麥と兵隊)'에서 육군의 면모를 읊은 그 노래의 진원지가 이 서주평야를 중심으로 끝없는 보리밭에서 연유한 것으로 창밖에 펼쳐지는 일망무제(一望無際)한 들판에는 지금 이 시간에도 일군의 인마(人馬)가 죽음의 전쟁터로 무거운 발걸음을 옮기며 행군해 가고 있는 것 같아 치열한 전투가 머리에 연상되는가 하면, 한편 대평원의 낭만이 전화중(戰禍中)에 눈앞을 스쳐갔다.

 비교할 바는 아니지만 황금빛으로 물들은 고국의 금만경(金萬頃) 평야를 문득 생각해 보면서 다시 한번 고국의 산천을 그려 보았다. 얼마나 넓은 평야인지 달려도 달려도 끝이 없었으며, 서산에 해는 지고 어둠속에서 열차는 계속 달려만 갔다.

 언제 잠이 들었는지 문득 눈을 떠 보니 날이 밝아지기 시작하였는데 멀리 어둠속에서 커다란 도시(都市)의 불빛이 아롱거려, 아마 저 곳이 우리들의 목적지인 종착역인가 싶었다. 그러나, 알고 보니 가까이 보이는 불빛은 양자강(揚子江) 북쪽에 위치한 포구(浦口)였고, 멀리 보이는 불빛은 남쪽 강변에 위치한 남경(南京)이었다.

 세계 3대강의 하나인 양자강, 말이 강이지 강이라기보다는 바다 같은 수면에는 어둠속에서도 굽이치는 파도가 수만년의 역사를 간직한 채 웅장한 모습으로 눈앞에 전개되었다. 강상(江上)에는 잘 보이지는 않았지만 군함인지, 기선인지 수척(數隻)이 떠 있었고, 양쪽 강변의 경계는 삼엄한 것 같았다.

 기차에서 내린 우리들은 수송선으로 바꾸어 타고, 강을 건너 남경에 도착하여 대열을 가다듬고, 어느 부대로 행군하여 갔다. 지루하고 괴로왔던 열차 신세는 이제 끝이 났는데 그 동안 대구(大邱)를 출발하여 이 곳 남경(南京)까지 장장 10여일간의 긴 여정에 종지부를 찍게 된 것이다.

 약 20분간의 시내행진을 마치고, 우리 학도병들은 그 곳에 주둔하고 있는 일군부대 영내로 들어갔다. 소대별로 여러 동(棟)의 영사(營舍) 내에 분산되어 모처럼의 휴식과 자유시간이 주어졌다.

제2장 / 몸은 끌려가도 마음만은

오랜만에 동지들과 몰려 앉아 정답게 대화(對話)도 나누었고, 낮잠도 잘 수 있으며, 우물가에 가서 세수도 하고 발도 씻을 수 있었는데 그것도 불과 몇 시간 지나지 않아 저녁 무렵에 별안간 집합명령이 내렸다.

널따란 연병장에서 소대별로 인원파악이 끝나자 일부 소대가 어디론가 사라져 버렸다. 아마 이곳 주둔부대 내에 분산 배치된 모양이어서 대구에서부터 이곳에 도착하기까지는 그래도 같이 한차를 타고 집단행동(集團行動)을 하여 왔건만 갑자기 일부 동지들이 어디론가 사라져 버렸으니 궁금하기도 하고 섭섭하기도 하였다.

누구누구가 이곳에서 떨어져 갔는지 알 수가 없었고, 언젠가는 우리들이 분산되리라고는 예측했었으나 행방도 모른 채 일부 학병들과 헤어지고 보니 어쩐지 쓸쓸하고 외로워지는 심정을 가눌 길이 없었다. 이곳에서 우리들 학병(學兵)은 미리 편성된 각 부대에 분산되어 작별 인사도 나눌 사이 없이 헤어진 것이다.

우리들 이외에 일본 본토에서 소집된 징병들과 합류하여 중대와 소대로 편성되어 내가 소속된 소대는 다시 행군에 들어갔는데, 같은 열차를 타고 온 지면(知面)도 몇 명이 있었다. 이 지방은 우리나라보다 위도상(緯度上) 남쪽에 위치한 탓인지, 비교적 포근한 날씨로 겨울철이지만 사람들이 활동하기에는 큰 고통이 없을 것 같았다.

다시 행군은 계속되어 양자강(楊子江)이 보이는 강변을 지나게 되었는데, 아침 일찍 어둠 속에서 보았던 그 강의 참모습과 석양빛이 찬란한 노을에 유유히 흐르고 있는 바다 같은 웅장한 장강(長江)을 내려다 볼 수 있었다.

수만년의 역사를 담고 중국 대륙을 서(西)에서 동(東)으로 흘러 하구에는 상해(上海)라는 국제도시를 포옹하고 있는 저 강은 옛날 소 동파(蘇東坡)가 지은 적벽강부(赤壁江賦)의 시정(詩情)이 담기어 있고, 유구한 동양의 역사를 지닌 낭만도 간직하고 있으련만 내가 보는 현실은 모두가 꿈같은 공상에 불과하였다.
　그러나, 저 강(江)은 알리라! 무고(無辜)한 한국의 젊은 학도들이 강제로 끌려와 제2차 세계대전의 최전선에서 일제의 제물로 죽음의 행진을 강요당하고 있는 이 역사적 비극을! 그리고 우리들에게 닥쳐올 장래의 운명을! 그러나 강물은 아무런 말없이 그저 바다처럼 굽이치는 파도가 이쪽 언덕에서 저쪽으로, 상류에서 하류로 물보라를 허공에 날리며 자연의 웅장함을 과시하고 있었다.
　남경역(南京驛)에 도착한 우리들은 또다시 열차편으로 어디론가 행진을 계속하게 되었는데 어느 곳까지 가게 되던 이미 각오는 되어 있는 터라 가는 대로 가고 될 대로 되라며 행방에 대해서는 더이상 신경을 쓰거나 두려워하지도 않았다.
　몇 시간을 달리는 동안 차창 밖에 전개되는 평야는 서주평야(徐州平野) 못지않게 광활하기만 하며 양자강을 경계로 북쪽의 서주(徐州)나 남쪽의 소주(蘇州)는 옛날부터 중국 대륙의 양대평원으로 알고 있었지만 실제로 와 보니 가도가도 끝이 없는 들판이어서 그 넓은 대륙을 횡단하면서 생각해 보니 이러한 자연풍경과 정취가 중국인들의 기질에 영향을 주어 그들의 낭만적이고 관대한 국민성이 함양된 것이 아닌가 음미(吟味)해 보면서 우리의 국토인 한반도(韓半島)가 너무나 협소함을 새삼 느꼈다.
　차 중에서 어느덧 칠흑 같은 대륙의 심야를 맞으면서 하차 준비의 지시를 받자 대구에서부터 우리의 인솔 책임자였던 소대장이 목적지에 도착했음을 알려 주며 행군 도중 전원 무사했음이 다행이라고 간단한 인사말을 던지고 어디론가 사라져 갔다.

이곳이 바로 소주(蘇州)라는 유명한 물의 도시요, 미인의 도시이며, 역사와 낭만의 도시였다. 동경에서 한참 유행되었던 '소주(蘇州)의 밤'이라는 대중가요의 가사가 생각났는데 한산사(寒山寺)의 종소리와 유명한 장계(張繼)의 시(詩)

  月落烏啼 霜滿天 江楓漁火 對愁眼
  姑蘇城外 寒山寺 夜半鐘聲 到客船

로 많은 사람들에게 심금(心琴)을 울렸던 소주, 이 소주땅이 우리의 종착지가 된 것이다.

그리고, 소주에 도착하자 문득 태호(太湖)가 연상되었는데 동정호(洞庭湖)와 파양호(播陽湖), 태호(太湖) 모두가 중학시절에 지도를 보면서 공부한 기억이 생생하였다. 유서깊은 역사의 고도(古都)이며, 태호에 접해 있는 교통의 중심지인 이곳이 우리가 주둔할 목적지였다. 불행중 다행이라는 생각이 들었고, '탈출(脫出)'이라는 두 글자가 번개같이 머리속을 스쳐가는 것이었다.

소주역에서 하차하여 하사관의 인솔로 시내의 대로를 걸어가고 있을 때, 노변의 상점들은 문이 모두 닫혀 있었고, 왕래하는 사람도 별로 없었다. 15분쯤 걸었을 때 전방에 전등불이 휘황하게 켜져 있는 큰 건물이 보였는데, 그곳이 바로 일본군(日本軍) 중지파견(中支派遣) 호꼬(予) 제60사단 본부였고, 그 건물은 학교를 점거하여 사령부로 사용하고 있었다. 우리들은 일병(日兵)들과 혼합되어 소대가 편성되었고, 1개 소대에 한국출신 학병이 1명씩 끼어 있었다.

본관 앞 광장에 집합한 대열은 각 소대장과 분대장의 구령에 따라 대오를 갖추어 정렬을 마치고, 엄격한 감시하에 차렷자세로 한참 동안 서 있었다. 이윽고, 백발이 성성하고 위풍이 당당한 노장군(老將軍)이 백마(白馬)를 타고 나타났는데, 나중에 알았지만 그가 바로 고바야시(小林) 육군소장으로 제60사단 사령관이었다.
 그의 훈시가 끝나자 그 자리에 모였던 모든 신병(新兵)은 소속부대별로 정식 입대되면서 각각 중대와 소대별로 편성되어 병사(兵舍)에 배치 수용되었다.
 대구에서 출발한 뒤 지금까지는 그래도 우리 한국 학생들만이 공동생활을 해 왔었는데 이제부터는 일인(日人)과 합류되고 보니 숫적으로도 10대 1정도이고, 1개 중대에 학병은 불과 2, 3명꼴로 배치되어 앞으로 외롭고 위축감마저 느끼게 되었는데 그 많은 학병 동지들은 어느 곳 무슨 부대로 입대했는지? 서로 잘 가라는 인사 한마디 못하고, 손목 한번 잡아 볼 틈 없이 뿔뿔이 헤어져야만 했던 것이다. 앞으로는 함부로 우리 말을 할 수도 없거니와 영내생활이 고독할 것만 같아 걱정스럽기만 했다. 뒤에 안 일이지만 우리 학병들은 소주(蘇州)에 극소수가 남았고, 거의 모두가 남경(南京)이나 상해(上海), 무석(無錫), 상주(常州) 등 각지의 대대로 배속되어 갔다는 것이었다.
 나는 소주에 있는 46대대 제2중대에 편입되어, 중대본부는 진택진(震澤鎭)에 주둔하고 있으나 초년병(初年兵) 훈련은 대대본부가 있는 소주에서 받게 되었는데 2중대에는 나와 같이 송 형규(宋炯圭)군 한 사람만이 배속되었다. 46대대는 제60사단의 직속대대로서 사단본부에 인접하여 시설이 잘 갖추어진 환경이었다.

제2장 / 몸은 끌려가도 마음만은

드디어 소속부대가 결정되었고, 군대생활이 시작될 병사에 입사(入舍)하여 초년병 훈련을 받게 된 것이다. 갑자기 환경이 변한 탓인지 입사 첫날밤은 잠을 설치며 하룻밤을 지새웠고, 다음날 아침 점호때 연병장에 나가보니 저 멀리 다른 중대에 있는 장 경순(張坰淳), 채 규응(蔡奎應), 최 용덕(崔龍德), 박 현섭(朴鉉燮) 동지들의 얼굴이 보여 어찌나 마음속으로 반갑고 든든한지 소리내어 불러 보고 싶었으나 그럴 수는 없었고, 다만 외로운 생각이 다소나마 가시는 것 같았으며, 우리는 먼 빛으로 미소를 지으면서 눈으로 반가움을 표시할 뿐이었다.

장 동지는 46대대 보병포중대(步兵砲中隊)에 속해 있었고, 나는 제2중대 제1소대 2분대, 분대번호 2번으로 11년식 경기관총(輕機關銃) 사수(射手)가 되었다. 생전 처음으로 만져보는 기관총이지만 이 무기가 나와 운명을 같이할 것을 생각하며, 소중한 물품으로 잘 간직해야겠다고 마음속에 다짐하였다.

마침내, 본격적인 초년병 훈련이 시작되었는데, 매일같이 되풀이되는 스파르타식 강훈련인데다 어딘지 모르게 서두르는 속성교육(速成教育)임을 짐작할 수 있었다. 대학시절에 교련교육을 통하여 터득한 기초지식이 도움이 되어 이론과 기능면은 감당할 수 있었으나, 소위 정신훈련이란 것은 참으로 견디기 어려웠고, 많은 고통을 감내(堪耐)해야만 했다.

매일 이른 아침 기상(起床)에서부터 세면, 사내 청소, 조식, 점호, 훈련, 중식, 오후 훈련, 무기 손질, 석식, 내무반 교육, 그리고 소등, 취침, 불침번(不寢番) 등 눈코 뜰 사이 없었으며, 특히 식사시간에 쫓기고 용변하는 것도 다급하게 봐야 하며, 자유로운 시간이나 행동은 전혀 가질 수 없어 하루 종일 기계적인 생활의 연속이었다.

게다가, 몹시 불쾌하고 고약한 것은 일본놈들의 군대생활에 있어 흔히 유행어처럼 되어 버린 기합(氣合)이라는 못된 풍습이었다. 매사에 생트집을 잡아 잘 하면 건방지다고 구타(毆打)하고, 잘 못하면 못한다고 구타하며, 또 걸핏하면 무조건 단체기합(團體氣合)이라 하며 윽박질하고, 벌(罰) 주는 것이 다반사로 반장인 상등병(上等兵)과 고참병들이 당연시하는 일과였다.

아마도 그들의 타성(惰性)은, 무자비하게 초년병을 구타하며 벌(罰)을 자주 주고, 잔인해야만 유능한 반장이고, 고병(古兵)들의 특권같이 생각하는 것 같았다.

한국인이라는 민족적 차별도 있었거니와 그들은 우리 학병들이 많이 배웠다는 시기심(猜忌心)으로 공연히 미워하며 더욱 체벌(體罰)의 대상이 되는 것 같았고, 그들은 구타하면서 말끝마다 "네가 배웠으면 얼마나 배웠느냐", "억울하면 말해 봐라"등등 상투적인 언사를 구사하며, 정신병자(精神病者)처럼 흥분하면서 사정없이 폭행을 일삼았다.

어느 때는 전우가 억울하게 얻어맞은 것을 보고, 격분하여 나는 정신을 잃고 내 자신이 우발적(偶發的)으로 큰 사고라도 낼 것 같은 충격을 받은 일이 허다하였다.

아무튼, 그들의 기합(氣合)은 도저히 납득할 수 없었고 아연실색하지 않을 수 없어 마치 생지옥(生地獄)에 끌려온 것만 같은 느낌마저 들었다.

도대체, 고등교육을 받았거나 가정 형편이 좋은 것도 그들은 죄

제2장/몸은 끌려가도 마음만은

악시하고, 더구나 우리 한국인 학도병은 본인의 의사가 완전히 무시된 채 강제로 지원병이라는 미명 아래 입대를 시켜 놓고, 특별한 대우나 배려는 못할망정 다른 장정보다 오히려 질시하며 학대를 하고 있으니, 이게 무슨 조화(造化)요, 역리(逆理)인가. 그 억울한 분통을 어디에 호소하며 무엇으로 보복(報復)해야 할지 보통 상식으로는 도저히 상상도 못할 야만적 폭행이었다.

세계적으로 강국이라고 큰 소리치며, 야마또다마시(日本魂)를 과시하는 그들의 군대 내면(內面)이 이토록 추잡하고, 모순과 비리가 전통처럼 고질화된 군규(軍規)를 목격하고 체험한 나는 머지않아 패전의 단말마적(斷末魔的)인 종말이 오리라고 예견할 수가 있었다.

그들이 나에게 기합을 주면 준 횟수만큼, 또한 혹독한 체벌을 가하면 그 강도만큼, 그들에 대한 나의 적개심(敵愾心)과 복수심은 날이 갈수록 굳어만 갔다.

넓은 연병장이나 정신교육장에서 가끔 동지(同志)들과 시선이 마주칠 때면 그때마다 마음속으로 안부(安否) 인사를 나누며, 평도는 눈물을 머금고 비통한 심정을 억제해야만 했다. 간혹, 식사당번 때나 용변시에 오고 가다 우리 학병 동지를 만나는게 비길 데 없는 즐거움이기도 했으나, 어떤 때는 차라리 만나지 않는 것이 나을 뻔 하였는데, 왜냐 하면 기합의 탓으로 그들의 얼굴이 퉁퉁 부어 있거나, 일그러져 변형(變形)이 되었고, 멍이 들어 새파랗게 물들여진 것도 아랑곳없이 그래도 반갑다고 정다운 웃음을 주고 받을 때에는 정말 참지 못할 심경이었다.

이러한 상황 속에서도 훈련은 강화되어 심신은 몹시 피로하였고,

그들의 비겁한 부조리가 계속되는 가운데 세월은 흘러만 갔고, 군대생활에 대한 요령도 차츰 생겨 때로는 능동적으로 대처할 수 있었다.

그러던 중 어느날 밤 갑자기 벼락같은 비상소집령이 떨어졌는데, 입대후 12일째 되는 날로서 훈련을 제대로 받지 못한 우리들 초년병에게도 긴급 출동명령이 내려진 것이다.

최전방 부대에 입대한 탓도 있겠지만 전세(戰勢)가 그만큼 긴박한 상태에 접어든 모양이어서, 남양군도에서의 계속되는 패배와 소·만(蘇·滿) 국경에서의 긴장 고조는 일본이 점령하고 있는 광대한 중국 대륙을 지키기에는 너무나 힘이 벅찬 모양이었다.

그리하여, 괴뢰 정권인 왕 조명(汪兆銘)에게 화평군(和平軍)이란 군대를 편성시켜 주요 도시의 선로와 수로(線路와 水路) 등 교통요지를 경비하도록 하였었다.

나는 불길한 예감을 억누르면서 무장을 하고, 대대본부로 뛰어갔더니 중대별로 작전명령이 내려져 내가 소속된 제2중대 본부가 있는 진택진(震澤鎭)으로 귀대하게 되었다.

그때, 우리 2중대장은 예비소집된 고바야가와(小早川) 대위로서 50세가 넘은 온후한 성격의 지휘관이었으며, 입대후 세번째 만나는 나에게 깊은 관심을 가지고 위로와 격려를 아끼지 않았으며, 송 형규(宋炯圭) 동지와 나는 그 중대장이 있는 한 어쩐지 마음이 든든하여 두 사람뿐인 외로움을 약간이나마 덜 수가 있었다.

이날 비상소집 후 작전내용은 알 수 없으나 고바야가와(小早川) 대위가 지휘하기 때문에 어딘지 모르게 일말의 안도감을 느꼈으며, 분대장의 인솔로 야간전투에 참여하게 되었다. 한밤중이어서 동서

제2장 / 몸은 끌려가도 마음만은

남북도 분간할 수 없었고, 전후방의 지형지물(地形地物)도 전연 알 수 없어 그저 분대장의 구령에 따라 행동할 뿐 전의(戰意)도 없었고, 다만 살기 위하여 지혜를 짜내어 행동하였다.
  훈련 중에 배운 야간전투법이 실전에 옮겨진 기회인 것 같아 한 동작 한 동작 할때마다 유념해 가면서 전진하였다. 군화소리와 단검소리, 그리고 숨소리마저 죽여 가며, 일보일보(一步一步) 조심스럽게 전진하고 있을 때, 느닷없이 난데없는 총성이 밤하늘의 적막을 깨고 요란스럽게 들려왔다. 중국군의 집중 사격이 개시된 것이다. 머리위로 스쳐가는 흉(凶)한 서소리는 날아가는 탄환임에 틀림없건만 어느쪽에서 쏘아대는 총탄인지 혼비백산할 수 밖에 없었다.
  분대장의 구령에 따라 신속하게 엎드려 사격 자세를 취하였으나, 나는 경기관총수(輕機關銃手)였기 때문에 언제나 분대장의 지시를 귀담아 들어야 했고, 항상 발사 준비를 갖추어야만 했다.
  방아쇠에 손가락을 걸고 사격명령을 기다리고 있을 때, 경황없는 사경(死境)이건만 순간적으로 부모님의 모습이 머리에 떠올라 무엇인가 계시(啓示)가 있을 것만 같았다. 총격이 계속되면서 중국군은 점점 우리들에게 접근해 오는 것 같았는데, 그것은 어둠 속에서 전방에 인적이 있는 것 같은 불빛이 간혹 이동하고 있음을 감지(感知)할 수 있었기 때문이다.
  분대장의 포복(匍匐) 전진 명령에 따라 나는 기관총을 양팔 위에 놓고, 팔꿈치로 포복전진을 하면서, 내가 살기 위하여 땅에 얼굴이 닿도록 철저한 저자세(低姿勢)로 전진하였다.
  마침내, 사격명령이 떨어져 방아쇠를 당겼으나 내가 살기 위해서라지만 적(敵) 아닌 적 중국군에게 총구(銃口)를 겨누어야만 했던 아이러니컬한 현실에서 나의 심정은 안정을 못찾고 오직 살기 위하여 목표를 똑바로 겨냥하지도 않고, 방향감각도 없이 전방을 향하여 머리는 땅바닥에 떨어뜨린 채 연속 방아쇠만을 잡아 당겼다.

이 기관총은 한번에 30발씩 장탄할 수 있으며, 방아쇠를 당기고 있으면 30발 모두 연속하여 발사되나, 대개 3발 내지 4발씩 간격을 두고, 목표를 이동하여 사격하는 것이 정상(正常)이었다. 난생 처음으로 겪는 전투였으나 전의도 없고 빨리 중국군이 물러가 싸움이 끝났으면 하는 희망뿐이었다.

어느 편이 후퇴하든 시간이 해결할 문제였고, 날이 밝아지면 적정(敵情)도 들어나고, 상황도 파악할 수 있을 것만 같았다. 분대장은 연거푸 전진명령을 내리면서 용감하게 선두에서 작전을 지시하였다.

우측에서 사격하던 2분대도 각자 전진을 계속하여 공격을 멈추지 않아, 나는 그저 대원들 뒤를 따라 포복을 계속하면서 얼마나 전진했는지 몰라도 전방이 훤하여지면서 물소리가 은은하게 들려 오는 것으로 보아 앞쪽에 강물이 흐르고 있음을 짐작하고, 우리가 저 강을 사이에 두고, 중국군과 대치하여 총격전이 벌어졌음을 알 수 있었다.

강 언덕에 다가서자 중국군의 총격은 멈추고, 잔잔한 수면에는 민선(民船)이 여기저기 떠 있었다. 전투는 일시나마 멈춰져 우리 소대는 분대별로 강변에 떠 있는 민선을 타고 강을 건너갔다.

먼동이 트면서 주위를 살펴보니 잔잔한 수면은 호수와도 같고 강 같기도 하였으나, 알고 보니 중국의 인공적인 강으로 '크리이크(creek)'였다. 이 크리이크는 중국 내륙의 교통과 관개(灌漑)를 위하여 인공적으로 만든 강으로 사통팔달(四通八達)하여 운하(運河)와 같이 교통의 편리를 도모하고, 농업용수로도 중요한 몫을 하는 수로(水路)였다. 이 수로는 육로(陸路)보다도 더 발달된 교통망이어서 우리는 민선(民船)으로 크리이크를 따라 서쪽을 향하여 진행중이었는데 어디선가 총성이 또 들려 왔다.

애당초 위험부담을 안은 채 민선에 몸을 싣고, 불안과 초조속에서 이동하는 참이었는데 분대장은 아무런 지시도 없었고, 날이 밝아오자 사방이 훤하게 시야에 들어왔을 무렵, 치열했던 총격은 완진히 밎추었다.

본래, 우리 중대는 전투위주의 사명을 띠지 않고 청향공작(淸鄕工作)이라 하여 점령지역에서 민심을 수습하고 군수물자를 조달하며, 정보를 수집하고, 경비를 담당하는 것을 주임무(主任務)로 삼고 있었다. 그러나 때로는 중국 유격대(遊擊隊)의 습격을 받으며 또한 마적대(馬賊隊)의 토벌 작전에도 참가하는 임무도 수행하고 있었다.

석양 무렵에 우리는 넓은 상전(桑田)에 당도하였는데 들판에는 뽕나무가 총총히 들어 차 있었고, 그 뽕나무 밭에서 우리 부대는 전투 준비를 갖추고 휴식을 취하면서 멀리 전방을 바라보니 하얀 연기가 올라 가는 부락을 볼 수 있었고, 그 곳에 중국군이 잠복하고 있지 않나 싶었다.

배는 고파 오고 불안한 생각은 계속 가실 줄을 몰랐으나 멀리 희미하게 보이는 부락에서는 우리들의 작전계획을 전연 모르는지 주민들도 아무런 변화가 없어 보였고, 그저 조용하기만 하였다. 그때에 우리 정찰대원이 돌아와 소대장에게 무엇인가 보고하자 바로 작전명령이 하달되어 1분대는 현위치에서, 2분대와 3분대는 상전(桑田)을 우로 돌아 전진하도록 명령하였다.
그후 30분쯤 지난 뒤에 사격을 개시하며 전진하자 나는 분대장의 지시에 따라 기관총을 옆에 끼고 그의 뒤를 따랐다. 아마도 부락에 잠복한 적의 동태를 파악하기 위한 사격인 것 같았으나 갑자기 적의 맹렬한 반격이 시작되자 치열한 전투로 변했다.
뽕나무가지 사이로 스쳐가는 총탄은 비오듯 하였고, 조금만 머리를 들어도 적탄에 명중될 것만 같아 나는 정신 없이 고개를 숙이고 기관총을 난사(亂射)하였는데 그때였다. 분대장은 역시 용감하여 비오듯 날아오는 적탄 중에도 몸을 굽히지 않고 적의 동태를 살피더니 대원 전원에게 전진을 명하였다.
2분대, 3분대도 부락을 향하여 일제히 전진하였다. 나도 그들의 뒤를 따라 기관총을 허리에 끼고 달려 가던 중 뜻밖에 뽕나무 밑에서 시체를 발견하였는데 아마 중국군 척후병인 것 같았다.
생전 처음으로 겪어 본 전쟁터에서의 시체였지만 무섭거나 더러운 생각은 전연 들지 않고 저 중국군인의 죽음으로 인하여 내가 지금 살아 남아 있는지도 모른다는 생각이 들었다.
이윽고 돌격 명령이 떨어지자 포복으로 전진하던 일군(日軍)은 벌떡 일어나 패주하는 중국군을 추격하여 갔으나 그들의 뒷모습을 보니 군복(軍服)이 아닌 청의(青衣) 차림이었고 짚세기를 신고 있었다. 그들을 뒤쫓아 한동안 뛰어가다 부락의 변두리에 이르러 소대장의 명에 따라 대오(隊伍)를 정비한 뒤 수색작전이 벌어졌다.
이 상황이 규모는 크고 작은 차이가 있을 것이나, 바로 전승국(戰勝國)의 군대가 패전국의 도시나 부락을 점령하고, 패잔병을 색출하기 위하여 수색하는 작전인 것 같았다. 소대는 분대별로 지시된 방향으로 지역을 가가호호(家家戶戶) 수색하며 패잔병을 생포 또는 사살하는 것이었다.

미처 도망가지 못한 노인과 부녀자는 언제 그렇게 빨리 만들었는지 일장기(日章旗)를 들고 나와 자기집 대문앞에 서서 그저 목숨만 살려 달라고 애원하였다. 그중에는 젊은 여인도 간혹 눈에 띄었는데 참으로 비극이 아닐 수 없었다. 저 무고한 백성들이 침략한 일본 군인의 감정과 기분(氣分) 여하에 따라 생명이 좌우됨을 목격하니 참으로 막하기 그지없는 전장(戰場)의 참극을 실감할 수 있었다.

저 유명한 톨스토이의 '전쟁과 평화'에 묘사된 비극이 바로 내 눈앞에 현실(現實)로 생생히 전개되고 있는 것이다. 상점에 쌓여있는 상품이나 각 가정에 남아 있는 살림살이 등을 미처 옮겨 놓을 사이도 없이 급습(急襲)을 당한 모양이었다.

가택 수색 중 생포된 어떤 중국 군인은 반항하다 소대장의 군도(軍刀)에 의해 목이 뎅그렁 땅에 떨어졌고, 고참병들은 이러한 난리 속에서도 부녀자들을 후미진 곳으로 끌고가 욕을 보이는 흉악무도(凶惡無道)한 만행을 다반사(茶飯事)로 하는 것이 아닌가! 이토록 처절한 생지옥에서 나는 오직 살아 있는 것만이 다행스러운 일이라 하겠으나, 이런 죄악집단(罪惡集團)인 일군에 동참하고 있는 자신의 처지를 하루 빨리 벗어나야겠다고 본래의 탈출 각오(脫出覺悟)를 재삼 다짐하였다.

탈출!, 복수! 나에게는 적(敵)이라 할 수 없는 중국인들의 수난을 목격하면서 마음 한구석에는 일군(日軍)에 대한 환멸(幻滅)을 느끼기도 하였다. 말이 수색작전이지 나는 마지 못해 기관총을 들고, 부락의 이 구석 저 구석을 구경하다 어느 상점 창가에 땅콩이 쌓여 있는 것을 발견하고 배고픈 판에 정신없이 달려가 바지속에 몽땅 집어 넣었다.

그러는 순간 '재영이'하고 송 형규(宋炯奎) 동지가 뒤에서 부르는 바람에 깜짝 놀랐으나 우리 두 사람은 총을 땅에 놓고 부둥켜 안았는데, 이 얼마나 반갑고 따뜻한 포옹(抱擁)이랴! 수만리 타국에서 그것도 전투 속에서 피차 살아 남은 한핏줄의 한국인이니 그 감격이야말로 평생 잊을 수 없는 영원한 민족의 혈연(血緣) 이었다.

우리는 반갑고도 서글픈 눈물을 흘리며 얼굴을 맞대고 비벼댔다. 내일의 운명을 알지 못하면서도 너무나 기쁜 해후(邂逅)였기에 서로 무사함을 축하하고, 앞으로의 건투를 기원하였다. 송동지는 나의 권고로 땅콩을 바지 속에 잔뜩 집어 넣고 마냥 먹으면서 환담하던 중 호루라기 소리에 놀라 뛰어가 보니 헌병의 지시사항이 전달되고 있었는데, 점령지역 내의 모든 재물은 개인소유가 금지되어 있다는 경고이었으나 고참병들은 흔히 귀금속 등 전리품을 욕심스럽게 점유하는 예(例)가 허다한 것 같았다.

이로써 2일간의 토벌작전(討伐作戰)은 일단 끝이 나고, 원대(原隊)로 복귀하자 다시 맹훈련(猛訓鍊)은 계속되었다. 그후, 3개월간의 초년병 훈련이 끝나고 간부후보 시험(幹部候補試驗)이 있었는데 나는 응시하여 합격되었으나, 송 동지는 고의인지 몰라도 불합격되어 중대에서 오직 한 사람뿐인 동지마저 작별해야만 했다.

나는 연대본부에서 10개월간의 간부후보 교육을 받게 되어 송군과의 이별은 서러웠으나 3개월전의 뿔뿔이 헤어졌던 많은 학병들을 다시 만날 수 있게 되어 다행한 일이었다. 교육대원은 일인(日人)

과 한국인 비율이 6대 1정도였으나 많은 우리 동지들이 다시 함께 모일 수 있었다.

돌이켜 보면 3개월간의 초년병 생활이 너무나 고생스러웠고 더구나 두차례의 토벌작전에 동원되어 사선(死線)을 방황했던 일을 생각하니 악몽 같은 나날이었으나 10개월간의 간부교육은 차원(次元)이 달라 아마 신병훈련 때처럼 함부로 다루지는 않을 것 같아 마음이 놓이고 위험부담도 덜 느낄 것이 아닌가 싶어 내 나름대로 무엇인가 희망을 가질 수 있으리라 생각되었다. 그 뿐 아니라 30여명이나 되는 학병들이 함께 교육을 받게 되었으니 그 동안의 초년병 훈련에 비하면 외롭지도 않을 것 같았다.

연대본부에 집합한 교육대원들은 중대별로 편성되어 본격적인 교육이 실시되었는데, 전시(戰時)이기 때문에 일본 국내(日本國內)로 가지 않고 일선에서 간부교육이 실시되는 모양이었다. 또한, 교육기간 중 매주 한번은 외출(外出)이 허가되어 오전 9시부터 오후 4시까지 제한되었으나 소주(蘇州) 시내에 있는 군인회관(軍人會舘)에서 음식을 사 먹거나 영화를 구경하며 동지들끼리 환담하다가 귀대하는 즐거운 시간이 있었다.

그뿐 아니라, 이 외출시간은 우리들에게 큰 의의가 있었고 자유를 음미(吟味)할 수 있는 기회도 된 것이다. 이 외출이 거듭됨에 따라 1주일간의 고된 훈련도 견딜 수 있었고 우리들끼리 한국말로 대화할 수도 있었다.

10개월간의 중요한 교육 목표는 여지껏 실시해 왔던 대소전법(對蘇戰法)을 대미전법(對美戰法)으로 전환하여 새로운 교육방법을 실시하고 주로 대공전(對空戰)과 대포화전(對砲火戰) 등에 역점을 두어 제2차 세계대전의 마지막 고비인 대미전투(對美戰鬪)에 투입할 간부를 양성하는데 그 목적이 있는 것 같았으며 그리하여 미국(美國)과의 일대 결전(一大決戰)에 우리들 학병을 참가시키려고 서두르는 눈치였다.

무더운 여름철의 훈련은 숨이 막힐 지경이었으나 연병장을 떠나 때때로 소주 교외(郊外)에 나가 넓은 벌판에서 지형지물(地形地物)을 이용하여 실전(實戰)을 방불케 하는 훈련은 그런대로 배워 둘만 했고 소주 주변의 유적과 유서 깊은 명승지나 풍경도 구경할 수 있어 즐거울 때도 있었다.

그리고 가다 오다 중국 민가의 가정생활을 엿볼 수 있었고, 여인들의 아름다운 옷차림과 그들의 생활 양식도 알아 볼 수 있었다. 또한 외출이 허용되면서부터 잡비가 상당히 필요하여 군대 봉급 외에 배급받은 비누, 수건, 담배, 건빵 등을 팔아 용돈에 보태 쓰기도 하였다.

제 3 장 ●●●●

祖國과 民族을 위하여

― 7인의 모의와 집단 탈출 ―

　간부후보 교육은 순조롭게 진행되었고, 1주일마다 다가오는 외출시간은 군대생활에 있어서 유일한 즐거움이요, 고대(苦待)하는 기회였다. 나는 외출때나 영내에서 변소에 갈 때마다 학병 동지들과 밀회(密會)를 계속하였는데, 주로 정 병훈(丁炳勳) 동지와 자주 만나 긴밀한 연락을 취하였다.
　정 동지는 전북 진안(鎭安) 출신으로, 법정대학(法政大學) 법학부를 졸업한 나하고는 사돈(査頓)뻘 되는 면학도(勉學徒)로 동경(東京)에서 같은 집에 하숙하고 있었으며, 틈만 있으면 간다(神田)에 함께 나가 서점을 두루 살폈고, 책 읽기를 경쟁하듯 독서에 열중하면서 선의의 토론대상이며 적수였다. 그뿐 아니라, 누구보다도 믿을 수 있는 지기(知己)였다.
　찌는 듯한 무더운 어느 여름날, 정 동지와 나는 모처럼의 외출을 맞아 소주(蘇州) 시내를 벗어나 변두리에 있는 조그마한 음식점으로 갔다. 여기서 정 동지는 나에게 성 동준(成東準) 동지를 소개하였는데 그와 안면은 있었지만 부대가 다르기 때문에 접촉할 기회가 없어 대화를 못했던 것이다. 정 동지와는 같은 부대여서 허물없이 종종 만나고 있었고 소개된 성 동지는 우리보다 훨씬 연상이었는데 그것은 그가 서울법전(法專 ; 서울 法大 前身)을 졸업하고 몇년 동안 직장생활을 하다가 다시 구주제국대학(九州帝國大學)을 다녔으니 그럴 수 밖에 없었고 더구나 그의 거구(巨軀)는 학병들 중에서도 출중(出衆)하여 이목(耳目)을 끌었으며 고향은 전남 순천(順天)이었다.

우리들 3녕은 노주(老酒 ; 藥酒)를 마시며 환담하면서 국수(쏘면)를 먹었다. 성 동지의 주량은 거창해서 보통 거음(巨飮)이 아니었으며 우리는 오랜만에 술을 마시면서 그간의 회포(懷抱)를 풀고 있을 때, 마침내 정 동지가 정색을 하면서 말을 끄집어냈다.

즉, 우리 세 사람은 한배를 탄 같은 운명의 젊은 학도이니 무슨 이야기를 하여도 허물이 될 수 없으니 서로 흉금(胸襟)을 털어 놓고 진지하게 의논 좀 하자는 것이었다. 또한 우리 셋은 모두 최고학부(最高學府)를 다닌 지성인이며 동병상련(同病相憐)이란 격언과 같이 이심전심(以心傳心)으로 일맥상통할 수 있을 것이니 각자의 의견을 말하여 행동통일을 갖도록 하자고 덧붙이는 것이었다.

나와 정 동지와의 친분은 각별했지만, 그 동안 서로 떨어져 있었기 때문에 구체적으로 이야기할 기회가 없었는데 오늘 막상 이야기를 들어보니 나는 정말로 기쁜 마음 한량없었다. 그렇지 않아도 틈이 있으면 우선 정 동지와 만나 먼저 탈출을 상의하려던 참이었는데 그야말로 고시(古詩)대로 7년 대한(大旱)에 봉감우(逢甘雨)요, 천리타향(千里他鄕)에 봉고인(逢故人)이라더니 참으로 기쁘고 뜻

깊은 모임이 아닐 수 없었다.

이윽고, 심각한 표정으로 듣고 있던 성 동지의 말문이 열였는데, 정 동지로부터 류형(柳兄)의 이야기를 많이 들었다며 우리들이 앞으로 막연하게 일본군대에 머물러 있다는 것은 무의미할 뿐더러 수만리 타국에 죽음을 각오하고 끌려온 바에야 아무런 목적과 가치가 없는 전투에서 적(敵)아닌 적(敵)과 싸우다가 개죽음을 당할 수는 없는 노릇이 아니냐고 억양을 높여가며 흥분조(興奮調)로 우리는 탈출(脫出)을 해야 한다고 강조하였다.

그야말로 내 심중(心中)을 꿰뚫고 내가 하고자 하는 말을 대변(代辯)이라도 하는 양, 열변을 털어놓는 것이었다. 성 동지의 주장은 신념에 가득 차 있었고 대담하여 나는 마음속으로 진짜 동지를 한사람 찾았구나 싶어 기쁘기 그지없었다.

나는 절대 찬성이요, 전적으로 동감이라는 의사표시를 하면서 "성형(成兄), 그리고 정 동지, 내가 탈출(脫出)을 지상목표(地上目標)로 결심한 것은 이미 대구(大邱)를 떠나면서부터였고, 사불여의(事不如意)하면 나 혼자서라도 탈출을 결행하려고 기회만 노렸는데, 오늘 두 동지의 뜻을 확인하고 보니 반갑고 마음 든든하오. 그러니 우리 세 사람은 긴 말이 필요 없고 다만 언제 어디서 누구와 어떻게 탈출하느냐가 문제이니 동지규합부터 해야 하며 조직적이고 치밀한 계획을 세워보자"고 주장하였다.

내 말에 두 동지는 이견(異見)이 없는 듯 내 손을 꼭 움켜잡고 마치 삼국지(三國志)에 나오는 도원결의(桃園結義) 삼형제(三兄弟)와도 같이 우리 세 사람은 생사(生死)를 같이 하기로 맹약(盟約)하였다. 그리고 각자 기회있는 대로 믿을 만한 동지들을 찾아 내기로 합의하고 다음 외출시에는 서로 연락할 것 없이 이곳에서 세사람이 만나기로 한 뒤 한사람씩 따로따로 귀대(歸隊)하였다.

나는 귀대 후 석식을 마치고 취침(就寢)에 들었으나 좀처럼 잠이 오지 않았는데, 낮에 있었던 일들이 너무나 감격스럽기만 하였고, 만감(萬感)이 교차되는 가운데 정신을 가다듬어, 우선 내가 할 일이 무엇이냐부터 생각하여 보았다.

선(善)은 급(急)히 행(行)하라는 말과 같이 첫째로 어떤 친구를 동지로 맞아 들여야 좋을까? 이사람, 저사람 생각하며 엎치락 뒤치락하던 중 문득 최 용덕(崔龍德)군이 머리에 떠올랐다. 최군은 나와 같은 대대(大隊)에 입대하여 자주 만났을 뿐 아니라, 그간의 언행으로 보아 표리(表裏)가 없고 말이 적으며, 일제(日帝)에 대한 감정도 격렬한 것을 엿볼 수 있었다. 그렇다면 언제 어디서 그와 만나 말을 꺼내 볼 것인가. 만(萬)에 하나 찬동을 하지 않으면 어떻게 할 것인가? 그러나 나는 최군을 만나고 싶었고 또한 믿을 수 있는 인물이었지만 이러한 중대한 모의에 동지를 규합한다는 것이 얼마나 어려운 일인지 새삼 느꼈다.

그것은 각자의 생명에 관한 심각한 문제이기 때문에 자유 의사를 무시하고 무조건 권유할 수도 없는 노릇이며 더구나 열길 물속은 알아도 한길 사람속은 모른다는 속담대로 함부로 믿을 수 없는 것이 사람의 마음인 것 같았다.

만약, 일이 잘못되어 비밀이 누설되거나 배신자가 생기면 모의사실(謀議事實)이 탄로(綻露)되고 전시하의 최전선이기 때문에 총살을 면할 길이 없는 것이다. 아무튼 우리의 탈출계획은 몇사람의 동지를 더 규합해야만 했는데, 그것은 탈출의 위험을 막자는 뜻도 있지만 탈출과정에서 또는 탈출 후에 우리가 할 일에는 힘이 필요하기 때문이었다.

다시 말해서 병력(兵力)이 필요한 것이어서 단순한 생(生)의 애착에 따른 도피만은 아니고 왜놈들과 싸워 복수(復讐)하여야만 하는 것이다. 이와같은 탈출 목적이 서 있기 때문에 너무 많은 인원(人員)도 곤란하지만, 1개 분대(分隊) 정도의 확고부동한 동지가 절대로 필요한 것이다. 그러나, 이것은 용이한 일이 아니어서 차라리 우리 세사람만이라도 실천에 옮기는 것이 좋지 않을까 하는 생각도 하여 보았다.

어쨌던 앞으로 동지(同志)를 규합(糾合)하는 일이 중요한 문제이지만 그래도 나와 뜻을 같이할 수 있는 성 동지와 정 동지가 있다는 것 만으로도 마음 든든하고 다행스러운 일이었다.

그럭저럭 1주일이 지나 다시 외출날이 돌아와 아침 점호를 마친 뒤 세수시간에 최군을 만났는데, 그가 먼저 심각한 말을 걸어왔다. 최 용덕(崔龍德)군은 경남 남해(南海) 출신으로 나와 같은 소대에 소속된 유일한 친구가 되어 있었다. 그동안 훈련 중에 휴식시간이 되면 담배를 나누어 피우면서 고향 이야기를 주고 받아 서로의 신세를 한탄하기도 하였고 일제의 만행과 그들의 기합(氣合)에 대하여 불만이 대단해서 적개심(敵愾心)에 불타 있었다.

그는 나에게 바짝 다가서면서 귀엣말로 오늘 외출(外出)을 같이 가자며 다른 친구들은 따돌리고 나와 둘이서 상의 좀 하자는 것이었다. 그렇지 않아도 최군과 언젠가는 만나서 상세히 이야기를 하려던 참인지라 뜻밖에도 그가 먼저 제의해 오니 내 마음은 흐뭇할 수 밖에 없었다.

아침을 마치고 외출준비를 서둘러 먼저 두 동지와 약속된 장소로 직행할까 하였으나, 최군이 단팥죽을 먹으면서 상의를 하자 하기에 약간 신경을 쓰지 않을 수 없었다. 그러나 일응(一應) 최군과 나는 영문(營門) 밖으로 나가서 전방을 바라보니 벌써 성 동지가 멀리 앞에 가고 있었는데 워낙 큰 체구인지라 바로 알아 볼 수 있었다.

부대 앞길은 폭(幅)이 50미터가 넘는 포장도로이고 약 200미터쯤 되는 지점에서 좌우로 길이 갈라져 있는데 좌측은 소주(蘇州) 시내의 번화가로 가는 길이고 우측은 교외 변두리로 가는 길이었다.

우리가 막 좌측으로 방향을 접어들자 최군이 뒤를 한번 휙 돌아보고 나서 말을 꺼냈다. "류형(柳兄), 우리 교육부대 내에서 탈출할 동지가 있다는데 참말인지 모르겠어, 나도 한몫 끼고 싶은데"하며 오늘 상의 좀 하자는 것은 바로 그것 때문이라고 조용히 말하는 것이어서 이러한 질문에 나는 잠시 놀라지 않을 수 없었다. 그것은 이 말을 과연 누구한테 들었으며, 그렇지 않으면 무턱대고 해 보는 말인지 또한 내 의중을 떠 보려는 저의(底意)인지? 도무지 금방 판단(判斷)하기 어려웠다.

그러나, 평소 그의 성품(性品)이나 언행(言行)을 볼 때, 그러한 각오를 충분히 할 수 있는 위인(爲人)이라 믿어졌다. 동지가 한명 늘게 되었구나 생각하니 기쁜 마음 가눌 길이 없어 나는 잠시 머뭇거렸으나 주저할 것 없다고 생각되어 발길을 멈추면서 말했다. "최동지(崔同志) 잘 알았네, 그럼 우리 갈 곳이 있으니 단팥죽 먹는 것을 그만 두고, 나를 따라오게."하며 그의 손을 꼭 잡고 흔들며 악수한 뒤, 두 동지가 기다리고 있는 약속 장소로 발길을 돌렸다.

둘이서 그 음식점에 당도하여 보니 식당 홀에는 4, 5명의 학병들이 면(麵)을 먹고 있다가 모두가 소리치며 반갑게 맞아 주었다. 그 속에 김 영남(金映男)군이 끼어 있었는데 김군은 나에게 눈짓을 하며 뒷방으로 가 보라는 것이었다.

김 영남군은 전남 완도(莞島) 출신으로 전수대학(專修大學)을 다닌 유도(柔道) 3단의 건장한 체구에 인정이 많고, 의리가 강한 호남아(好男兒)여서 체격 못지않게 얼굴도 미남이었다. 나는 눈치를 채고 조심성 있게 태연한 태도로 최군을 데리고 홀을 거쳐 뒷방으로 들어갔다. 성 동지와 정 동지는 이미 와서 노주(老酒)를 한 잔씩 들고 있다가 나와 동행한 최군을 보더니 어색한 태도로 인사를 하면서 별 말이 없었다.

나는 단도직입적(短刀直入的)으로 최군을 두 동지에게 소개하고 자리에 앉으려니까 김군이 뒤따라 들이닥쳤다. 김군과 성 동지는 같은 전남 출신으로 전부터 친(親)한 사이였다고 하며, 이로써 3명의 핵심(核心) 동지가 5명으로 불어나게 되었다.

실은 우리들 5명 이외에도 탈출에 동조하고 싶어하는 사람은 많았던 모양이어서 그들과 대화를 하기도 하였다는데, 나는 최군 이외에는 동행하고 싶은 상대가 없었다. 그것은 인원이 많아도 탈출하는 데에 오히려 지장이 있어 실패할 확률(確率)이 많을 것 같아 그야말로 생사(生死)를 같이할 맹우(盟友)끼리 개인을 초월하고 희생정신이 투철한 애국적 지성인이어야만 할 것이라고 생각했기 때문이다.

그 후에도 매주 외출 때는 이곳에 회동(會同)하여 구체적인 모의(謀議)가 착착 진행되었다. 그러나 사람이 매번(每番) 많이 모이는 것이 좋지 않아 주로 성 동지와 정 동지 그리고 나 세사람 만이 회동하고, 다른 동지들은 모든 문제를 우리 세사람에게 일임(一任)하기로 하였다. 그러던 중 정 동지는 나에게 우리 5명 이외에 박 영(朴英)과 김 봉옥(金鳳玉) 두 사람이 합류하고 싶어 한다는 전언(傳言)을 듣고 성 동지와 상의하여 결정하기로 하였다.

박 영(朴英)군은 부산 출신으로 관동대학교를 다닌 영어회화에 능한 동지였고, 김 봉옥(金鳳玉)군은 전북 군산 출신으로 중앙대학 법학부 1학년에 재학 중 학병으로 끌려온 착실하고도 전도유망한 좋은 친구라고 들었으나 나와는 별로 접촉이 없었다.

몇주째 우리 3명은 모의를 거듭하였으나 탈출방법과 시기에 대하여 쉽사리 결론(結論)을 내리지 못한 채 세월만 무심히 흘러 가을이 지나가고 겨울이 닥쳐왔다. 그런 중에도 간부교육은 차질없이 진행되어 이제는 이론과 실기에 있어서 그 실력(實力)이 간부로서 손색이 없을 정도로 향상되었고 전세(戰勢)는 점점 가열(苛烈)해져 일본 해군이 남양군도에서 옥쇄(玉碎)하였다는 소식과 머지않아 연합군(美·英·中 등)이 상해(上海)에 함포사격(艦砲射擊)을 가하고 상륙한다는 등 갖가지 풍문이 나돌았다.

아무리 전제주의 일본군이라고 하지만 부대 안에서는 각종 정보나 루우머가 수 없이 난무하는 걸 보니 일본의 패망도 헛소리만은 아닌 것 같았다. 그것은 당시 새로 징집되어 입대하는 신병(新兵)들의 장비를 보아도 짐작할 수 있었는데, 물자부족으로 그들의 무장(武裝)은 전과 같지 않았고, 우리들에게 배급되는 군수품도 그 수량과 질이 전보다 현저히 줄어든 것이다.

전황(戰況)이 다급하게 종국(終局)으로 선회하기 시작하자 우리

제1부/民族의 受難

동지들의 마음은 한결 초조하여지기만 했다. 그것도 그럴 것이 만일 미군이 상해에 상륙작전을 개시한다면 십중팔구는 우리들에게 출동명령이 내려질 것이고 필시(必是) 최전선에 배치될 것이 뻔한 노릇이어서 우리들의 목숨은 그야말로 풍전등화(風前燈火)격이 될 것이 명약관화(明若觀火)한 일이다.

그 뿐만 아니라, 간부교육기간도 이제 얼마 남지 않았으니 교육이 끝나는 대로 우리 동지들이 각기 소속부대로 복귀하게 되면, 30명의 한국 출신 후보생도 뿔뿔이 흩어지게 되어 그 동안 애써 다져온 집단탈출(集團脫出)의 기회도 잃고, 모든 계획은 무산(霧散)되어 허사로 돌아갈 것이기 때문에, 기필코 원대복귀(原隊復歸) 전에 실천해야만 했다.

그러나, 우리의 모의사실이 누설될까 봐 당분간 외출시의 회동은 중단하기로 하고, 영내에서 변소에 갈 때나 잠시 휴식시간을 이용하여 귀엣말로 정보(情報)를 교환하며, 7인동지의 결속을 재확인하곤 했다. 어느 덧 겨울은 깊어 온 대지와 삼라만상이 은세계를 이루웠고, 혹한의 설한풍이 휘몰아쳤다.

그동안, 고향으로 몇 차례 서신을 보냈으나 그때마다 나는 앞으로 소식이 끊기더라도 바빠서 그런 줄 알고, 상심하지 않도록 말미(末尾)에 적었었다. 그것은 탈출후에 소식이 끊기면 부모님의 근심이 심해질 것만 같아서 미리 암시(暗示)하는 나의 충정(衷情)이었다.

그러던 중 우리의 탈출 모의는 일단 멈추지 않으면 안되었는데, 그것은 계절(季節)탓으로 엄동설한에 탈출한다는 것은 여러모로 지혜가 아닌 것 같고, 또한 고조된 탈출 모의가 일군 당국에 감지

(感知)되었을지도 모르며, 우리들의 보안에도 이상이 생길지 모르기 때문에 당분간 탈출 문제를 거론하지 않기로 하고, 태연스럽게 냉각기(冷却期)를 갖기로 뜻을 모은 것이다.

소주(蘇州) 지방의 겨울은 우리나라에 비해 그리 대단한 추위는 아니어서 눈이 많이 내려도 견딜만 하였다. 그러나, 간부교육훈련은 전천후훈련(全天候訓鍊)이어서 기후에 구애받지 않고, 눈이 오나 비가 오나 예정대로 강행되어 견디기 어려울 때가 많았다.

눈보라치는 겨울날 소주 근교에 있는 유명한 고적지인 호구산(虎邱山, 公園으로 된 名山)을 목표로 한 점령작전 훈련시 몇 백미터나 눈 위를 포복하여 2시간 이상의 적진탈환을 도모하는 작전훈련을 끝내고 산정에 오르면 온통 군복이 눈(雪)에 젖어 물이 흐르고 내의는 땀에 젖어 찬바람이 스며들면 마치 얼음을 옷 속에 넣은 듯 으스스 한기(寒氣)에 시달려 정말 참기가 어려운 고통을 많이 받았다.

그러던 중 해가 바뀌고 1945년 우리들의 군대생활도 1년이 넘어 이제는 고참병(古參兵) 대열에 낄 뿐 아니라, 오장(伍長)으로 승급되었고, 얼마 있으면 군조(軍曹)로 승진하게 되어 있었다. 군조란 계급은 일군에서 상당한 지위에 속하여, 간부후보생들이 아니면 고참병 하사관이라야 딸 수 있는 계급이고 분대장을 맡아 보는 중요한 직위인 것이다.

벌써 고국(故國)을 떠나온 지 1년여, 때때로 고향과 부모 형제들의 모습이 주마등(走馬燈)처럼 머리를 스쳐 갔는데, 이화여고(梨花女高) 재학중인 조카 명식(明植)이와 이종동생인 한 옥순(韓玉順)이 무척 보고 싶었다.

명식이는 언제나 방학때면 내가 동경에서 돌아 오기를 손꼽아 기다렸다가 나와 같이 공부도 하고 여행도 하며 틈이 있으면 나에게 곧잘 노래를 배워 주었다. '봉선화', '사우(思友)', '성불사의 밤', '솔베이지의 노래' 등 많은 클래식 음악을 그녀로부터 배워 즐겨 불렀으며 한 옥순은 내가 대구로 입대하던 날 일부러 논산(論山)에서 환송나와 대전(大田)역 개찰구에서 오빠를 목 놓아 부르며 한없이 울부짖으며 헤어졌었다.

말이 그렇지 1년간의 군대생활은 학창시절의 수 3년보다 훨씬 더 지루했고 긴 것 같았다. 너무나 부자유스럽고 고달프며 심신이 억압된 피동적 생활이었기 때문에 정신적 고통이 참으로 힘겨웠다. 항상 배는 고프고 피로하거나 졸음이 와도 일정한 시간이 아니면 잘 수도 없고 일거수 일투족(一擧手一投足)을 오직 명령과 지시에 따라 움직여야 했으니, 어찌 자율적이고 능동적이며 자유로운 학생시절의 꿈 같은 생활에 비교가 되겠는가! 인생이 어떻고 사랑이란 무엇이며, 낭만 따위를 어디에서 찾겠는가? 어떤 때는 단조롭고 지루한 기계적인 영내생활보다는 차라리 죽을 망정 작전(作戰)에 참가하는 것이 오히려 나을 것 같은 생각마저 들었다.

그리고, 공교롭게도 내가 입대하던 지난 해는 부모님의 회갑(回甲)이 되는 해여서 같은 해 동짓달이 어머님의 회갑이고, 아버님은 섣달이어서 올해는 진갑(進甲)이 되는 해이다. 하필이면 두 분 다 회갑을 맞이하던 해에 자식을 본의(本意) 아니게 전쟁터로 빼앗겨 생이별(生離別)을 하였으니 부모님의 마음이 오죽이나 아팠으며, 자식된 도리도 불효막심(不孝莫甚)하기 짝이 없는 노릇이었다.

그러나, 운명의 장난을 인력(人力)으로 어찌하랴! 아들을 싸움터로 보내 놓고, 무슨 정황으로 수연(壽宴)인들 베풀었겠는가. 참으로 통곡하여도 시원치 않을 노릇이다.

만일, 내가 살아서 귀가하지 못한다면 부자 상봉의 기회는 영원히 없을 것이라 생각하니, 눈앞이 캄캄하여 서러움이 북받쳐 올라 당장이라도 뛰어가 볼까 하는 충동을 느꼈으나, 수만리 타국이라 거리상으로나 현재의 처지에서 불가능한 일인 것이다. 다만, 마음 속으로 만수무강(萬壽無疆)을 빌 뿐이었고, 스스로 내 마음을 달래어 희망을 갖기로 자위할 따름이었다.

이런 생각 저런 공상도 취침전 잠시 뿐이고 날이 새고 해가 뜨면 고된 훈련이 기다리고 있는 것이어서 매일매일 짜여진 일과에 따라 간부교육은 그런대로 순조롭게 마무리 단계에 접어들어 3월 초순께 교육이 완료된다는 것이기에 우리들 5명의 동지(同志)는 다시금 탈출 모의를 재개(再開)하였다. 우리는 지난 해에 만났던 예(例)의 장소에서 다시 회동(會同)하여 겨울 내내 각자 심사숙고한 의견을 교환하고, 묘안(妙案)을 찾기 위하여 이마를 맞대고 구수간담(鳩首懇談)을 계속하였다.

마침내, 탈출 날짜를 정하는데 의견이 통일되어 1945년 3월 10일로 잡았다. 이 날은 소위 일본제국의 육군기념일로서 필시 기념식이 끝나면 외출이 허가될 것이므로, 그 날을 택일(擇日)하게 된 것이다. 또한, 특기할 것은 성 동지가 우리를 대표하여 소주시내에 살고 있는 한국인 교포를 찾아가 상의해 보기로 하였다.

그동안, 오랜 시일을 두고 물색하던 중 한국 출신으로 소주에 와서 머신(裁縫틀) 장사를 하고 있는 청년이 있다는 말을 들어 대강 알고 있었는데, 다음 집합 때에 그분을 동석할 수 있도록 성 동지가 책임지고 연락을 취하기로 하여 이날은 각자 해산하였다. 그러나, 다음 주와 또 다음 주에도 우리들은 집합하였지만 그 청년은 나타나지 않았다. 성 동지가 무척 애를 썼는데도 마음대로 잘 안되는 모양이었다.

마침내 3주째 되는 2월 초순의 외출날에 그 청년이 우리 집합 장소에 나타났다. 황해도(黃海道) 출신으로 머신상을 하며, 가끔 한국에도 왕래하는 것 같았으나, 그 밖의 신분(身分)에 대해서는 알 수 없었지만, 그분의 신분이 무엇이든 간에 우리와 같은 백의민족(白衣民族)임에는 틀림없었으므로 피는 물보다 진하다는 말과 같이 무조건 그를 신뢰(信賴)하고 우리들의 탈출에 대한 조언과 협력을 간청하였다.

그것은 다름이 아니라 우리가 중국말이 통하지 않고 동서남북의 지리에 어두워 적당한 중국인 안내자가 필요했기 때문에 그런 사람의 소개를 부탁했던 것인데, 그 교포 청년은 서슴지 않고 승낙하여 참으로 고마운 동포(同胞)를 만났구나 생각하니 우리 동지들은 생기(生氣)가 솟고 서광이 비치는 것만 같았다. 이리하여 탈출계획은 구체적으로 급진전되어 최종 준비에 돌입하게 되었다.

날짜는 3월 10일, 집합 장소는 소주의 서문교(西門橋), 시간은 오전 10시 정각, 복장은 완전무장, 탄환은 자기 것 이외에 구할 수 있는 대로 많이 등으로 정하였다.

2월 말일 경 마지막이 될지도 모르는 외출에 우리들은 항상 모이던 곳에 다시 모여 이상유무(異常有無)를 확인하고, 동지들과 굳은 악수를 나누었다. 그리고 그 청년으로부터 집합 장소와 안내인을 통한 접선 방법 등 설명을 들었다. 그 청년은 자기의 성명이 무엇인지 묻지 않기로 하고, 또한 자기도 가르쳐 주지 않았으나, 성(姓)은 이씨(李氏)로서 우리의 탈출이 성공하든 실패하든 영원히 잊을 수 없는 동지적 인연을 맺었고, 언젠가는 우리와 재회의 기쁨이 있으리라고 마음속으로 기원하였다.

그는 우리들의 비장한 각오에 감동하여 한핏줄 동포로서 10여일을 고민하다가, 드디어 탈출 소원(所願)을 돕기로 했다는 것이며, 몇 번이고 행운을 빌어 주면서 끝으로 중국인 안내자의 인상과 모습을 설명하고, 우리들이 서문교에 다다르면 다리 난간(欄干)에서 큰 기침을 하며 서성거리는 사람이 있을 것이니 아무 말 하지 말고 눈치껏 적당히 거리를 유지하면서 그의 뒤를 따라 가라는 것이었다.

이렇게 말하며 부탁하는 그 청년의 눈시울은 어딘지 모르게 침울하였고 초조해 보였다. 이러고 보니 우리들의 탈출 모의를 시작한지 꼭 5개월 만에 모든 계획이 빈틈없이 마무리 된 것이다.

앞으로 성패(成敗)는 운명에 맡길 수 밖에 없었지만 우리들은 모든 지혜와 노력을 경주하여 용의주도하게 성공할 수 있도록 치밀하고 신중하게 실천해 나가야겠다고 다짐하였다.

방안에 잠시 동안 침묵이 흐르고 있을 때, 그 교포 청년은 무엇을 생각했는지 갑자기 긴장을 풀고 자기 돈으로 술과 안주를 청(請)하여 우리들에게 권(勸)하면서 앞으로의 행운을 빌어 주었는데 우리들은 그분의 정성어린 후의에 감사를 드리며 눈앞에 닥쳐올 폭풍전야의 불안과 모든 시련을 예측하면서 슬기롭고 용감하게 극복할 것을 맹세하면서 자축(自祝)하는 마음으로 술잔을 높이 추켜들어 건배하였다.

참으로 엄숙하고 감동적인 순간이 아닐 수 없었으며, 동지들의 눈동자는 모두가 비장한 각오로 반짝이고 있었고, 왜놈들에 대한 적개심에 각자 이를 악물고 복수를 다짐하는 화신(化身)같기도 하였다.

이윽고 시계를 들여다 본 그는 벌떡 일어서면서 "여러분! 오늘은 되도록 빨리 귀대하여 추호도 의심받지 않도록 주의하십시오. 나 역시 오래 앉아 있으면 피차 좋을 리 없으니 먼저 일어나겠소." 하며 "우리들은 더 만날 필요도 없고 또한 만날 기회도 없을 것입니다."라고 마지막으로 한마디 남기고 어디론가 총총 걸음으로 사라져 가 버렸다.

동지들도 주변의 상황을 살피며 그 집을 나와 시차(時差)를 두고 한 사람씩 귀대하였다. 그러던 중 간부후보 교육은 막바지에 접어들어 얼마 남지 않은 교육기간이지만 탈출 계획을 확정한 뒤부터는 하루하루가 더욱 고통과 번민의 연속이었다. 혹시 우리의 계획이 사전에 누설되지나 않았을까? 행동 통일을 하기로 한 동지 중에서 무슨 사고나 나지 않았을까? 전번에 약속한 바 있는 그 청년은 변심이나 안 되었을까? 그럴리야 없을 것이지만 어쩐지 어두운 그림자가 오락가락하는 것 같았다.

더구나, 내가 탈출 후에 고향에 계신 부모님에게 닥쳐올 핍박(逼迫)이나 수모(受侮)는 말할 수 없이 막심할 것이 뻔한 노릇이었다. 생각이 여기에 미치자 걷잡을 수 없는 불안과 마음의 고통을 느끼곤 하였다. 그러나, 생각이 너무 깊을수록 고민만 더하고

제3장 / 祖國과 民族을 위하여

마음이 약해지기 때문에, 아예 운명론자(運命論者)처럼 될 대로 되라, 설마 잘 되겠지 하며 애써 안정을 되찾으려 허공을 바라보며, 반드시 어머님의 정성어린 기도의 가호(加護)가 있으리라는 굳은 신념으로 자위(自慰)를 했다.

드디어, 교육은 종료되어 1945년 3월 9일, 10개월간의 간부교육은 대단원(大團圓)의 막을 내린 것이다. 그리하여, 오늘을 마지막으로 모든 후보생들은 교육도장이던 연대본부에서 하루를 묵고 내일이면 입대초와 같이 각자 소속부대로 뿔뿔이 흩어져 귀대하게 되는 것이다.

그날이 바로 공교롭게도 우리들의 D데이 3월 10일, 일본의 육군기념일이었다. 우연의 일치인지 어쩌면 그렇게 택일이 된건지 3월 9일에 교육이 끝나고, 10일은 공휴일(祝日)로 교육대가 해산되어 원대복귀할 줄은 예상하지 못했던 일이었다.

그러나, 아무튼 탈출에는 다시없는 절호의 기회라 생각되어 앞으로 무슨 서광(曙光)이 비칠 것만 같은 희열(喜悅)을 느꼈다. 드디어, 만감이 착잡했던 하룻밤을 지새우고 날은 밝아 3월 10일 아침의 태양이 중국 대륙을 내려다 보고 있었다.

아침부터 교육대 해산 준비에 소란했던 부대 내에서는 이곳저곳에서 무기 검사와 비품 정리가 시작되었고, 대청소가 실시되어 축제분위기(祝祭雰圍氣)에 쌓여 있었다. 얼마 동안 부산하던 분위기는 조용해지고 각 소대 내무반에서는 점호 소리가 나더니 바로 아침식사에 들어간 모양이었다.

시간은 흘러 오전 8시, 드디어 모든 후보생들은 이제는 당당한 간부로서 어깨에는 군조(軍曹)의 견장을 달고 완전 무장에 소지품을 챙기어 소속부대로 복귀하기 위하여 10개월 동안 정(情)들었던 갖가지 사연(事緣)을 간직하고 교육부대의 영문(營門)을 떠나가고 있었다. 그들은 부대별로 일병(日兵)과 합류하여 무석(無錫), 상주(常州), 상해(上海) 등지를 향하여 떠나고 있는 것이었다.

그러나, 나와 최 동지는 46대대에 속하였기 때문에 대대장의 별도 지시가 있을 때까지 부대 내에 머물러 있을 수 밖에 없었다. 병사 내에는 46대대 소속 후보생만 잔류하여 각자 자기 주변을 정리하고 무기를 손질하며, 시간을 보내면서 한 반에 3, 4명씩 남아 있었다.

나는 아침부터 기관총을 손질하고 배낭(背囊) 속을 정비하며 배당된 탄환 150발도 확인하였고, 안주머니에 간직하고 있던 양친(兩親)의 사진을 꺼내 보며 만반의 준비를 갖추었다.

이날은 평소와 달리 축일(祝日)이라 고기반찬 등 푸짐한 조반이었는데도 밥맛이 별로 없었으며, 주위의 시선을 피하며 흥분을 가라앉히고 마지막이 될 일본군대 식사를 하였다. 식사 후 주번사령(週番司令)의 외출 지시만을 학수고대(鶴首苦待)하고 있는데 청천벽력같은 내용의 지시가 떨어졌다. 모든 장병은 오전 9시부터 오후 5시까지 축일 외출이 허가되었으나, 46대대 출신 후보생은 전속명령(轉屬命令)이 있을 때까지 사내(舍內)에서 대기하라는 지시였다.

외출(外出)이 금방 이루어질 줄만 알았던 나는 아연실색하지 않을 수 없었으나, 할 수 없이 영사(營舍) 안에서 기다려야만 했다. 그때, 바로 나는 한가지 후회하고 마음이 걸리는 것이 있었는

제3장 / 祖國과 民族을 위하여

데, 후보생들이 각자 소속된 부대로 복귀할 때, 나는 김 영남(金映男) 동지와 같은 대대의 가나우미(金海)가 바로 옆 병사에 있었기에 그를 찾아가 나의 사유물(私有物)인 보따리를 김동지에게 가져다 줄 것을 부탁하자 그는 쾌히 승락을 하여 맡겼던 것이다.

보따리 속에는 그 동안 고향에서 온 편지와 옥순이가 보내 준 센닌바리(千人針)란 허리띠, 그리고 모교인 명치대학에서 보내온 졸업증서와 몇 권의 책이 들어 있었다.

실(實)은, 최 동지와 나는 원대복귀(原隊復歸)가 아니기 때문에 외출한다 하더라도 사유물을 가지고 있으면 의심을 받게 마련이요, 또한 기관총을 메어야만 하였기에 되도록이면 짐을 덜기 위해서 맡겼던 것인데, 만일 외출이 금지되어 영문을 빠져 나갈 수 없게 되면 맡기지 않았던 것만 못할 것 같은 생각이 들었다.

그러나, 이러한 생각은 부질없는 것이요, 탈출은 필연적 약속이 아니었던가. 외출 금지 지시후 상당한 시간은 흘러가 초조한 나머지 시계를 보니 9시 30분이 지나고 있었다.

마음이 급해지고 시간은 자꾸 흘러 가는데 좀처럼 병사내에서 빠져나갈 틈이 생기지 않았고, 이제는 외출허가가 있던 없던 기다리고만 있을 수 없게 되었다.

그뿐 아니라, 같은 사내에 있는 일병(日兵) 앞에서 아무런 구실(口實)없이 총을 들고 나갈 수는 없어서 정말 진퇴양난(進退兩難)의 막다른 골목에 빠지고 말았는데, 그럴수록 이성(理性)을 잃어서는 안되겠다고 마음속으로 다짐을 하면서도 초조하기 짝이 없었다.

어쨌던 이 상황에서 한가지 명백한 것은 아무리 외출이 금지되었다 하더라도 동지들과의 서약(誓約)을 어길 수 없으려니와 탈출은 나의 지상과제(至上課題)이므로 위험한 상황을 각오하지 않고서 용이하게 생사를 초월한 거사(擧事)를 하려는 것은 아니었기에 나는 일단 결단을 내리고 외투를 입은 뒤 대검을 허리에 차고, 경기관총에 실탄 30발을 착탄하여 안전 장치를 해 놓았다.

이때, 최 동지가 달려와서 내 눈치를 살펴보고 있었는데, 옛말에 '모사(謀事)는 재인(在人)이요 성사(成事)는 재천(在天)이라' 하였으니 이 이상 망설일 것 없이 결행(決行)하기로 작정하고, 최 동지에게 출발 준비를 하여 오라고 눈짓하였다. 그리고, 사외(舍外) 동정을 살피기 위하여 최 동지와 함께 나가 보니 사병들이 거의 빠져 나간 영내(營內)는 휴지 등이 어지러져 잔류병(殘留兵)들이 청소를 하고 있었고, 멀리 영문 쪽을 바라보니 아직도 외출병들의 말미가 보이는 것이었다.

시간은 10시가 지난지 오래여서 우리 동지들과의 약속시간이 훨씬 지나고 말았다. 그러나, 지금이 아니면 영문(營門)을 통과하기가 더욱 어려워질 것이기 때문에 당장 출발을 해야겠다고 마음 먹은 순간, 부대본부 쪽에서 빨간띠를 어깨에 걸친 주번사령(週番司令)이 우리쪽을 향하여 다가오고 있는 것이 아닌가. 나는 큰 소리로 '차렷 경례'를 외치며, 최 동지와 나란히 거수경례를 하였다. 근처에 있던 사병들도 일제히 나의 구령에 따라 사령에게 주목하고 손을 올렸다.

갑자기 놀라기도 하였지만 우리 행동에 의심을 받지 않기 위하여 여느 때보다 더욱 큰 목소리로 간부후보 출신다운 태도를 보인 것이다. 그러자, 우리에게 바짝 다가오더니 미소를 띄우면서 수고

한다며, 간부후보 출신으로서 모범을 보여야 한다고 격려하면서 다음 병사 쪽으로 사라져 갔다.

이때다, 한국인의 용감한 탈출실례(脫出實例)를 보여 줄 때가 닥쳐왔다고 판단하여 사내로 뛰어들어가 철모를 목에 걸고 배낭(背囊)을 두 어깨에 걸치며 잡낭(雜囊)도 엉덩이에 차고 육중한 기관총을 어깨에 메니 완전히 무장이 된 것이다. 최 동지는 38식 소총을 메고 용감한 자세로 내 옆에 바짝 붙었다. 우리 두 사람은 원대복귀하는 사병처럼 보이기 위해 완전무장을 하고 그야말로 죽느냐, 사느냐, 생사결단하는 거보(ㅂ步)를 내디딘 것이다.

만일에 위병소(衛兵所)에서 정지시키고 심문한다면 우리는 전속명령을 받고 48대대로 전출(轉出)한다고 대답하기로 최 동지와 약속하였다.

48대대는 무석(無錫)에 주둔하고 있으며 정 동지가 배속된 부대였다. 그래도 심문이 계속되어 의심을 받는다면 그들의 행동에 따라 최후로 그들을 쏘아 죽이고 뛰는 곳까지 뛰다가 잡히게 되면 최 동지의 소총으로 자폭(自爆)하자고 굳은 결의를 했었다.

최 동지는 이러한 결의에 용감하게 동의하였고 또한 실천할 수 있는 믿음직한 동지였다. 이러한 다짐과 각오를 상기하면서 우리 두 사람은 영문(營門)을 향해 운명(運命)의 발걸음을 일보일보 전진하면서 일부러 먼 하늘을 응시하기도 하고, 태연스럽게 위병소 앞에 이르렀다. 위병소는 영문(營門)을 향하여 좌측에 있었는데 3명의 위병이 나란히 앉아 있었고, 보초(步哨)는 영문 우측에 총을 들고 서 있었다.

긴박하고 엄숙한 순간이어서 인간으로서 일생에 이렇게 기막힌 사실이 몇 번이나 있을까? 얼마나 많은 사람이 이러한 기회를 갖는 것일까? 우리가 겉으로는 태연한 것 같았지만 마음은 제정신이 아니어서 보행하는데 중심을 잃을 뻔한 그 순간 느닷없이 '경례' 하는 소리와 동시에 3명의 위병이 벌떡 일어나 일제히 거수경례를 하는 것이었다.

알고보니, 천만다행으로 본래 위병사령은 군조(軍曹)나 오장(伍長)이 맡는 것이 상례였는데, 오늘의 사령은 우리보다 한 계급 낮은 오장이 근무에 임하고 있었기 때문에 상위자인 우리에게 경례를 하는 것이었다. 우리 두 사람은 의연하게 조금도 어색함이 없이 답례를 하며, 보초가 차렷자세로 경례하는 영문 앞을 당당히 빠져나갔다.

무거운 침묵이 계속되었는데 혹시 뒤에서 누가 부르지 않을까? 부대 안에서 누가 뛰어오지 않을까? 또는 보초가 우리의 뒷모습을 어떻게 주시(注視)하고 있을까? 뒤돌아 볼 수도 없고, 마치 누가 우리 뒤통수에 총구를 겨냥하고 있는 것 같아 그야말로 영문앞에 뻗어 있는 200미터 대로가 그렇게도 길고 지루하게 느껴지는지 모골(毛骨)이 송연(悚然)하고 온 몸이 식은 땀으로 흠뻑 젖어왔다.

무거운 발걸음을 정신 없이 가다 보니 직선 대로는 끝이 나고, 양쪽으로 뻗은 갈림길에 이르렀는데 우리는 교외(郊外) 쪽인 우측으로 선회하여 급템포로 뛰다시피 달려갔다.

이리하여, 우리는 죽음을 무릅쓴 탈출의 첫 관문(關門)을 성공적으로 무사히 통과하게 된 것이다.

노변의 가가호호에는 일장기가 걸려 있었으며, 좁은 거리는 깨끗이 청소가 되어 있었고, 우리는 안도의 한숨을 내쉬며 잠시 걸

다가 골목길에 접어들어 어느 중국집에 들어갔는데 주인 노파가 '썬쌩 썬쌩'하며 어색하게 반기듯 맞아 주었다. 나는 세탁비누를 꺼내어 주면서 서문(西門)의 위치를 물어 보았다.

우리는 일군 행세(日軍行勢)를 하면서 자연스럽게 언동을 하였으므로 달리 의심받을 바 없어서 그 노파는 나의 서투른 토막 중국말을 바로 알아듣고, 한 소녀를 불러 안내해 주라고 일렀다.

우리는 그 소녀를 앞세우고 다시 거리에 나서면서 시계를 보니 벌써 11시 40분이 지나고 있었다.

거리에는 왕래하는 사람이 많으나 군인은 눈에 띄지 않아 마음이 편하였고 약 20분쯤 걸었을 때 소녀가 멈추더니 전방을 가리키며 서문쪽을 일러 주었다. 나는 그에게 '쎄쎄 쎄쎄(謝謝)'하며 고맙다는 인사를 하고 돌려보낸 뒤 전후좌우(前後左右)를 살펴보고 별다른 이상이 없음을 확인한 다음 담배를 피워 물고 한숨을 돌리는데, 최 동지가 나를 힐끗 쳐다보더니 자기가 메고있던 총의 안전장치(安全裝置)를 풀어 돌발사태에 즉각 대처하려는 세심한 동작을 취하였다.

빈민들이 모여 사는 변두리라 그런지 노상(路上)에는 이 나라 특유의 떡, 빵, 찰밥, 땅콩 등 가지각색의 식품과 생활 필수품을 파는 잡상인들이 즐비하게 앉아 있어 우리가 지나갈 때마다 사먹으라고 권하였다. 여러가지 노변 구경을 하는 체하면서도 뜻밖에 순찰중(巡察中)인 일본헌병이나 만나지 않을까 염려도 되었지만, 그런 정도의 일병(日兵) 한두 명쯤은 경우에 따라 우리가 먼저 사살(射殺)할 수 있다는 자신감이 생길 뿐 아니라, 이 총기와 탄환이 이제부터는 우리의 생명을 보호하여 주는 유일무이한 보배가 된 셈이다.
 다시 말해서, 이 기관총은 나와 생명을 같이할 신성한 수호신(守護神)이 되었을 뿐 아니라, 간악(奸惡)한 일제침략(日帝侵略)에 항거할 수 있는 성스러운 무기로서 그 소중함과 애착심이 이처럼 강하게 느껴질 줄은 미처 몰랐었다.
 이러한 생각을 몇 번이고 되새기면서 서문에 이르렀으나, 약속 시간보다 2시간 가까이 너무 늦어 먼저 당도(當到)한 동지들끼리만 어디론가 떠나지 않았나 싶어 걱정이 되었는데, 막 다리를 건너려고 할 때, 10미터쯤 전방의 다리 난간에서 여러 사람들 틈에 끼어 연속 이 쪽을 쳐다보면서 큰 기침을 하는 중국인(中國人) 중년남자(中年男子)가 있었다.
 나도 유심히 그를 보다가 눈이 마주치는 순간 청의(靑衣)를 입은 그 사람은 팔짱을 끼고 돌아서서 천천히 걸어갔다. 바로 이 사람이 우리를 기다리는 약속된 안내인이 분명하여서 아직도 먼저 온 동지들이 기다리고 있구나 생각하니 눈물이 핑 돌고 기쁘기 한이 없었다.
 최 동지와 나는 적당한 거리를 유지하면서 그 안내인의 뒤를 따라 서로 웃기도 하고 밀치기도 하며, 자연스럽게 장난치는 것처럼 걸어가자, 100미터쯤 전방에서 그가 멈추더니 크게 기침을 하면서 좌측 골목길로 들어갔다. 우리는 속도를 약간 빨리하여 그를 뒤쫓아가 보니 그는 어느 조그마한 집 뒷문으로 들어갔다.
 문을 열고 들어서니 어두컴컴한 음식점 홀에서 식탁에 둘러앉은 동지들은 줄담배를 피우다가 벌떡 일어나 우리 손을 끌어 당겨 부둥켜 안고 눈물을 글썽거리며 반겨 주었다. 정말로 감격적인 장면이 아닐 수 없어 큰 소리로 기쁨을 외쳐보고 싶었으나, 음성을 높일 수 없는 처지임을 즉각적으로 깨닫고, 그저 서로서로 손만 꼭 쥐고 놓을 줄을 몰랐다.

차차 방안이 밝아지기 시작하여 동지들의 얼굴을 두루 살펴보니 결국 모인 사람은 성 동준(成東準), 김 영남(金映男), 정 병훈(丁炳勳), 박 영(朴英), 김 봉옥(金鳳玉), 최 용덕(崔龍德), 그리고 나 모두 7명이었다. 이때부터 우리들은 '7인 동지(同志)'라 부르게 되었고, 앞으로는 동지라 하면 우리들 7명만을 지칭하는 것이 될 것이다.

환희의 감격이 가라앉자 성 동지가 말하기를 "류 동지와 최 동지는 꼭 오리라고 확신했지만 워낙 약속 시간이 지나자 무슨 사고라도 나지 않았나 무척 불안하였다"고 하며, 늦은 사유(事由)를 궁금히 생각하기에 나는 영문(營門)을 빠져나오기 전후의 극적 상황(劇的狀況)을 소상히 보고하듯 설명하였더니, 모두가 브라보를 외치며 너털웃음으로 웃어댔다.

시간은 흘러 이미 12시가 지나 안내인을 시켜 점심을 주문하여 오랜만에 소면을 맛있게 먹고, 우리 동지들은 럭키세븐(Lucky Seven)이라는 어의(語意) 그대로 7자에 행운(幸運)을 빌었다.

탈출 계획에 찬동한 친구들은 더 있었으나 가나우미(金海)는 끝내 불참하고 말았으며, 해방후 탈출에 가담하지 못했던 몇 친구는 우리 7인 동지를 볼 낯이 없다고 무안해 했지만, 그러나 그들은 한 사람도 우리의 탈출 모의를 누설시키지 않고, 끝까지 비밀을 지켜 준 점은 역시 민족적 양심(民族的良心)과 동포애(同胞愛)가 살아 있었다는 증거이기도 하였다.

제2부

憤怒의 熱氣

제2부

시조의 전개

제 4 장 ●●●●

山너머 山, 江건너 江

− 중국 대륙에서 사선을 넘고 넘어 −

우리 7인 동지(同志)들은 여장(旅裝)을 챙기어 출발 준비를 서둘렀으나, 막상 떠나려 하니 중국인(中國人)인 안내인(案內人)이 있다 하더라도, 동서남북을 정확하게 가리지 못할 뿐더러, 중국 벌판의 광활한 지역에서 어느 방향으로 어떻게 빠져나가야 할 지 생각하면 생각할수록 무모하기 짝이 없는 노릇이었다.

우리가 일본 점령지역을 완전히 벗어 나려면 천리길을 가야만 했는데, 도시나 농촌을 막론하고 중요한 교통망은 일본군 분견대와, 왕 조명(汪兆銘)의 화평군(和平軍)이 경비하고 있었다. 우선 소주(蘇州) 시내를 벗어나려 해도 수상경비대, 육전대(陸戰隊)와 헌병 분견대, 치중대(輜重隊) 등 각종 부대 앞을 통과해야 하며, 그뿐 아니라 중국인들의 동태도 소홀히 생각할 수 없는 문제였는데, 이는 일본군 밀정(密偵)들이 각 지방 민간층에 침투되어 있어 누가 밀정인지 아닌지 식별할 수 없기 때문이었다.

그러므로, 우리는 때로는 일본군 행세(行勢)를 해야 하고, 때로는 탈출병이라는 신분을 똑똑히 이해(理解)시켜야만 했다.

아무튼 일본군 점령지역을 빨리 벗어나야 했는데 오후 1시가 지나 우리는 다시 한번 각자의 무장을 점검하고 총에 장탄하여 마치 토벌작전에 참가하는 일본군처럼 위장(僞裝)하고, 가장 나이가 많은 성(成) 동지를 분대장으로 삼아 대오(隊伍)를 갖추어 일로(一路) 탈출의 장도(壯途)에 오르게 되었다. 모두 계급장은 떼어 버리고 전투태세를 취하면서 2열종대로 시가지를 전진해 갔다.

안내인은 100미터쯤 거리를 유지하면서 전방에 자유롭게 앞서가노록 하였으며, 성(成) 동지는 누가 보아도 분대장같이 보였는데, 연령도 알아보게 위이었고, 체격 또한 고참군인 같이 틀이 잡히어 어떻게 보면 일본 구주인(九州人) 같아 분대장으로서 안성마춤인 적격자였다.

나는 행진 도중 문득 부모님 생각이 떠올라 사진을 꺼내 보며 다시 한번 평안(平安)하시기를 기원하며, 앞으로 나의 전도에 가호가 있기를 마음속으로 빌었다. 출발을 하면서 한 가지 서운한 것은 가나우미(金海)군에게 맡겼던 보따리를 받지 못한 채 떠나는 것이 못내 서운했으나, 이제 와서 어쩔 수 없는 노릇이었다.

특히, 보따리 속에 들어 있는 것 중에 마음에 걸리는 것이 모교(母校)에서 보내온 대학 졸업증서(卒業證書)였다. 해방후에 알게 되었지만 그는 보안상 할 수 없이 양자강(楊子江) 물속에 내버렸다는 사연이었다.

이런 생각 저런 생각을 하며 행진을 하였는데, 앞서 가는 안내인은 뒤 한번 돌아보지 않고 성큼성큼 걸어갔다. 우리는 안내인이 세 번 이상 뒤를 돌아 보면 경계를 요한다는 위험신호(危險信號)로 알고, 즉각 철저한 대비(對備)를 하도록 약속되어 있었으나, 워낙 우리가 보무당당하고 질서정연하게 행진하고 있었으므로 집단탈출하는 반군(叛軍)으로 보는 사람은 아무도 없을 것 같이 생각되었다.

소주(蘇州)의 변두리는 전화(戰禍)로 군데군데 폐허(廢墟)가 됐고, 침울하고 음산한 환경이었으며, 위도(緯度)상, 우리나라보다 남쪽에 위치하고 있어 3월달의 봄볕은 완연하건만 계절의 낭만따위는 전혀 느낄 수 없었고, 중국인들은 전쟁에 시달린 탓인지 그렇지 않아도 무뚝뚝한 그들이 풀이 죽어 있는 처량(凄凉)한 모습은 가련하고 불쌍한 민족이었다.

그 동안 얼마나 걸었는지 도무지 이정(里程)을 알 수 없어 궁금하던 차에, 앞에 가던 안내인이 느닷없이 뒤를 힐끗힐끗 돌아보며 요경계(要警戒)의 신호를 보내오기에, 우리는 긴장하여 전방을 주시하여 보니 멀리서 일병(日兵)이 이쪽을 향하여 걸어오고 있었는데, 차츰 가까이 다가오는 것을 보니 백색 완장을 두른 연락병(連絡兵)이었다.

이윽고, 좌측으로 일본군 육전대(陸戰隊) 본부의 영문(營門) 앞을 통과할 때에 분대장인 성(成) 동지의 구령에 따라 보조를 맞추어 보초(步哨)와 경례를 주고 받으며, 자연스럽게 영문 앞을 동에서 서로 무사히 통과하였다. 이리하여 우리는 아무런 경계를 받지 않고 탈출 후 위험한 제2관문(關門)을 빠져나간 셈이다.

아직까지는 우리들의 탈출 사실이 탄로나지 않은 것 같아 다행으로 여기고, 소주성(蘇州城) 밖에 이르러서야 한숨을 돌리고 담배를 피우면서 긴장을 풀고 휴식을 취하였다. 안내인도 우리들 틈에 끼어 앉아 담배를 함께 피우면서 하는 말이 "민선(民船)을 구하려면 빨리 가야 한다."고 손짓 발짓하며 서투른 일본말로 말을 하였는데, 자세한 내용은 몰라도 그의 표정으로 보아 말뜻은 대강 짐작할 수 있었다.

소주(蘇州) 지방은 물의 도시라는 별칭(別稱)이 있을 정도로 육로(陸路)보다 수로(水路)가 발달하여 모든 교통수단이 편리하게 크리이크를 통하여 운행되기 때문에, 사통팔달(四通八達)하는 것이어서 우리는 서둘러 다시 대오를 짜며 행진에 들어갔다.

일본 군가인 '보병(步兵)의 본령(本領)'이라는 노래를 합창하면서 토벌작전에 참가하는 것처럼 위장하고, 일렬 종대(縱隊)로 도로가 아닌 논두렁, 밭두렁을 부지런히 걸어갔다. 해는 서산에 기울어져 석양이 되니 인근 부락에서는 여기저기에 저녁밥을 짓느라 연기가 솟아 올랐으며, 멀리 지평선상(地平線上)의 그 언덕까지는 아무런 장애물이 없이 넓게 펼쳐진 논과 밭 뿐이었다.

몇 10리를 걸어왔는지 몰라도 걸어온 시간에 비(比)하여 그리 먼 거리를 온 것 같지는 않았으며, 오후 5시쯤에야 겨우 그 언덕에 다달았다. 그것은 길이 좋지 않아 별 수 없었고, 그 곳은 중국 대륙 특유의 크리이크였는데, 어느 쪽이 상류(上流)고 어느쪽이 하류(下流)인지, 그저 잔잔한 호수처럼 보이는 강 아닌 강이요, 내 아닌 냇물이었다.

우리들이 재빨리 언덕을 뛰어 넘어 수면(水面)에 접한 경사진 지점에서 일단 대열을 멈추고 휴식을 취하면서 주변 정황(情況)을 살피는 동안, 안내인은 배를 구하려고 쉴 사이도 없이 동분서주 하였다.

우리는 휴식을 할 때마다 한 사람씩 교대로 보초를 서며 경비에 만전(萬全)을 기하였는데, 초년병 때 서 본 경험을 살려 맡은 바 임무를 철저하게 수행할 수 있었다.

30분쯤 지나자 민선(民船) 두 척(隻)이 우리 쪽을 향하여 다가왔는데, 안내인이 미소를 지으며 빨리 타라고 손짓을 하기에 우리는 두 척의 배에 분승(分乘)하여 각자 전후좌우로 사방을 경계하면서 사격자세를 취하고, 나는 소지하고 있던 경기관총을 뱃머리에 장치하여 언제 어디서 일본군이 나타나더라도 즉각 반격할 수 있는 만반의 태세를 갖추고 노(櫓)를 저어 출발하였다. 사공의 노젓는 솜씨는 능란하여 제법 배를 빠른 속도로 수면(水面)을 미끄러지듯 전진하여 갔다.

상당한 거리를 왔을 무렵, 석양(夕陽) 노을에 붉게 물들여져 크리이크에서의 황혼(黃昏)의 정취(情趣)는 자못 가경(佳景)이어서 우리 일행을 반겨주는 서조(瑞兆) 같이 느껴졌다. 크리이크의 수량(水量)은 엄청나게 많아서 마치 넓고 깊은 호수처럼 느껴져 흐르는 것 같지 않았고, 양쪽 언덕 사이가 폭이 넓어 배를 타지 않고는 건널 수 없었다.

내가 뱃머리에서 잠깐 자세를 고쳐 앉으려 하자 안내인이 느닷없이 소리를 지르며, 사공에게 노를 멈추고 배를 언덕에 붙여 대도록 하고, 빨리 배 바닥에 깔았던 돗자리를 둘둘 말더니 우리들을 덮어 씌운 뒤, 뒷배에도 그렇게 하라고 재촉하였다. 앞배에는 나와 정(丁), 박(朴), 최(崔) 동지 등 4명이 타고 있었고, 뒷배에는 성(成)동지와 두 김(金) 등 세 사람이 타고 있었다.

안내인과 사공(沙工)은 무슨 소리인지 몰라도 시끄럽게 중얼거리며 당황하는 눈치였는데, 우리는 무슨 영문인지도 모르고, 다만 안내인이 시키는 대로 숨을 죽이고 닥쳐오는 상황을 기다릴 수 밖에 없었다. 그러자 희미하게나마 통통거리는 발동선 소리가 들려왔는데, 그때서야 우리는 안내인이 당황한 동작에 대하여 이해(理解)할 수 있었고, 고마운 생각이 들었다.

저 발동선 소리는 일본군 부대에 있을 때 들은 바 있는, 일본군 육전대의 수상(水上)작전이 아니면 치중대(輜重隊)의 군수품 수송작전임에 틀림없을 것 같았다. 소주(蘇州)를 중심으로 강소성(江蘇省), 안휘성(安徽省), 절강성(浙江省) 일대는 크리이크를 무대로 수상작전(水上作戰)과 수송작전(輸送作戰)이 쉴 사이 없이 전개되고 있어 일본군 미하리(尾張)부대가 항상 경비임무에 임하고 있다는 것을 들은 바 있었는데, 공교롭게도 이 시각에 그 선군(船群)이 우리가 가고 있는 크리이크 근처를 통과하고 있으니, 얼마나 많은 병력인지? 몇 척이나 되는 부대인지? 도무지 알 길이 없으나, 가까이 다가오는 발동선 소리를 유심히 들어보니 5, 6척은 넘는 것 같았다.

사공과 안내인은 어느 위치에 있는지 알 수 없고, 또한 일선(日船)이 우리들 배에 가까이 다가왔을 때 무엇을 어떻게 해야 옳을지 그저 답답하고 걱정이 되었으나 그들과 언어가 통하지 않으니 물어볼 수도 없고 다만 우리들의 운명을 안내인에게 일임(一任)해야만 하는 딱한 처지가 되고 말았다.

그렇다고 덮어 씌운 거적을 걷어 치우고 일어설 수도 없거니와 무턱대고 일본군 선단(船團)에 대항하여 무모하게 교전(交戰)할 상황도 아니고, 현 위치(現位置)에서 도망칠 수는 더더구나 생각조차 못할 일이니 문자 그대로 진퇴유곡(進退維谷)인 곤경에 빠져든 것이다. 오직 일본군에 발각되지 않는 것 만이 우리가 살아 남을 수 있는 최상(最上)의 방법이어서 모든 걸 천운(天運)에 맡기고 기다리는 수 밖에 별 도리가 없었다.

마치 독안에 든 쥐 모양으로 우리는 일본군 선단이 통과할 때까지 무사(無事)하기만 바랄 뿐 속수무책이었으나, 거적 밑에 엎드린 채 발견되어 대항도 못하고 죽음을 당한다면 그야말로 개죽음을 하는 것으로서 너무나 억울하지 않겠는가 생각하니, 아연실색하여 지며 모골이 송연해질 따름이었다.

정(丁) 동지는 눈을 딱 감고 무엇인가 주문(呪文)을 외듯 중얼거리었고, 최(崔) 동지는 이를 악물고 총대를 움켜쥐고 있었으며, 박(朴) 동지는 염려할 것 없다고 자신 있게 하는 말이 "우리도 우리지만 안내인과 사공도 자기들 생명을 생각할 것 아니겠는가, 그들이 단순히 돈 때문에 이 위험을 무릅쓰고 생사의 기로(岐路)에 서 있는 것은 아니고, 우리들의 처지를 이해하고 도와 주려고, 고심하고 있는 것이니 우리는 두 사람을 믿고, 그들의 현명한 판단과 대책을 기대하세"하는 것이었다.

나는 아무 말도 하지 않고 나만이 믿고 싶은 어머니의 "절대로 죽지 않을 것이니 안심하라." 그 한 말씀이 뇌리(腦裡)를 스쳐가 마음 속으로 "그렇다, 죽을 수도 없고, 죽지도 않을 것이다."라는 신념을 가졌다.

그러나, 참고 견디는 것도 한도가 있어 나는 슬그머니 거적을 치켜올리고 바깥쪽을 쳐다 보니, 발동기 소리가 근방(近傍)에서 들리자 선두의 배가 바짝 접근하여 왔는데 그 배의 지휘관인 듯한 자가 고함(高喊)을 지르며 배의 속도를 줄이라고 소리쳤다. 나는 우리를 목표로 그러는가 하여 몹시 긴장하였으나, 뜻밖에도 그냥 지나가 버렸다.

추측컨대, 해가 저물고 어두워지니 천천히 가라는 것 같았다. 다음 배가 연속 다가오고 있었는데, 앞뒤 배 사이의 거리는 약 30미터쯤 떨어져 있고, 제4선(船)이 다가올 무렵 갑자기 그 선상(船上)이 소란하더니 난데없는 한 발의 총알이 우리들 머리 위로 공기를 찢는 소리와 함께 날아왔다. 이윽고, "그 배는 무슨 배냐"고 고함을 지르며 명령조(命令調)로 물어 왔는데, 안내인이 재빨리 큰 소리로 응답은 하였으나, 무슨 말인지 몰라도 임기응변(臨機應變)으로 적당히 대답한 것 같았다.

그 뒤에 따라오던 제5선도 별일 없이 지나가 버려, 무서웠던 발동선 소리도 점점 멀어지면서 크리이크 위에는 어둠이 깔리어, 우리가 탈출한 뒤 세번째로 맞는 난관(難關)을 무사히 극복(克服)하게 된 것이다.

뱃사공의 얼굴 표정이 긴장에서 채 풀리기도 전에 안내인은 서둘러 노를 젓게 하여 칠흑(漆黑) 같은 밤을 전진해 갔다. 숨막히는 상황이 태풍일과처럼 느껴져 허탈감이 감돌았는데, 우리는 거적을 제치고 일어서려니까 눈이 핑 돌아 현기증(眩氣症)을 일으켜 쓰러질 뻔하였다.

모두 큰 숨을 쉬며 모처럼 가슴을 펴고 팔, 다리 운동을 하노라니, 긴장이 풀리면서 갑자기 배가 몹시 고파왔다. 조금 전까지만 해도 죽느냐 사느냐 하는 판국인지라 배 고픈 것을 느낄 겨를도 없었지만, 인간의 생리적 욕구는 어쩔 수 없는 모양이어서, 고요한 정적(靜寂) 속에 안도감을 갖게 되니 속이 쓰려 오기 시작한 것이다. 그러나, 우리는 아무리 배가 고파도 무조건 참아야만 했으며, 뒷배에 타고 있는 세 동지들도 밤이 되었으므로 우리 배에 바짝 붙어 서로 대화를 나누며 전진해 갔다.

이 때, 우리가 지나온 후방을 뒤돌아 보니 소주(蘇州)의 야경(夜景)은 참으로 휘황찬란하여 전등 불빛이 환하게 크리이크 수면에 반사(反射)되어 우리가 타고 있는 배까지 비추었다. 상당히 먼 거리를 빠져 나온 것 같았으나 그렇지도 않아 직선거리(直線距離)로는 얼마 안 되었다. 그도 그럴 것이 우리가 지나온 경로(經路)는 군데군데 깔려 있는 일본군 분견대(分遣隊)를 피해서 이리저리 길 아닌 논, 밭두렁을 거쳐 왔기에 시간은 많이 걸렸어도 먼 거리를 쉽사리 올 수 없었던 것이다.

그리고, 이 크리이크는 이 지방 교통상 편리한 수로이지만 우리들에게는 거추장스러운 장벽(障壁)이 아닐 수 없어서, 크리이크를 건너면 육로를 가야하고, 육로를 걷다 보면 크리이크가 나타나고 해서 귀찮은 존재가 아닐 수 없었다.

돌이켜 우리가 1년 이상 고초(苦楚)를 겪었던 일본군 부대내부 사정을 생각해 보니 지금쯤은 우리들의 탈출 사실이 확인되어 비상사태(非常事態)에 돌입했을 것이고, 남아 있는 한국 출신 학도병들에게 연루여부(連累與否)를 추궁하며, 엄중한 조사가 진행되고 있으리라 추측되었고, 한편 우리를 추격하는 수색작전(搜索作戰) 명령이 일본군 전부대에 시달되어 모든 부대는 비상이 걸려 있으리라 짐작되었다.

어두컴컴한 야음(夜陰)을 타고 고요한 수면에 떠 있는 두 척의 민선은 우리들 7명의 생명을 싣고, 언제 어떻게 닥쳐올지 모르는 제

4의 관문(關門)을 향하여 떠내려 가고 있었는데, 어쩐지 네번째로 맞이할 난관은 예감(豫感)이 좋지 않았다. 그것은 4라는 숫자가 미신(迷信)이기는 하나 죽을 사(死)자와 음(音)이 같아 공연히 불안감이 생기어 나는 연속 담배를 피워대며 생각을 돌리려고 애를 썼다. 거기에다 배는 점점 더욱 고파왔고, 잇따라 잠이 슬슬 오기 시작했다.

우리는 불침번(不寢番)을 교대하여 서기로 하고, 비번(非番)인 동지들은 잠을 푹 자도록 하였는데, 잠이란 참으로 무정한 것이어서 흰 시간 동안 불침번을 설 때에도 눈이 감기고 잠이 쏟아지는 것을 참기란 여간 고통스러운 일이 아니어서 더러는 담배를 피우면서 잠을 쫓고 정신을 차려 보려고 애를 썼으나, 밤에 피우는 담뱃불은 먼 거리까지 보이기 때문에 마음놓고 피울 수 없어 삼가해야만 했다.

밤은 깊어져 아마 자정(子正)이 넘었을까 기온은 내려가 추운기가 들기 시작할 무렵, 고요한 적막을 깨뜨리고 난데없이 1발의 총탄이 흉한 소리와 함께 우리 머리 위를 스쳐갔다. 그러자, 계속 따닥닥 딱딱딱 총성이 들려오므로 우리는 두 척의 배를 재빠르게 언덕쪽으로 대고, 모두 민첩한 동작으로 크리이크 언덕 위로 뛰어 올랐다.

한밤중이라 전방의 적정(敵情)은 자세히 알 수 없으나 우리들 보다는 많은 병력(兵力)인 것 같았다. 나는 기관총을 총탄이 날아오는 쪽으로 조준(照準)을 맞추어 발사했으며, 다른 동지들도 일제히 사격을 개시하였다. 이제 드디어 올 것이 왔구나 생각되어 우리들은 비장한 각오를 하며 전투에 돌입한 것이다.

제2부 / 憤怒의 熱氣

사공은 기겁(氣怯)을 하고 비명을 지르며, 어디론가 배를 저어 사라져 버렸고, 안내인은 총탄이 날아오는 쪽으로 소리를 지르며 언덕 너머로 넘어가더니 연속 애원하듯 부르짖었다. 그러면서 우리 쪽을 향하여 '뿌스 뿌스(否是否是)'하기에 사격을 중지하였더니, 이윽고 수10여명의 어두운 그림자가 서서히 우리를 향하여 다가오고 있었다. 그래도 안내인은 앞에 막아 서며 우리에게 총을 쏘지 말도록 간청하였다.

 우리는 일제히 일어나 다가오는 그림자를 경계하면서 의외로 급변하는 상황을 주시하였는데, 안내인은 계속 그들에게 애원하듯 호소하고 있었다. 거리를 좁혀 다가오는 무리들의 얼굴은 보이지 않았지만 중국말로 시끄럽게 지껄이는 것으로 보아 일본군은 분명 아니었고 중국인들이며 마침내 안내인을 중간에 세워 놓고 20여명의 그들과 우리는 서로 마주 보며 대치(對峙)하였다. 어두워서 그들의 인상(人相)은 확실치 않으나 사복차림의 총을 든 편의대(便衣隊)였다.

 군(軍)에서 말하는 마적(馬賊)이나 비적(匪賊) 등 유격편의대인 것이 틀림 없었으며, 우리는 말이 통하지 않아 안내인의 인도(引導)만 의존할 뿐, 의아심을 가진 채 우두커니 서 있을 수 밖에 없었다. 다만 그들과 안내인이 주고 받는 대화의 표정(表情)만을 읽으면서 주목하고 있을 때, 그들 중 몇 사람이 나에게 달려들어 내가 들고 있는 기관총(機關銃)을 다짜고짜 빼앗아 가지고 쏜살같이 도망치자 전원이 그 뒤를 따라 무어라고 중얼거리며 어둠 속으로 사라져 갔다.

 나는 하도 어이가 없어 멍청하니 그들의 뒷모습만 바라보았으나,

곰곰이 생각하여 보니 금방 있었던 상황은 그래도 안내인의 중재(仲裁) 노력으로 피아간(彼我間) 인명(人命)의 희생은 없었으며, 다만 그들의 강청(强請)으로 기관총을 내주기로 협상(協商)하였던 것 같았다. 과연 습격을 강행해 온 그자들의 정체는 누구이며, 어찌하여 우리를 노렸는지? 오리무중(五里霧中)이어서 영원한 미스테리일 수 밖에 없었다.

기적(奇蹟) 같은 일대활극(一大活劇)은 끝이 나고, 고요를 되찾은 크리이크 연변에는 사공과 배가 간 곳이 없고, 안내인마저 온다 긴다 말 한마디 없이 어디론가 사라져 버려 미궁(迷宮)으로 빠져버린 사태를 당장 어떻게 해야 좋을 지 답답하였다.

동지들은 침묵만 지키고 통 말이 없었으며, 흡사 우리들은 길잃은 양떼처럼 방향 감각마저 잊어 버리고, 암흑의 대지에서 우왕좌왕해야 하는 신세가 되어 버렸다. 물론 우리는 어떠한 고난과 역경이라도 극복할 각오는 서 있기에 아무도 우리들의 굳은 의지(意志)를 좌절시킬 수는 없을 것이나, 이러한 상황 속에서 우리가 대처해야 할 일이 당장 무엇일까 심사숙고(深思熟考)하여 보니 아무래도 이 지점이 불길한 예감이 들었다.

어디가 됐던 현재 위치(現在位置)를 옮기는 게 좋겠다고 판단되어 소주(蘇州) 시내의 전등불빛이 직접 보이지 않는 방향으로 30분쯤 걸어가, 지대가 낮은 논두렁을 베게삼아 7인 동지가 나란히 누워 날이 밝은 뒤에 행동하기로 결정하였다. 그리하여, 우리는 마치 나뭇개비에 꿰맨 명태떼처럼 한 줄로 나란히 누워 숨을 길게 내뿜으며 침착하게 이성(理性)을 되찾으려고 노력하였다.

이 지방 기후는 한국보다 약간 따스한 편이었지만, 그래도 3월 초순의 기온은 쌀쌀했고, 더구나 논바닥의 차가운 습기(濕氣)는 옷속으로 스며들어 으스스 한기(寒氣)가 들었다.

그런 가운데도 보초를 번갈아 서면서 소주(蘇州) 방면을 경계하였으며, 먼동이 트기 시작하자 우리들은 더욱 초조하여졌는데, 그것은 사방에서 우리들의 모습을 볼 수 있어 행동에 제약을 받기 때문에 날이 밝기 전에 한시바삐 지형지물을 이용할 수 있는 곳으로 옮겨야 안전할 것 같았다.

그러나, 지리(地理)도 모르고 방향마저 짐작할 수 없어서 어느 쪽으로 가야만 될 것인지 아무런 지혜나 묘안이 나오지 않았다. 그때 멀리서 개 짖는 소리와 닭 우는 소리가 들려 왔는데, 그러고 보니 우리의 현재 위치가 동리(洞里)에서 얼마 멀지 않은 곳이어서 자세히 살펴보니 인가(人家)가 희미하게 보여 왔다. 그러자, 인기척이 있어서 나는 "사람 소리다. 엎드려"하고 소리치자 동지들은 모두 엎드린 채 부대(部隊) 쪽을 향하여 경계태세를 취하였다.

거리 측정을 할 수 없으나 우리들 육안(肉眼)에 두 사람의 모습이 이쪽을 향하여 다가오고 있었다. 나는 그들을 확인하기 위하여 보초근무 교육때 배운 방법대로 얼굴을 지면(地面)에 대고 전방의 물체를 지평선상(地平線上)에 떠올려 자세히 보니 틀림없는 두 사람이 걸어오고 있었다.

날은 차차 밝아져 시야(視野)가 넓어져 100미터 전방은 무엇이고 확인할 수 있게 되었는데, 다시 귀를 기우려 조용히 살펴보니 두 사람이 주고받는 대화가 누군가를 부르며, 우리를 찾아 헤메는 소리 같은데 그 소리가 들렸다가는 그치고, 그쳤다가는 들리는 것이 좌우로 사방을 맴돌며 연달아 불러대는 모양이었다.

제4장 / 山너머 山, 江건너 江

'쎈썽 쎈썽(先生先生)'하고 부르는 쪽을 향하여 나와 최 동지는 그 정체를 확인하고자 척후병(斥候兵)처럼 한걸음 한걸음 그들쪽으로 다가갔다. 그것은 혹시 일본군이 중국인을 앞장 세워 우리의 행방을 색출하려고 다가오고 있는지도 모를 일이어서 경각심을 가지고, 총의 안전장치를 풀어 사격자세를 취하면서 전진을 멈추고 엎드려서 그들이 가까이 오기만 기다렸다.

이윽고, 두 사람의 윤곽(輪廓)이 드러나기 시작하자, 나는 앞사람을, 최(崔) 동지는 뒷사람을 겨냥하여 만일의 경우 사격하기로 결정하였는데, 하늘은 우리를 저버리지 않아 다행히도 앞 사람은 안내인이었고, 뒷 사람은 청의(靑衣)를 입은 부락민으로서 앞가슴에 무엇을 꼭 껴안고 걸어오고 있었다. 최(崔) 동지와 나는 뛰어가서 안내인을 부둥켜 안고 소리쳐 외쳤다. "아― 안내인이다, 동지들 안내인이 왔어"하며 몇 번이고 소리질러 동지들에게 알렸다.

동지들은 환호성을 올리며 달려와 모두 안내인을 껴 안고 기뻐했는데 이 장면이야말로 국가와 민족을 초월한 피압박 민족끼리의 마음과 마음의 결합이라 아니할 수 없었다. 이 분이야말로 신(神)이 우리에게 보내 준 천사(天使)와도 같았으며, 더구나 뒷사람이 가슴에 껴안고 가져온 것은 다른 것이 아니고, 우리들의 젖어있는 옷을 말리고, 추위를 녹이라는 땔감(나무토막)이었다.

우리들이 모닥불을 피워 놓고, 모여 앉아 화기애애(和氣靄靄)하게 옷을 말리며 불을 쬐고 있을 때, 안내인을 따라온 부락민이 담배갑 종이에 글자를 써서 내 보였다. 간밤에 안내인으로부터 7인 동지 이야기를 소상히 듣고, 인간적인 도리를 지키기 위하여 이렇게 찾아온 것이라고 자기의 의사를 표시하였다.

짐작하건대, 안내인이 어젯밤 일어났던 사태에 자신(自信)을 잃고 인근 부락에 들어가 전후 사정 이야기를 하여 협력을 호소한 모양이어서, 참으로 안내인이야말로 의리(義理)가 있는 대륙적 금도(襟度)를 가진 인물이라고 생각되었다. 따라서, 순간적으로 이러한 안내인을 소개해 준 황해도(黃海道) 출신 교포(僑胞)인 이(李)씨가 머리에 떠올라 멀리서나마 다시 한번 사의(謝意)를 표하며 그의 안녕을 기원하였다.

 후일에 알게 된 일이지만, 우리를 습격했던 무리들은 유랑비적(流浪匪賊)이었는데, 중국 대륙에는 비적이나 마적 등이 5명내지 수 10 명씩 떼를 지어 돌아다니며, 일본군이던 중국군이던 혹은 민간인이던 간에 무기와 금품 등을 약탈하여 생활하는 불한당(不汗黨)인 일종의 유격대였다.

 즉, 이 비적들이 우리를 습격한 것은 인명을 해치려는 것이 아니었고, 모든 무기와 탄환 등을 약탈하려는 의도였으나 안내인의 간곡한 만류와 애원으로 가장 값지고 소중한 내가 갖고 있던 기관총만을 내주기로 안내인과 타협(妥協)이 이루어진 극적 상황이었던 것이다. 기관총은 소대(小隊) 전투에서 가장 중요한 무기로서 소대별로 1정밖에 없는 없어서는 안될 화력(火力)인 것이다.

 그 때 만일 우리가 완강히 저항하여 교전을 계속했더라면 우리의 희생이 얼마나 컸을까 생각하니 불행중 다행이었다고 생각되었으며 안내인의 기지(機智)와 협조로 위기일발(危機一髮)에서 우리가 살아 남을 수 있었던 것이다.

 그 부락민은 또 다른 종이에 글을 써서 내보였는데, 해가 뜨기전에 자기들을 따라와 빨리 이곳을 떠나자는 것이어서 우리들은 그들

말대로 따르기로 하고 모두 일어섰다. 활활 타오르는 모닥불에 잠시나마 새벽 추위를 녹이고 옷도 다소 말리었으나 아직도 외투에서는 김이 무럭무럭 피어 올랐다. 땔감을 들고 왔던 그 농부는 고향에서 본 정다운 시골 아저씨 같은 정감(情感)을 느끼게 하였다.

우리 7인 동지들은 그들의 뒤를 따라 30분 가량 걸어 어느 자그마한 동리에 들어섰는데, 아직 새벽녘이라 그런지 행인은 뜸하였고, 집집마다 기르고 있는 개 짖는 소리가 요란하여 주변이 마음에 걸리었지만 골목길을 깊숙히 걸어 들어가 어느 집안에 이르렀다.

그러자 두 사람이 모두 우리를 기다리라 하고 어디론가 나간 후, 담배 한대를 다 피워도 돌아오지 않았고, 개 짖는 소리는 그치지 않아 기분이 언짢아졌는데, 50대의 야윈 무척 까다로와 보이는 촌로(村老) 한분을 데리고 돌아왔다. 그는 우리 일행을 보자 돌아서서 문 밖으로 나가려다 다시 들어서더니 우리에게 손짓으로 자기를 따라오라고 하며, 자기 집으로 안내하였다.

뒤따라 들어간 우리 7명은 깊숙한 구석 방에서 식탁을 중심으로 둘러 앉았는데, 중국에서 말하는 방이란 침대와 식탁 사이를 커튼으로 벽(壁)같이 막은 구조를 말하는 것이다.

이 집 주인인 촌로는 어딘지 모르게 유식해 보였고, 필묵을 꺼내 놓으면서 언어가 상통하지 않으니 필문필답(筆問筆答)으로 이야기하자는 것이어서, 언제나 중국인과 필문필답하는 대화는 내가 도맡아 해왔기 때문에, 그의 곁에 성큼 다가앉아 질문하는 요지를 유심히 들여다 보았다. 그 분은 자기 소개부터 하였는데, '오문디 쩐창(我們的 鎭長)'이라 써서 내보였다.

진장(鎭長)이라 함은 우리나라 행정구역으로 보면 군수(郡守)에

해당하는 직위로, 어젯밤 안내인으로부터 우리들에 관한 자초지종
(自初至終) 이야기를 듣고, 무엇인가 돕기로 마음 먹었다는 뜻을
표하였다. 진장(鎭長)은 덧붙여 말하기를 한국은 중국과 형제의 나
라로서 당신들의 의거를 높이 찬양하며, 탈출이 성공하도록 착실하
고 유능한 안내인(案內人)을 구하는 중이니 자기 집에서 식사를 하
며 휴식을 취하고, 편의(便衣)를 제공할 터이니 모두 옷을 갈아 입
고 떠나라는 간곡하고도 자상한 배려를 하여 주었다.

그리고, 우리들의 행방과 성명을 적어 달라기에 나는 서슴지 않
고 '샤샤 샤샤(謝謝 謝謝)'하며 고맙다는 뜻을 표하고, 7인 동지의
성명과 일본군에 강제 입대된 사실과 중경(重慶)에 있는 한국 임시
정부에 가고 싶다는 요지를 적어 주었다. 진장(鎭長)은 자기 성명
이 여 진백(餘眞伯)이라 일러주며, 내가 써 준 문구(文句)를 유심
히 읽고 나더니 고개를 끄덕이며 행운을 빈다는 격려(激勵)의 어구
를 써 준 다음, 우리를 안내했던 사람에게 식사를 가지고 오도록 일
렀다.

아침 식사는 의외로 성찬(盛饌)이어서 닭고기를 튀긴 요리와 오
리알, 죽순(竹筍) 등 중국인들이 즐겨 먹는 요리에다 쌀밥도 나왔
고, 우리들은 어제 점심 이후 처음 먹는 식사인지라 얼마나 맛있게
먹었는지 허기(虛氣)가 완전히 가시었다.

흔히 우리가 알기로는 중국인은 빵이나 면이 주식인 줄 알았는
데, 중부 이남 지방은 우리나라와 마찬가지로 쌀밥이 주식(主食)이
었다. 그리고, 밥은 언제나 공기밥이었고 반찬은 부페식으로 각자
덜어 먹게 되어 있어 아주 위생적인 감이 들었다.

식사를 마치고 나니 두 사람이 보따리를 들고 들어 왔는데, 여 진

장(餘鎭長)은 식탁위에 보따리를 펴 보이면서 우리 한테 어서 갈아 입으라고 권하였다. 그 옷은 전부가 청색(靑色)으로 상의(上衣)는 남방샤쓰 비슷한 저고리였고, 하의(下衣)는 짤막한 양복바지로서 이 옷을 보통 청의(靑衣)라 하고, 중국인들이 즐겨 입는 평민복(平民服)이었다.

일본군에서 중국인 게릴라부대를 편의대(便衣隊)라고 부르는 까닭을 짐작할 수 있었으며, 우리를 습격했던 중국 유격대원들도 이와 같은 복장을 하고 있었다.

우리는 각기 저고리와 바지 한 벌씩을 일본군 군복과 갈아 입었는데, 성 동지는 그 중에서 가장 큰 것을 골라 입었으나 워낙 체구가 큰지라 몸에 잘 맞지 않아 애를 먹었고, 어쩔 수 없이 그냥 입을 수 밖에 없었다. 우리는 일군(日軍)에서 입고 나온 군복 뿐 아니라 각반, 군화, 외투 등을 모조리 벗어 버리고, 다만 내의(內衣)는 그대로 입으니 겉모양이 흡사 중국인 같이 보였다.

여진장(餘鎭長)은 하인을 시켜 우리들이 벗어 놓은 군복 등을 두 장의 큰 보자기에 싸서 어디론가 가져가 버렸다.

이와 같이, 우리는 간편하게 편의대(便衣隊)로 위장하여 또 다시 미지의 탈출 행각에 나서기에 앞서 진장(鎭長)에게 마지막 작별인사를 하려고 일렬 횡대로 정렬하였을 때, 그분은 우리들에게 새로운 안내인을 소개하였는데 이름은 등보평(鄧普平)이라 하였고, 눈 한쪽이 감긴 애꾸눈에다 얼굴은 검은 편이고, 키는 보통이었으나 몸이 후리후리하고 재치가 있어 보여 행동이 민첩한 사람 같았으며, 자진하여 우리를 안내하겠다고 나선 의협심(義俠心)이 강한 40대의 중국인이었다.

우리 동지들은 한사람 한사람 차례로 새로운 안내인이 된 등(鄧)씨와 굳은 악수를 나눈 다음, 여진장(餘鎭長)에게 충심으로 감사를 드리며 하직 인사를 하자, 이 지방에서 생산되는 담배 승리(勝利) 한 갑씩을 나누어 주었다. 우리나라와 달라 중국에서는 담배의 제조 판매가 정부의 전매 제도가 아니고, 지방마다 특색있는 자유 생산이었다.

우리들은 모두 담배가 거의 떨어져가는 판에 다행이었으며, 더구나 그 분의 온정이 담긴 값진 선물이어서 마냥 흐뭇하였다.

참으로, 모든 면에서 철두철미한 인물로서 그에게 배운 바 많았고, 어쩐지 존경할 은사(恩師) 같기도 하며, 친척되는 아저씨 같은 친근감을 느끼었다.

아무튼 앞으로 영원히 평생토록 잊을 수 없는 위대한 은인(恩人)과 눈시울이 뜨거워지는 석별의 정을 나누며, 두번째로 안내인이 된 등(鄧)씨를 앞세워 숙명적(宿命的)인 탈출 행진에 들어갔다.

이 곳에서 들은 정보(情報)에 의하면, 우리들이 소속되었던 '호꼬(子)' 제60사단 본부에서는 그날 오후 7시경 우리들 7명의 탈출 사실이 탄로(綻露)나 사단 산하 전장병에게 비상(非常) 대기명령이 내려졌고, 긴급 참모회의가 열려 우리들을 추격하는 작전명령(作戰命令)이 시달되어 한국 출신 학병들에게 탈출병을 잡겠다는 선서식이 거행되고 그들을 앞세워 전위대(前衛隊)를 형성하여 2개 대대 병력을 동원, 기필코 탈출한 7명을 생포하던지 사살하던지 하라는 엄명을 내려 그야말로 혈안(血眼)이 되어 있다는 것이었다.

해방 후에 일본군 부대에 남아 있었던 학병들에게서 들은 이야기지만, 우리 7인이 탈출한 뒤 잔류 한국 출신 후보생들은 외출이 취소되었고, 연루 여부를 추궁받았으며, 심한 경계 속에 많은 곤욕(困辱)을 치렀다는 것이며, 우리가 통과한 지점이나 묵고 간 장소에 약 30분 간격을 두고, 일본군 추격대가 당도하였다고 하니, 참으로 위기일발(危機一髮)로 용하게도 사경(死境)을 빠져 나왔음을 알 수 있었다.

이 곳을 떠난 뒤, 5일간은 그야말로 숨막히는 탈출이어서 일본군 추격대와 숨바꼭질하듯 아슬아슬한 곡예(曲藝)의 연속이었다. 소주(蘇州)에서 남서쪽의 오강(吳江)이라는 고을을 지나는 동안 실의(失意)에 빠져 체념과 자위(自慰)를 번갈아가며, 굶주림과 극심한 피로를 이겨야 했다.

크리이크에 이르면 민선(民船)을 잡아 타고 물 위에서 몇 시간 동안 짐짝처럼 꼬부리고 앉아 지나가는 뱃사람들의 눈을 피해야 했고, 육지에서 위험이 닥쳐오면 광활한 들판을 논이나 밭두렁을 기어서 2킬로미터 이상을 가기도 했으며, 다시 배를 타고 크리이크를 건너야 할 때, 민선을 구하는 동안 언덕 밑의 축축한 풀밭에서 보통 한 시간 이상이나 주변을 경계하며, 초조하게 등(鄧)씨를 기다려야만 했다.

이렇게 일정한 계획이 없는 무작정 행진이었지만, 때로는 중국 농민들의 아름다운 인정(人情)으로 소 외양간에서 짚을 덮어 쓰고 하루를 묵기도 하고, 동리 변두리의 하수도 구렁에서 악취를 맡으며 몇 시간이고 은신하기도 하였다. 며칠 동안 이를 닦지 않아 입속에서는 표현할 수 없는 냄새가 나고, 세수를 하지 않아 거지 같은 추태(醜態)와 굶주림에 시달려야 하는 생리적인 고통은 정말 참기 어려운 상태였다.

나는 여기서 인간의 많은 욕망 중에서 가장 중요하고 참기 어려운 것은 뭐니뭐니 해도 식욕(食欲)이 으뜸이라는 것을 뼈저리게 느꼈으며, 가난하여 배불리 먹지 못하는 서러움이 얼마나 서럽고 불쌍한가를 천리(天理)처럼 깨달았다. 그 동안 행진 도중 시장기가 들면 안내인을 시켜 길가의 촌락에 들어가 정황(情況)을 살핀 뒤, 식사 제공을 받은 예(例)도 더러 있었지만, 민가에는 접근도 못하고 물오리를 잡아서 논, 밭에서 구워 먹기도 하고, 밤이면 등(鄧)씨가 구걸해 온 찬 밥을 주먹밥으로 만들어 요기를 하기도 하였다.

즉, 아침밥을 먹고 점심과 저녁은 한밤중에 먹을 때도 있었으며, 그것도 생기면 먹고 없으면 굶어야 하는 하염없는 여로(旅路)였었다. 대개 밤에는 길을 걷고 낮에는 은신하기가 일쑤여서, 안내인 등(鄧)씨는 언제나 일본군의 동태와 부락민의 동향 및 주변 환경 등을 살펴 중요한 정보를 탐지하는 것이 길 안내 이상으로 중요한 임무였는데, 우리는 그의 정보에 따라 상황판단(狀況判斷)을 신중히 하여 행동하는 것이 매일 되풀이되는 일과처럼 되어 버렸다.

그러므로, 등(鄧)씨가 탐문한 정보를 분석 검토한 결과는 현재의 상황 속에서 우리가 단순히 멀리 도망치는 것만이 능사(能事)가 아니라, 우리를 잡으려고 혈안(血眼)이 된 일본군 수색부대에 발각되지 않고, 어떻게 생명을 부지해야 하느냐가 문제였다. 모든 촌락에는 일본군의 정보망이 물샐틈 없이 침투되어 있었기 때문에 중국인들도 소홀히 볼 수 없었다.

우리의 집단 탈출(集團脫出)이 일본군에게는 너무나 큰 충격을 안겨 준 대사건(大事件)이 아닐 수 없는 것이, 첫째로 간부가 완전 무장하고 집단탈출한 것은 일본군의 창군(創軍) 이래 처음 있는 일이라는 것이고, 둘째로 대소전법(對蘇戰法)에서 대미(對美)전법으로 교육받은 맨 처음 간부들이라는 것이며, 세째로 한국출신(韓國出身) 학병(學兵)이라는 특수 신분이기 때문이었다.

이리하여, 사단 전체가 발칵 뒤집히고 또한 최전선의 전투부대가 정규전(正規戰)이 아닌 탈출병 추격작전에 대대병력(大隊兵力)을 동원한 것은 전무후무한 변고(變故)였기 때문이다. 이러한 일본군 병력에 비하여 우리는 분대병력도 안되는 열세에다 기동력(機動力)이 전혀 없어 그들보다 행진이 빠를 수 없고, 어쩌면 그들이 우리를 앞질러 우리가 가야 할 지점(地點)에 먼저 당도해서 잠복하며 우리가 나타나기를 기다리고 있는지도 모를 일이었다. 그러고 보니 현재의 긴박한 상태와 위험지역을 벗어 나려면 태호(太湖) 지방에 한시라도 빨리 도달해야만 했다.

태호에는 중국군의 정규 유격대(遊擊隊)가 주둔하고 있어 그들과 우리가 합세하면 웬만한 일본군 부대는 싸워 이길 수 있을 것이라고 전망되었기에 우리는 일차적인 목표를 태호(太湖)로 정하여 행진을 계속하였는데 중국 대륙에서 태호는 동정호(洞庭湖), 파양호(播陽湖)와 함께 3대(大)호로 불리어지고 있었다.

안내인 등(鄧)씨와는 며칠 사이에 정이 들어 그의 험(險)한 인상도, 이따금 위기(危機)를 넘겼을 때 짓는 미소가 공치사와 더불어 매력이 있었고, 순박한 성품과 강한 의협심의 소유자로서 타도 일본제국(打倒日本帝國)을 외치며, 일인(日人)들에게 욕설을 퍼붓는 애국자이기도 하였다. 뿐만 아니라 그는 인정도 많아 식사때는 으례 자기 양(量)도 차지 않을 터인데 우리에게 조금이라도 더 먹이려고 밥과 찬을 권하기도 하여, 그저 고맙고 그의 온정(溫情)에 자연히 머리가 숙여지는 것이었다.

 일본군(日本軍) 부대를 탈출한지 5일째 되던 날 아침, 인근 부락에 다녀온 등(鄧)씨는 눈을 휘둥그리며, 놀란 표정으로 우리에게 경고하기를, "일본군 수색대가 이웃 마을에 나타났으므로 오늘은 이곳에서 한발자욱도 움직여서는 큰일난다."는 것이었다.

 그 동안 몇 차례의 위기와 사경(死境)을 넘어오면서, 항상 안내인의 말을 따라 행동하였으나, 오늘의 임박(臨迫)한 정황은 무심코 가만이 앉아서 당할 수 없는 노릇이어서 우리가 대피(待避)할 곳을 서둘러 찾았으나 적당한 곳이 없고, 별다른 묘안이 떠오르지 않았다.

 일본군은 틀림없이 이 마을도 이날 안으로 수색을 펼 것으로 보이는데, 적의 병력은 어느 정도인지 알 수 없지만 여러 지역으로 분산되어 있는 것으로 보아, 많으면 소대 병력일 것이고, 적으면 1, 2개 분대가 되지 않나 싶었다.

 일본군 병력은 그렇다 치고, 문제는 우리 7인 동지가 어느 곳에서 어떻게 숨어야 하는가이다. 즉, 우리가 각자 흩어져 개인 행동을 취해야 좋으냐, 그렇지 않으면 7명이 모두 함께 집단 대피(集團待避)를 하는 것이 상책(上策)이냐로 한참 동안 심각하게 숙의(熟議)하였으나 두 방안(方案)이 일장일단(一長一短)이 있어 택일(擇一)하기가 어려웠는데, 더 이상 시간만 지연시킬 수 없어 죽어도 같이 죽고 살아도 같이 살자는 쪽으로 전원일치(全員一致) 합의되어 공동체 의식(共同體意識)을 더욱 공고히 갖고, 적극적인 집단 작전을 하기로 결정하였다.

 나는 아침부터 동리에서 멀리 떨어진 산 밑에 보이는 묘(廟)를 다시 생각하여 보니 그 곳에 한번 가 보고 싶어졌는데, 이 시점에서 그 곳 밖에는 우리가 집단적으로 활동할 장소는 없는 것 같았다. 이 지방은 평야부(平野部)이기 때문에 부락의 가옥 이외에는 별로 지형지물(地形地物)을 이용할 마땅한 물체가 없으므로 등(鄧)씨를 앞세우고, 성(成) 동지와 김 영남(金映男) 동지, 그리고 나와 넷이 묘로 달려가 보았다.

중국에는 가는 곳마다 부락 앞에는 대개 묘(廟)가 있었는데, 이 묘는 우리나라에 있는 향교(鄕校)와 같아서, 유교(儒敎)의 종주국(宗主國)인 중국인지라 도처에 산재하여 분홍색 벽(粉紅色壁)으로 건축양식이 통일된 고대식 건물이었다.

전시(戰時)라서 그런지는 몰라도 마치 폐가(廢家)같이 허술하게 방치되어 있어 사람들의 출입이 전혀 없어 보였고, 흉가(凶家)처럼 버려져 있었다. 우리 세 명은 높이가 1미터 50센티미터가 넘을 성 싶은 담장을 뛰어 넘어 묘 안에 들어가 보니 음산하고 침침하여 무서운 생각마저 들었고, 외딴 곳에 있는 상여(喪輿)집 모양으로 귀신이나 도깨비라도 나올 정도로 허술하고 낡은 건물이었다.

그러나, 우리들은 어쩔 수 없이 오늘 하루를 이 곳에서 머물기로 결정하고, 등(鄧)씨를 정보 탐지차 이웃 부락으로 보내고, 나머지 동지를 연락하여 불러 들였다. 우리는 7인 모두 묘 안에 들어가 대청마루에서 총을 놓고 다리를 펴 휴식을 취하였는데, 환경이 으스스하여 불쾌하기는 하지만 사방이 높다란 담으로 둘러 쌓여 있기 때문에 외부와 시야(視野)가 차단되어 있어 논, 밭두렁이나 크리이크 언덕보다는 훨씬 안전해 보였다.

우리 동지들은 보초(步哨)를 번갈아 서면서 계속 휴식을 하였으나, 몇 시간이 지났건만 등(鄧)씨는 돌아오지 않았고, 아무런 연락도 없어 답답한 가운데 그럭저럭 한나절이 지나갔다. 점심때가 되었어도 밥 생각은 할 수 없고, 와야 할 사람은 오지 않아 걱정은 태산 같은데, 몇몇 동지는 피로가 한계(限界)에 왔는지 어느새 잠이 들어 체격이 큰 성(成) 동지와 김 영남(金映男) 동지는 코를 드르렁 드르렁 골았다.

오후 3시가 지났을 무렵, 담너머에서 기침소리가 들려와 나는 잠든 동지들을 깨우고, 보초를 서고 있는 정(丁) 동지가 담을 사이에 두고, 등(鄧)씨와 말을 주고 받았다. 등(鄧)씨는 "이 뻰뼁 래래마, 이 뻰뼁 래래마"라고 소리쳤는데, 이 뻰뼁이란 '일본 병정(日本兵丁)'이라는 뜻이니까 즉, 일본군 부대가 왔다는 귀뜀이었다. 우리는 알았다고 응답을 했을 뿐, 그 이상 대화를 계속할 수 없었고, 등(鄧)씨 역시 어디론가 사라져 가 버렸다.

우리는 이제 무방비 상태로 우두커니 앉아 있을 수 없어 보다 철저한 은신을 하기 위하여 마룻바닥 판자를 대검으로 몇 장 뜯어 제치고, 지하 구조(地下構造)를 살펴 보았다. 마루 밑 공간(空間)은 몇 백년이나 묵었는지 거미줄이 꽉 쳐져 있었고, 먼지가 두껍게 쌓여 있어 고목 썩은 냄새와 곰팡이의 악취 등 도저히 들어 갈 엄두가 나지 않는 음산한 동굴(洞窟) 속 같았다.

그러나, 죽느냐 사느냐 하는 판국에 더러운 것, 추(醜)한 것을 겁내고 좌시할 수 없는 노릇이어서 나는 앞장서 마루 밑으로 기어 들어가 우리가 앉아서 숨어 있을 만큼 대충 자리를 만들었다. 다른 동지(同志)들도 모두 내려와서 땅바닥을 파고 골라 정지(整地)를 하였다.

은신처 작업을 끝내고 마루바닥에서 떼어냈던 판자를 다시 제자리에 놓고 나니, 누가 자세히 살펴보기 전에는 쉽사리 감지(感知)할 수 없게 끔 위장(僞裝)이 제법 잘 된 듯 싶었다. 어떤 의미로는 인적(人跡)이 뜸한 외딴집이어서 더욱 주목의 대상이 될 성싶으나 적과 대치하여 싸우기에는 지형지물(地形地物)이 유리한 점도 있을 것 같았다.

시간은 흘러 어느덧 해는 져서 어둠이 깔리기 시작하자, 사방에서 개 짖는 소리가 요란하여지더니, 바로 그 때였다. 보초를 서고 있던 김 영남(金映男) 동지가 요주의(要注意) 신호를 하며, 일병(日兵)들이 접근하여 오고 있음을 알려 왔다. 그리고, 만약 그들이 묘(廟) 안으로 침입하면 즉각 뛰어 올 터이니 마룻바닥 판자를 아래에서 치켜 올려 줄 것을 당부하고 다시 밖으로 뛰어 나갔다.

이윽고, 중간 보고가 들어 왔는데, 약 2개 분대쯤 되는 일본군 병력이 300미터 거리까지 다가오고 있다는 것이어서, 우리는 모두 위기를 직감하며 조용히 서로의 얼굴을 쳐다보고, 각자 마음속으로 새로운 각오를 다짐하면서 야차하면 일전(一戰)을 불사(不辭)하기로 작정하였다. 이 때, 김 영남 동지가 허둥지둥 뛰어 들어왔기에 먼저 떼었다가 덮었던 판자를 쳐들어 올려 끌어들인 다음 다시 원형(原型)대로 덮어 놓았다.

우리는 기침소리도 내지 못하며, 누워 있자니 땅바닥이 차가왔고, 앉아 있자니, 공간이 높지 않아 몸을 비스듬히 꼬부리고 있었는데, 팔이 저리고 다리가 쥐가 나는 것 같았다. 김(金) 동지가 들어온 뒤, 묘 주변이 갑자기 소란해 졌다가 군화 소리가 일본군 분대장의 구령소리와 함께 멈추더니 '10분간 휴식'이라는 지시가 내렸다.

일촉즉발(一觸卽發)의 위기에 직변한 우리 7인 동지는 꼼짝도 못한 채 교전(交戰)을 연상해 보았으나, 총격전이 벌어질 경우 낮보다는 밤이기 때문에 우리가 유리(有利)할 것 같았고, 적(敵)보다는 우리가 지형지물에 익숙해 있어 몇 개 분대 병력 정도는 문제 없이 자신있게 격파할 수 있겠다는 생각이 들었다.

그런데, 일본군이 하필이면 우리가 숨어 있는 이 묘 앞에서 휴식한다는 말인가? 이 때 시간은 밤 8시가 넘은 것 같은데, 온종일 이 곳에 있었건만 이때의 10분간은 어찌나 그렇게 지루하고 가슴을 조이는지 일각(一刻)이 여삼추(如三秋)라 진땀이 날 지경이었다. 다행히 10분간의 일본군 휴식 시간이 무사히 지나더라도 적의 향방은 어디이며, 어떠한 방법으로 수색작전을 전개할 지 도무지 예측할 수 없어 그야말로 첩첩산중(疊疊山中)과 같아 우리의 앞일이 아득하기만 하였다.

이렇게 침통한 시간이 흐르자 앞길 쪽에서 군화소리가 들려왔는데, 일본군이 다시 행군(行軍)에 들어 간 모양이었다. 집합명령이나 전진하라는 구령소리가 없었던 것은 야간행군이기 때문에 모든 지시를 플래시로 하였으리라 짐작되었다. 이것은 야간전술상 그들의 동태를 드러내지 않기 위한 전법인 것이다.

잠시 동안 그들의 군화소리가 멀어지는 것을 확인한 우리는 몇 시간 동안 고개를 들지도 못하고 악취를 맡아가며, 마룻바닥 밑에 갇히어 초조하고 긴장했던 상태에서 벗어나 건물 밖으로 나오니 숨이 확 트이고 답답증이 풀리어 살 것만 같았다.

이 곳을 지나간 일본군들은 이웃 동리에 들어 갔는지 개짖는 소리도 멈추고 사방의 논바닥에는 개구리 울어대는 소리만이 어둠속의 고요를 깨고, 초봄의 정취(情趣)를 물씬 풍기어 우리들은 제5의 난관(難關)을 무사히 통과한 셈이었다.

생각컨대, 인간(人間)의 운명이란 기묘(奇妙)한 것이어서, 그들이 혈안이 되어 찾고 있는 상대가 모두 이 곳에 좌정하고 있었건만 그걸 모르고 그냥 지나쳐 버린 일본군이나, 원한(怨恨)에 사무친 적(敵)을 눈앞에 두고도 보복을 하지 못하고, 그대로 떠나보낸 우리의 처지나, 서로가 얄궂은 운명의 장난이어서 아이러니컬한 인생의 허무함을 느끼지 않을 수 없었다.

우리 7인 동지는 다시 한번 행운을 자축(自祝)이나 하듯 서로 굳은 악수를 교환하기도 하고, 얼싸안기도 하여 기쁨을 나누면서, 우리 생명을 보호하여 준 이 묘(廟)에 대하여 마음속으로 사의(謝意)를 표하고, 탈출이 성공하고 전쟁이 끝나면 한번 쯤 찾아와 추억(追憶)을 더듬어 봐야겠다고 마음 먹었다.

그리고, 또 한 가지 덧붙일 것은 일상생활에서 흔히 말하기를 흉가(凶家)나 공동묘지 같은 곳에서 귀신(鬼神)이나 도깨비가 있다는 것인데, 우리가 오랜 시간 밤낮으로 숨어 있었던 묘에서 귀신이나 도깨비 따위는 얼씬도 않아 그런 말은 미신(迷信)에 지나지 않고 전연 허무맹랑한 소리라는 것을 새삼 확인할 수 있었다.

굳은 의지와 바른 신념을 가진 정상적인 정신력의 소유자라면 귀신이나 도깨비가 설령 있다손치더라도 어떻게 감히 침입하겠는가? 모든 사람들이 이 묘를 흉가라고 기피했건만 우리 7인 동지에게는 생명을 건져 준 성역(聖域)이기도 한 것이다. 우리가 담배를 피우며 잠시 쉬고 있는데, 등(鄧)씨의 기침소리가 어둠속에서 들려 오더니, 그가 바쁜 걸음으로 달려왔다.

우리는 그가 변심(變心)하리라고는 아무도 의심하지 않았으며, 그는 우리의 기대를 저버리지 않고, 묘의 후방에서 일본군의 움직임에 망을 보고 있다가 그들이 멀리 사라지자 돌아 온 것이었다.

그는 우리에게 당분간 이 곳에서 대기하라며 부락 안으로 정보탐지차 들어 갔는데, 한 시간도 채 안되어 돌아와 이상(異常)이 없음을 확인하고 다시 어두운 밤길을 떠나게 되었다.

밤은 깊어 널따란 들녘을 거니노라니 고향의 문전옥답(門前沃畓)에서 흔히 들어 본 개구리의 울음소리가 한결 향수(鄕愁)에 젖게 하였다. 개구리는 우리가 논두렁을 걸어 갈 때는 잠깐 멈추었다가, 지나고 나면 다시 울어대곤 하였는데, 저 개구리떼는 비록 미물(微物)일망정 자유(自由)를 구가(謳歌)하는 역사의 증인(證人)이기도 하리라!

아마 동리 근처를 지나가고 있는 모양인지 개 짖는 소리가 여기저기서 들려왔는데, 점차 그 수가 늘어서 아주 시끄럽게 우리 쪽을 향하여 짖어대는 것이어서, 밤에 행진을 할 때마다 몹시 귀찮은 존재였다.

그러므로, 우리는 안내인 등(鄧)씨에게 되도록이면 개 짖는 소리를 피하기 위하여 부락에서 멀리 떨어진 길을 택하여 걷자고까지 하였다. 일본군의 수색망을 조금이라도 멀리 벗어나기 위하여 5시간쯤 쉬지 않고 행진을 계속하여 마침내 검은 직선이 아른거리는 크리이크 언덕에 이르렀다.

이 곳에는 용하게도 무지개 같은 돌다리가 놓여 있어 조심조심 이 다리를 건너간 다음, 등(鄧)씨는 근처 부락에 가고, 우리들은 잠시 휴식에 들어갔다. 우선 담배라도 한대 피우려 했으나 야간이라 불빛이 무서워서 엎드려 불을 붙이고, 한 사람씩 릴레이식으로 몇 모금 피웠는데, 오랜만의 담배맛은 기가 막히게 좋아서 피로가 다소 풀리는 것 같았다.

행진할 때나 일정한 장소에 머무를 때나 항상 경비만을 소홀히 할 수 없어 보초를 교대(交代)로 섰는데, 순서(順序)는 성(成) 동지부터 시작하여 연령순(年齡順)으로 누가 지시하고 부탁하지 않아도 차례가 되면 자진해서 누구나 보초근무를 철저히 하였다.

이날 밤 첫번째 입초(立哨)는 김 봉옥(金鳳玉) 동지였고, 나머지 6명은 풀밭에 주저앉아 서로 등을 맞대고 눈을 붙였다. 이 날 따라 창공(蒼空)은 유난히도 별빛이 찬란하고, 날씨마저 포근하여 우리 7인 동지의 앞날을 축복하여 주는 것 같았다.

다행히도 그 동안 모든 동지들의 건강상태는 양호하여 누구 한사람 탈이 나거나 앓는 일이 없었고, 비위생적(非衛生的)인 생활의 연속이었지만 식욕(食慾)만은 왕성하여 간혹 제때에 식사를 못하는 것만이 고통스러웠다. 나도 평소에 자주 앓던 편도선염이 재발하지 않아 여간 다행한 일이 아니었다.

새벽 6시경에야 등(鄧)씨가 어떤 낯모르는 사람을 대동하고 돌아와 하는 말이 "일본군은 멀리 사라져 가버렸으니 식사를 하러 가자"는 것이어서 듣던 중 반가운 말에 우리는 활기(活氣)를 되찾아 모두 벌떡 일어났다.

일본군의 포위망을 일시나마 벗어난 것도 다행이려니와, 허기(虛氣)가 심하여 아랫배가 땅기는 판에 이보다 더 반가운 소식이 어디 있으랴! 등(鄧)씨와 같이 나타난 사람은 다름아닌 식사를 제공할 집 주인이었으며 우리는 그들을 따라 동리로 들어가 보니 몇 집 안되는 조그마한 촌락인데다 숲속에 깊숙이 자리잡은 조용한 집이었다.

방안에 들어서자 우리는 식탁에 둘러앉아 미리 차려 놓은 식사를 대뜸 염치없이 먹었다. 중국에서는 닭보다 물오리를 많이 사육(飼育)하는 탓인지 오리 요리를 즐겨 먹는 풍습(風習)인 것 같았으며, 특히 크리이크 주변의 부락에서는 보통 수백 마리의 오리를 기르고 있었다. 오리고기나 오리알은 고향에서 별로 먹어 본 일이 없었지만 중국에 온 뒤 몇 차례 먹어 보니 배가 고파서 그런지는 몰라도 이제는 제법 맛있게 먹는 요리가 되어 버렸다.

그리고, 한가지 특이한 것은 밥 짓는 방법인데, 밥을 지을 때 솥바닥에 기름을 발라 밥이 눋지 않도록 하며, 간혹 완두(豌豆)콩을 섞어서 밥을 짓기도 하지만, 우리나라와 같이 숭늉은 절대로 마시지 않고, 밥만 기름기 있게 지어 부드럽고 맛이 좋았다.

또한, 음료수(飮料水)는 식후 뿐 아니라 날씨가 더워 아무리 갈증이 나더라도 냉수(冷水)는 절대로 마시지 않고, 뜨겁게 끓인 차(茶)를 마시는 풍습이 있는 민족이었다.

우리는 양(量)껏 맛있게 배불리 먹은 뒤 오랜만에 세수도 하고, 소금으로 이를 닦기도 하여 한동안 여유 있는 시간을 가질 수 있었으며, 신발을 한 켤레씩 얻어 갈아 신었고, 내의(內衣)는 땀과 습기로 누렇게 변색되었으나 헤어지지는 않아 그대로 입은 채 다시 출발 준비를 서둘렀다.

우리 일행이 왔던 길을 걸어나가 크리이크 언덕에 이르러 민선(民船)을 타고 정처없는 여로의 행진에 들어갔을 때, 뱃길은 비교적 순조로와 아무런 장애물 없이 일본군의 추격도 받지 않고, 약 50

제4장 / 山너머 山, 江건너 江

리쯤 빠져 나갈 수 있었다.

  이 때부터 주변에는 산과 높은 언덕이 보이기 시작했는데, 산이라야 그리 높은 산은 없고 거의 야산(野山)이며 산 사이로 호수(湖水)가 더러 보였다. 우리는 오후 2시경 아침식사를 하던 집에서 싸갖고 온 도시락을 배 위에서 맛있게 먹었다. 전방의 지형이 차차 복잡하여지자 우리는 자주 배를 갈아타면서 산과 들판을 번갈아 누비며 전진하였느데, 크리이크 언덕 아래에는 어느 곳이나 죽책(竹柵)이 쳐 있어 모든 배의 출입을 막고 있었다.

  이 죽책은 일본군이 중국군(中國軍)의 침입을 막고 점령지역을 경비(警備)하기 위하여 크리이크 양쪽 언덕을 연결해서 대나무를 엮어 물속에 쳐 놓은 것으로, 일종의 대나무 바리케이트 같은 것이다.

  이 곳에서 얼마 안 가면 중국 군대가 출몰하는 완충지대(緩衝地帶) 같은 접경에 이르게 되는 모양인데 탈출 6일째 되는 날 오후 3시경 육로에서 방향을 바꾸어 수로(水路)를 통하여 일본군 분견대(分遣隊)가 가장 많이 집결해 있다는 지역을 통과해야만 우리의 목적지에 갈 수 있다는 것이었다.

  이 근방은 일본군과 중국군이 대치상태에 있는 일선지구로서 육로이건 수로이건 간에 양군(兩軍)의 경계가 삼엄한 곳으로 이 지대를 통과하려는 것은 그 동안 도피하여 왔던 경로와는 달리 이중(二重)으로 신경을 써야 하는 복잡다기(複雜多岐)한 지점이었다.

  이곳은 잘못하여 일본군에게 발각되면 여지없이 총살당할 것이며, 또한 중국군과 마주칠 경우 우리의 정체를 확인받기 전에는 일단 교전이 벌어질 것이어서 어떠한 희생이 따를지 모를 일이고 하여 이모저모로 난처한 환경(環境)이었다.

안내인 등(鄧)씨 역시 여간 조심하는 것이 아니어서 때로는 뱃사공에게 신경질을 부리기도 하였으나, 우리들에게는 사기(士氣)를 저하시키지 않으려는 배려인지 언제나 웃는 얼굴을 하고, 공손한 태도로 나즈막하게 말하곤 하였다. 그래서, 우리도 오로지 그의 표정(表情)과 눈치를 살피며, 그저 가라면 가고 멈추라면 멈추며 비위를 맞추었다.

사공(沙工)은 배를 저어 가다가 갑자기 멈추기도 하고, 고개를 갸우뚱 거리며 되돌아 가기도 하였는데, 그럴 때마다 등(鄧)씨는 화를 벌컥 내어 야단을 쳤지만, 사공은 무슨 까닭이 있는지 없는지 말대꾸도 하지 않고, 능청맞게 그저 노를 젓기만 하였다.

하기야, 중국 사람들은 비교적 성격이 느릿해서 그러려니 생각하였지만, 이 사공을 보니 정말로 대륙적 기질(大陸的氣質)이 어떠한 것인지 알 수 있었고, 지난 날 일본군에서 초년병 훈련을 받을 때 중국군 포로들이 총살을 당하면서도 태연하게 담배를 피우며 죽어가던 장면이 머리에 떠올랐다.

갑자기 잔잔하던 강물이 파도가 구비쳐와 배가 몹시 흔들리자, 사공의 노(櫓) 젓는 동작도 빨라졌는데, 전방을 바라보니 수면이 호수처럼 넓은데다 지금까지는 한줄기의 크리이크를 지나왔으나, 동서남북 네 갈래로 수로가 갈라져 있어 갈라진 수로마다 죽책(竹柵)으로 막혀 전진도 못하고, 그렇다고 온 길을 되돌아 갈 수도 없으니 그야말로 진퇴양난이라 가장 위험한 난관에 직면하게 된 것이다.

배를 멈추고 죽책을 자세히 살펴보니 굵은 대나무를 철사줄로 엮어 물밑 바닥부터 물위 1미터 가량 울타리를 치듯 진로(進路)를 막아 놓았기 때문에 사람뿐 아니라 모든 배도 통과할 수 없게 되어 있었다.

안내인의 말에 의하면 이 곳을 지나야만 목적지에 갈 수 있고, 다른 길은 전연(全然) 없다는 것이어서 우두커니 머물고 있자니 뒤에서 당장에라도 일본군의 추격이 몰아닥칠 것 같아 점점 마음만 급해졌는데, 좀처럼 묘안이 떠오르지 않고 속수무책(束手無策)으로 속만 태울 뿐이었다.

우리는 일단 크리이크 언덕에 올라 엎드려서 사격 자세를 취하고 사방을 경계하였는데, 성(成) 동지가 느닷없이 옷을 벗어젖히더니 물속으로 첨벙 뛰어들었다. 그는 워낙 키가 커서 그런지 수면이 목에 닿을까 말까한 수심(水深)이었다.

이윽고, 김 영남(金映男) 동지가 또 옷을 벗고 물속에 들어가자 두 동지는 총을 거꾸로 들더니 개머리판으로 죽책을 후려갈기며 철사줄을 물속으로 내리쳤다. 얼마나 세차게 쳤는지 물 위에 솟아 있던 대나무가 산산조각이 나더니 죽책이 쓰러져 버렸다.

그 때였다. 멀리 우측 방향에서 일병(日兵) 2명이 이쪽을 향(向)하여 논두렁을 걸어오고 있는 것이 아닌가! 우리는 초긴장(超緊張)하여 성(成), 김(金) 두 동지를 제외하고는 5명이 일제히 총의 안전장치를 풀고, 일병의 접근을 기다리고 있었다. 그들도 우리를 발견한 듯 1발의 총탄이 날아왔으나 우리는 응사(應射)를 하지 않고 일병(日兵)의 동태만 주시하였는데, 일병은 멈추어 선 채 간간(間間)이 총만 몇 번 쏘더니 무슨 영문인지 몰라도 전진을 하지 않고, 왔던 길을 되돌아 가고 있었다. 그때서야 우리는 안도의 한숨을 내쉬며 몇 발의 위협사격만 하여 보았다.

그것은 우리 역시 갈 길이 바쁜데다 그까짓 두 명쯤 일병(日兵)을 죽여 보았자 뾰죽한 보람도 없을 뿐더러, 그들은 분명 연락병(連絡兵) 같은데, 일본군의 대부대(大部隊)가 몰려오기 전에 조금이라도 먼 거리로 빠져 나가는 것이 상책(上策)이었기 때문이다. 이렇게 각박(刻薄)한 상황이 벌어지고 있는 판국에도, 성(成) 동지와 김(金) 동지는 쉬지 않고, 개머리판을 휘둘러 우리가 타고 온 배가 충분히 빠져나갈 수 있는 길을 터 놓았다.

우리는 재빨리 배를 죽책 너머로 옮겨 놓은 뒤 다시 서쪽으로 뻗은 크리이크를 향하여 전진을 계속하여 오후 5시가 지나서야 지루했던 배에서 내려 육로(陸路)로 가게 되어 뱃사공과 작별을 고(告)하였다.

이 곳부터는 산(山)다운 산이 많아 처음으로 굴곡(屈曲) 있는 잿길과 나무숲에 둘러싸인 산길을 걸었는데, 이날 하루는 아주 위험하다는 지역을 가장 빠른 걸음으로 상당히 먼 거리를 행진하여 온 셈이었고, 황혼(黃昏)이 질 무렵 산기슭에 당도하자 우리는 휴식을 취하기로 하고 등(鄧)씨는 예(例)에 따라 정보 탐지차 근처 부락에 내려갔다.

이 곳은 주변 상황을 정확히 파악하지 않고는 함부로 행진하기가 매우 위험한지라 그 동안 밤에는 걷고 낮에는 은신하던 것과는 정반대로 밤에는 가급적 대피하고 밝은 낮에 행진하기로 하였다.

더구나 일본군이 60사단 병력을 총동원하였어도 아직껏 우리를 잡지 못했기 때문에 마지막으로 일본군 점령지역의 최후 관문인이 지역에서 대대적인 수색작전을 전개할지 모를 일이어서, 이날 밤이

제4장 / 山너머 山, 江건너 江

야말로 우리 7인 동지가 유종(有終)의 미(美)를 거두어 탈출에 성공하느냐 못하느냐의 분수령(分水嶺)이 될 것 같아 충분한 각오로 경계하도록 서로를 격려하였다.

차가운 달빛은 나뭇가지 사이로 비춰와 모처럼 이국(異國)땅에서 바라보는 달빛이어서 향수어린 정취가 느껴지기도 했으며, 멀리 은(銀)빛으로 깔려 있는 크리이크의 수면이 아름답게만 보였으나 저 넓은 수면이 사방으로 연결되어 있어 우리들은 마치 크리이크에 둘러싸인 섬 가운데에 갇혀 있는 것 같았다.

밤이 상당히 깊어서야 등(鄧)씨는 돌아왔는데 자기딴에는 미소를 지으며 명랑한 표정이었으나 무슨 까닭인지는 몰라도 추측하건데, 중국 군대가 주둔하고 있는 가까운 지점에 이른 것 같아 더욱 안심이 되었다.

이윽고, 우리는 그를 따라 일렬 종대로 야행(夜行)을 시작하여 산길을 걷고 걸어 오강(吳江)에서 서남쪽에 있는 태호(太湖)의 남단을 향하여 전진을 계속해 갔다. 두 시간쯤 걷는 도중 별다른 상황은 일어나지 않아 다행이었으며, 안내인 등(鄧)씨는 오늘 따라 더욱 활기가 있어 보였다.

그는 가끔 장 개석(蔣介石) 총통 이야기를 끄집어 내어 엄지손가락을 보이면서 중국에서 최고(最高)로 훌륭한 분이라고 추커 올리고, 우리 7인 동지들이 그분에게 창찬(稱讚)을 받을 것이라고 연신 '호호(好好)'를 외치면서 기뻐하였다.

내가 생각하기에는 우리의 탈출이 성공될 경우 안내를 맡았던 그는 중국 군부로부터 응당 논공행상(論功行賞)이 있을 것을 기대하고 있는 것 같았다. 아무튼 등(鄧)씨는 우리에게는 말할 수 없이 고마운 분이었다.

  비록, 비천하고 무식하게 보이는 인물이었지만 그 많은 위험을 무릅쓰고 만난을 극복(克服)하며, 우리를 인도한 희생정신이나 멍청하리만큼 용감(勇敢)한 그의 의협심(義俠心)은 농촌에 묻혀 사는 농부일망정 무명(無名)의 용사가 아닐 수 없었다.

  산길은 평야부(平野部)와는 달라 그 동안의 논, 밭길 행진 때보다 훨씬 힘이 들어 옷이 땀에 흠뻑 젖어들고, 숨마저 거칠어져 우리는 깊숙한 골짜기를 걸어 내려 가다가 잔잔하게 고여 있는 맑은 물가에서 잠시 쉬고 있노라니, 난데없는 포성(砲聲)소리가 세발이나 연거푸 골짜기에서 메아리쳐 들려왔다.

  우리는 깜짝 놀라 산꼭대기를 향하여 달려 올라가 보니 우리가 지나온 크리이크 저쪽 하늘이 대낮같이 훤하게 보이는 것이 일본군이 쏘아 올린 조명탄(照明彈)이 분명하여 우리가 그 곳에 조금만 지체하고 머물러 있었더라면 영락 없이 큰일 날 뻔한 상황이었다.

  우리가 떠난 후, 늦게 당도한 일본군(日本軍)이 밤이 되자 주변을 수색(搜索)하려고 조명탄을 쏘아 올린 모양인데, 오히려 우리에게 그들의 위치를 알려 준 결과가 되었다. 우리는 지체 없이 서둘러 산을 내려가 넓은 들판을 다시 행진하여 갔다. 산길보다 들길은 걷기는 수월하나 지형지물(地形地物)이 없어 멀리서도 발견되기 쉽고 만일의 경우 은신하여 대피할 곳이 없어 매우 위험한 지역이므로 빨리 달려가다시피 하였다.

  그러고보니, 밤은 꽤 깊어갔고 피로는 극도에 이르렀고 땀에 젖은 옷이 마를 사이도 없어 으스스 한기(寒氣)마저 느껴지며, 이제는 일병이 우리 뒤를 바짝 쫓아온다 하여도 도망칠 수 없을 정도로 기진맥진(氣盡脈盡)하여 다만 현재 위치에서 항전할 수 밖에 없었다. 따라서, 우리는 생명에 대한 애착심보다도 그저 일본군에 대한 적개심(敵愾心)만 더욱 더 끓어 올랐다.

시간은 흘러 먼동이 틀 무렵, 산밑에 보이는 부락 어구에 이르러, 등(鄧)씨는 동리 안으로 들어가고, 우리는 논두렁에 기대어 앉아 잠시 휴식을 취하였으나 워낙 배가 고픈지라 이때 심정 같으면 독약(毒藥) 말고는 무엇이든지 닥치는 대로 먹을 것만 같았다. 고언(古言)에 의식족이 지예절(衣食足而 知禮節)이란 말이 있으나, 이 말은 너무나 사치스러운 표현이고, 어디까지나 식욕(食欲)이 인간의 욕망 중에서 으뜸가는 것이라고 골수(骨髓)에 사무치도록 깨달았다.

제 5 장 ●●●●

쫓기면서도 怨讐를 갚고

— 일군 추격에 보복 작전 —

　이런 생각 저런 생각에 잠기고 있을 때, 여느 때 같으면 몇 시간은 걸렸을 터인데, 이날 따라 예상외로 등(鄧)씨가 한 시간도 채 못되어 뛰면서 돌아왔다. 더구나 밝은 표정에다 미소 띄운 말로 "썬쌩(先生) 썬쌩 호디(好的) 호디" 하며, 무엇인가 잘 되었다는 표현이었다.
　우리는 다시 소생한 듯 모두 벌떡 일어나 그의 뒤를 따라 동리로 들어가 보니, 사람들이 아직 일어나지 않았는지 행인도 없고 개 짖는 소리도 없는 아주 조용한 빈촌(貧村)이었다. 언뜻 보기에 10여 가구가 사는 작은 부락이었고, 위쪽에 자리한 비어 있는 듯한 집에 들어가 안쪽에 있는 방으로 안내되었다.
　등(鄧)씨는 이웃집에 가서 두 사람의 중년층 남자를 데리고 들어왔는데, 두 사람 중 한 사람은 거구(巨軀)였고, 한 사람은 키가 아주 작은데다 눈은 크고, 이마가 벗겨진 청의(靑衣)차림 들이었다.
　그 중 작은 사람이 담배갑을 찢더니 그 종이에다 '환영 한국동지

(歡迎 韓國同志)'라 써 보이었다. 필치(筆致)로 보나 용모로 보아 그들이 유식층 인물이란 생각이 들었으며, 그는 이윽고 자기 소개를 하기를 키 큰 분은 왕 지우(王志羽) 대장(隊長)이고, 자기는 왕 운중(汪雲中) 참모(參謀)라 적어 보였다. 참으로 상상밖의 반가운 친구들을 만나고 보니 기쁜 마음 가눌 길 없었으며, 이들과 나와의 필문필답(筆問筆答)이 시작되었다.

알고 보니 그들은 충의구국군(忠義救國軍) 유격대(遊擊隊)로서 1개 소대를 편성하여 전방 작전에 참가하고 있었으며, 등(鄧)씨로부터 우리들 7인 동지의 의거(義擧)를 설명듣고 대기중이었다는 요지였다. 그리고, 앞으로 자기들과 행동을 같이하며, 후방에서 연락이 올 때까지 근방에 있는 일군(日軍) 분견대(分遣隊)를 습격하여 전과를 올리자는 요청이었고, 우리는 수일전에 편의대(便衣隊)에게 탈취당했던 기관총을 찾아야겠다는 의사 표시를 하였다.

여기서, 우리는 일군의 맹렬한 추격을 벗어나 구사일생으로 우군(友軍)을 만난 것 같아 탈출은 일단 성공한 셈이었으나, 그들이 요청한 작전 참가(作戰參加)는 선뜻 찬동할 문제가 아니어서, 나는 신중히 동지들과 심사숙고해 봐야겠다는 의사 표시를 하였다.

그러자, 식사 준비가 되었다는 연락이 와서 우리들은 뒷집으로 자리를 옮기었는데, 그 집에는 왕 대장 부하들이 많이 있었고, 총을 든 보초가 문전에 서 있었다.

식사는 각종 중화요리와 술을 곁들여 푸짐한데다 그들의 대접이 극진한지라 마치 환영연에 초대된 기분이었다.

우리들은 오랜만에 마음 놓고 배불리 맛있게 먹고 나서 마당가에 모두 모여 앞으로의 활동을 어떻게 할 것인가에 관하여 긴급 숙의

(熟議)에 들어갔다.

　상의할 문제의 촛점은 그들 요청대로 일군 분견대 습격에 동참 (同參)하느냐 그렇지 않으면 우리가 좀더 깊숙히 안전지대까지 간 다음에 상황판단을 하여 참전(參戰) 여부를 결정하느냐의 양단간 (兩端間)에 당장 결론을 내려야 할 판국이었다.

　그러나, 갑론을박(甲論乙駁)하여 좀처럼 결론이 나지 않아 애를 태운 것은, 성(成) 동지를 비롯하여 김 영남(金映男), 박 영(朴英) 동지 등은 왕(王) 대장 요청대로 참전하자는 것이었고, 나를 위시하여 정(丁), 김(金), 최(崔) 동지 등 네 사람은 반대 의사이어서 합의가 잘 이루어지지 않았다.

　나는 주장(主張)하기를 우리가 7일간의 도피과정에서 구사일생으로 겨우 오늘에 이르렀는데, 아무런 생명의 보장(保障)도 없이 일군에 도전한다는 것은 무모한 짓이며, 하루빨리 일군 점령지역을 완전히 벗어나 중경(重慶)에 있는 우리나라 임시정부와 연락하여 그후 대의명분(大義名分)을 찾아 독립투쟁에 참여하자는 것이었으나, 성(成) 동지측 의견은 여기까지 우리가 무사히 탈출한 것은 천우신조(天佑神助)도 있었겠지만, 중국인들 덕택으로 위험한 고비를 무수히 넘겼으니, 그 은혜에 보답하기 위해서라도 그렇고, 만약 그들의 뜻을 거절할 경우 우리를 의심하여 어떠한 사태가 야기될지 모르는 일이 아니냐면서, 차라리 선뜻 호응하여 용맹을 과시하는 것이 현명하다는 주장이었다.

　우리는 각자의 생명에 직결되는 문제이니만큼 심각하게 생각하여 대처하지 않으면 안되겠기에, 한참 동안 머리를 조아리고 무거운 침묵(沈默)이 흘렀다.

이것은 일군 탈출 이후 처음 있는 의견차이(意見差異)였고, 공생공사(共生共死)의 숙명적인 7인 동지의 인연(因緣)에 조금이라도 금이 가서는 안 될 일이므로, 단순한 상황판단의 견해차이에 불과했지만 여간 신경이 쓰여지는 게 아니었다.
　즉, 어느 쪽 의견이 옳고 그르냐가 문제가 아니라, 조국광복을 위하여 우리가 갈 길은 오로지 하나겠지만 그 과정이 여러가지 방법이 있을 수 있는 것이어서, 나는 냉정하게 즉각 단안(斷案)을 내려야 할 실정을 감안하여 내 주장을 꺾고, 성(成) 동지 의견에 따라야겠다고 마음먹었다.
　왜냐 하면, 안내인인 등(鄧)씨의 향배(向背)가 문제였고, 이 지역의 지리와 주변정세에 전혀 아는 바 없으며, 공연히 그들의 비위(脾胃)만 거슬여 놓았다가 뜻하지 않은 오해로 분열(分裂)이 생긴다면 다 된 밥에 재 뿌리는 격이오, 십년공부 도로 나무아미타불로 끝장이 나 버려 그 동안의 모사가 수포로 돌아가고 말 것이기 때문이었고, 또 다른 이유는 언제 싸워도 일군과의 전투는 불가피한 지상명제(至上命題)란 생각 때문이었다.
　마침내, 우리는 왕(王) 대장과 합세하여 일군 분견대 습격에 기꺼이 동참하기로 결론짓고, 7인 동지들의 의견을 통일하여 나는 왕(汪) 참모에게 다가가서 연필로 '찬성(贊成) 일군 습격' 이라고 써 보였다.
　왕(王) 대장과 왕(汪) 참모는 권총을 차고 있었고, 부하 대원들 6명은 소총을 메고 있었는데, 총이 낡아서 제대로 기능을 발휘할 수 있을까 의문이 갈 정도로 골동품 같은 고물이었다. 왕 대장은 호주머니에서 구겨진 지도를 꺼내어 펴 보이면서 왕 참모를 시켜 우리에게 작전계획을 설명하라고 지시하자, 우리 동지들은 왕 참모를 중심으로 둘러앉아 지도(地圖)를 보는 것보다도 무어라고 말을 하는가에 관심이 쏠렸다.

왕 참모는 종이 쪽지에 작전내용을 약기(略記)하였는데, 즉 이곳에서 약 40리쯤 떨어진 곳에 있는 일군 분견대를 습격하려는데, 적의 병력은 약 30명으로 일병(日兵)은 분견대장 이하 9명뿐이고, 나머지는 화평군(和平軍)이라는 요지였다.

그런데, 그 동안 우리를 이곳까지 안내하여 왔던 등(鄧)씨가 섭섭한 표정을 지으면서 우리를 바라보더니 이윽고 눈물을 뚝뚝 흘리고 있었다. 갑자기 무슨 영문인지 몰라 나는 등씨를 껴안으며, 왜 그러느냐고 물어 보았으나 그는 한참 동안 말을 하지 않고, 비통한 얼굴로 고개를 떨구더니 이제는 할 수 없이 우리와 작별(作別)을 해야 한다고 두 손으로 얼굴을 가리며, 목메인 소리로 말하였다.

그는 이어서 말하기를 오늘부터 우리 7인 동지를 왕(王) 대장에게 맡기고, 자신은 지금까지 왔던 길을 되돌아 가야만 한다는 것이어서, 이 말을 들은 우리는 왕 대장에게 등씨도 우리와 같이 동행하도록 간청(懇請)했으나, 그는 우리들에게 웃음으로 거절했지만 등씨에게는 냉정한 태도로 비웃는 표정이었다.

왕 대장의 거절하는 이유는 등씨가 그 동안 취한 행동은 개인적인 입장을 떠나서 중화민국 국민이라면 누구나 해야 할 일을 당연히 하였을 뿐이라고 힘주어 말하면서, 등씨는 일개 농민으로서 차후로는 그의 본업에 종사해야 하니 전투를 하는 부대에 머물러 있을 하등의 까닭이 없다며, 등(鄧)씨 문제는 자기에게 일임하고, 이곳에서 돌려 보내야 한다는 것이었다.

그러나, 우리로서는 6일 동안 동고동락(同苦同樂)하며, 생사의 기로에서 살아 남을 수 있었던 것도 오로지 안내인의 덕택이요, 은공이었다는 것을 마음속 깊이 느끼고 있는지라, 그와의 이별은 견딜 수 없는 슬픔이었고, 가능하다면 우리가 가고자 하는 목적지까지 동행했으면 얼마나 좋을까 생각하니 마음에 몹시 걸리어, 왕 대장에게 그것이 절대 불가능하다면 그의 공로(功勞)에 대한 응분의 포상(褒賞)이라도 하여 주도록 다시 한번 건의(建議)하였으나, 그는 끝내 냉랭하여 우리들도 피동적(被動的) 입장에서 더이상 무어라고 재삼 말할 수 없어, 기암 어느 때이고 헤어질 바에야 떳떳이 석별(惜別)의 정을 나누며, 그의 전도를 축복하여 주는 길밖에 없었다.

우리는 모두 눈물을 머금고, 그에게 달려들어 포옹하고 악수를 교환하면서 언제 어디서 다시 만날지 모르는 기약없는 작별을 고하고, 그의 앞날에 행운이 깃들기를 충심으로 기원하였다. 등(鄧)씨는 울음을 참지 못하며, 무거운 발걸음을 동쪽 길로 옮기어 떠났는데, 나는 정말로 섭섭한 심정을 억누를 수 없었으며, 쏟아지는 눈물을 참는 데 애를 먹었다.

이 곳은 오강(吳江)에서 평망(平望)을 향하여 서남쪽에 위치한 어느 진(鎭)인 것 같았으나, 등씨를 동쪽으로 떠내 보내고, 우리 일행은 서남쪽으로 향발하였다. 충격적인 상심(傷心)을 하여 그런지 다리 힘이 풀리어 발걸음이 몹시 무거웠는데, 등(鄧)씨의 뒷모습이 보이지 않을 때까지 우리는 몇 번이고 뒤돌아 보며, 그가 귀로에 무사하기를 다시 한번 진심으로 기원하였다.

이제부터 우리 일행은 15명으로 불어나 왕 대장을 선두로 우리 7

인 동지와 그의 대원 6인이 사이사이에 끼어 대오(隊伍)를 짜서 행진하였다. 안내인이었던 등(鄧)씨 대신 왕 대장을 비롯하여 여러 명의 중국 군인들과 동행하게 되니 지금까지보다는 심심하지 않았고, 특히 왕 참모는 내 옆에서 그때그때마다 종이쪽지에 글자를 써가며 상황(狀況)을 설명하였고, 중요한 일이 있으면 곧바로 알려주었으며, 또한 서투른 중국어를 한자(漢字)로 써가면서 한마디씩 일용회화(日用會話)도 가르쳐 주었다. 그뿐 아니라 앞으로는 식사 걱정이나 주변의 환경에 대하여 공포심을 덜 가지게 되어 한결 홀가분한 마음으로 활동할 수 있었다.

그러나 지난 1주일 동안은 안내인을 따라 단순히 안전지대를 찾아 도피하는 것이 주목적(主目的)이었으나, 이제부터는 능동적으로 유격대(遊擊隊)를 편성하고 일군(日軍)을 습격하여 그들을 사살하고 무기를 노획(鹵獲)하며, 또한 일선 경비망을 파괴하여 적의 전력을 둔화시키기 위한 적극작전(積極作戰)에 참가하게 되었으므로 언제나 전투태세를 갖추어야만 했다. 뿐만 아니라, 우리는 용맹을 떨쳐 목전에 닥쳐 올 전투에서 대한의 남아답게 적개심으로 똘똘 뭉친 원한을 풀고 조국광복을 위하여 보복할 수 있는 절호의 기회가 왔다고 생각되어 각자 새로운 결의를 다짐하였다.

원래 중국의 유격대는 식량을 휴대하지 않는 것 같아 식사 때가 되면 인근 농가에 들어가 식사를 제공받는 모양이었다. 그리고 전방에서 주어진 임무(任務)가 끝나면 후방에 있는 부대에 돌아가 새로운 명령을 받아 활동하는 것이었다.

나는 행진을 하며 곰곰이 생각해 보니 이번에 수행할 작전목적이 당연하다고 하겠지만 우리가 참가하게 된 동기와 방법이 수동적(受

動的)인 입장에서 왕 대장의 제의에 따른 것이 되어 떳떳하지 않았으나 앞으로 주체의식(主體意識)을 갖고 오히려 우리들이 그들의 힘을 빌어 앞장서서 투쟁해야겠다는 결의를 하게 되었다.

행진 도중 휴식시간에는 총기손질을 철저히 하여 언제 벌어질지 모르는 일전(一戰)에 대비하였으나 나는 기관총을 탈취당한뒤 무기(武器)가 없어 허전하였지만 정 동지의 총을 교대로 메고 가면서 형편에 따라 중국 총을 사용하기로 하였다.

우리 7인 동지의 사기(士氣)는 충천하였고 전우애로 굳게 뭉쳐 응전(應戰)태세가 물샐틈 없이 어떠한 적이라도 격퇴시킬 수 있다는 돌격부대 같았으며 왕 대장과 그의 대원들도 설령 무기는 보잘 것 없어도 전의(戰意)만은 대단하여 수 많은 유격전에서 사경(死境)을 넘은 강인한 전사(戰士) 같아 믿음직스러웠으며, 인원도 15명이면 일군(日軍) 몇 개 분대쯤은 문제삼을 것 없는 정병(精兵)이라 자부심마저 가졌다.

대지(大地)의 봄볕은 날이 갈수록 따사로와 하루하루 기온이 달라져 멀리 지평선상에 아지랭이가 일고, 수양버들 가지에는 새싹이 터져나올 듯 푸르게 물을 머금고 있었으며, 일망무제(一望無際)한 중원(中原)의 들판에는 황색의 유채화(油菜花)가 피기 시작하여 고향의 4월을 연상하게 하였고, 단란하던 집안 생각이 문득 떠올라 나도 모르게 어머님 생각이 간절하여 며칠만에 다시 한번 그리운 부모님 사진을 꺼내 보며 동지들 몰래 눈물을 흘렸다.

몇 리나 걸었을까 누구에게 물어볼 수도 없고, 몇리나 남았을까 알아볼 수 없는 행진, 평지를 걷다가 강을 건너면 산을 넘고, 정오(正午)를 훨씬 지나서야 허술한 민가에 들어가 쉬게 되어 대원 중

두 사람이 정찰(偵察)차 떠나갔는데, 나는 아침에 작별한 등(鄧)씨의 안부가 궁금하고 안타까운 심정이 되살아났다.

그 동안 우리를 안전하게 안내하느라고 몇 번이나 위험한 고비를 넘겼던가! 그 길을 혼자서 돌아가는데 얼마나 쓸쓸했을까! 생각하니 군대란 냉정한 사회임에 틀림없어서 그의 소박한 성품과 강력한 의협심이 새삼스럽게 주마등(走馬燈)처럼 나의 뇌리를 스쳐 지나갔다.

이 곳은 소주(蘇州)에서 200여리 떨어져 있어 그런대로 안전지대(安全地帶) 같았지만, 우리를 추격 중인 일군 호꼬(矛) 60사단 병력은 아직도 수색을 멈추지 않았다는 정보를 들었기에 어느 때 어디에서 일군(日軍)이 출몰할 지 몰라 주간 행진은 그리 용이한 문제가 아니었다.

부락에서 점심을 마치고 약간의 휴식을 취하고 있을 때, 왕 참모가 다가와서 우리가 일군 습격에 성공하면 후방에 있는 중국 충의구국군(忠義救國軍) 본부에 호송될 것이라는 뜻을 적어 보였다.

충의구국군이라 함은 중화민국 정규군 다음가는 군대로서 장 개석(蔣介石) 총통을 도와 부인(夫人)인 송 미령(宋美齡) 여사가 이끄는 군대이며 본부는 강서성(江西省) 상요(上饒)에 주둔하고 있었고 총사령관은 마 지초 대장(馬志超大將)이었다.

그러고 보니 왕(王) 대장은 바로 그 충의구국군 소속의 유격대장(遊擊隊長)이었고, 안내인이었던 등씨와는 직접 간접으로 접선되어 있어 사전연락을 받아 우리들 정체(正體)를 미리 파악하고 마중을 나와 우리를 본부까지 안전하게 호송하는 도중에 우리와 합세하여 일군(日軍)을 공격하고 다대한 전과를 거두어 피아(彼我)의 전공(戰功)을 세우려는 계획인 것 같았다.

여하튼, 우리는 한번 결심한 이상, 우리와 그들이 공동적으로 일군을 기습 섬멸하여 전승(戰勝)을 기(期)해야겠다는 비장한 결의를 하였다.

후일에 알게 된 사실이지만, 중국 대륙에는 각종 군대가 조직되어 있어 그 근거지와 명령 계통을 달리하고 있었다. 장 개석(蔣介石) 총통 직계인 정규군(正規軍) 일명 국부군(國府軍), 충의구국군(忠義救國軍), 모택동(毛澤東)직계인 연안군(공산군), 일명 팔로군(八路軍), 신사군(新四軍), 그리고 왕 주명(汪兆銘)의 화평군(和平軍)과 사이비(似而非) 군대인 마적대(馬賊隊), 비적대(匪賊隊) 등 다양한 편성이었다. 연안군은 북지(北支) 연안(延安)에 본부를 둔 공산군이며, 신사군(新四軍) 즉 신편 제 4군(新編第四軍)은 연안군의 전위부대로서 양자강을 중심으로 남부지방에서 활동하고 있었다.

다른 나라 군대와 달라 특이한 것은 정규군이나 공산군이나 일본군과 싸울 때는 합세하였다가, 일단 일군이 후퇴하거나 정전(停戰)이 되면 총뿌리를 서로 맞대고, 정규군과 공산군, 즉 중국군(中國軍)끼리 치열한 전투가 전개되어 같은 민족끼리 피를 흘리고 있었다. 우리나라에서의 해방 이후 대한민국 국군과 이북 괴뢰군과의 대치상태와 비슷한 현상이었다고 할 수 있다.

어느 나라 군대이건 명령 계통이 뚜렷한 단일조직(單一組織)인 것이 상례인데, 유독 중국(中國) 군대만은 소위 일본제국이 말하는 북지사변(北支事變), 지나사변(支那事變)을 거쳐 대동아전쟁(大東亞戰爭)에 이르기까지 대규모의 국내전쟁을 치르면서도 그들 국토

내에서 사상, 조직과 명령 계통이 다른 여러 갈래의 군대가 존재하여 좌충우돌(左衝右突)하고 있었으니 그야말로 내우외환(內憂外患)이 교차되어 중국 대륙의 고산지대인 서부지방을 제외하고는 거의 일군에 점령당하여 국토가 초토화되고 만 것이었다.

해가 서산에 걸칠 때까지 정찰차 나갔던 대원이 돌아오지 않았고 아무런 중간 연락도 해 오지 않아 모처럼 우리는 총을 세워 둔 채 낮잠을 실컷 잤다.

그 동안 우리끼리 행진할 때보다 마음이 놓였고 보초도 왕 대장의 부하가 서 주었기 때문에 비교적 안심이 되어 잠을 푹 잤던 것인데 잠에서 깬 우리들은 너무 방심하여 경각심을 소홀히 한 것을 뉘우치며 다시는 그런 일이 없도록 각자 자각하여 일제히 일어나 간단한 운동을 하며 출발준비를 서둘렀다.

왕(汪) 참모는 웬일인지 좀처럼 우리 앞에 나타나지 않아 궁금하여 기다릴 수 밖에 없어 다시 주저앉아 담배를 피우려 했으나 담배가 모두 바닥이 나 우두커니 기다리자니 따분하기만 했는데 어둠이 질 무렵에야 침통한 표정을 하며 왕 참모가 돌아왔다.

까닭인 즉, 애당초 계획이 차질(蹉跌)을 가져와 행군 방향과 작전 수정이 불가피하게 되어버린 모양이어서 우리가 통과 예정이었던 지역이 일군의 병력 강화로 승산(勝算)이 없고 위험하여 상당한 거리를 우회(迂廻)하여야만 한다는 것이었다.

그러므로, 목적지에는 새벽녘에나 도착할 것 같다는 것이어서 우리는 밤길을 약간 걸은 뒤, 이웃 동리에 들어가 저녁밥을 먹었으나 저녁밥이라기보다 밤참이라고 하는 것이 옳을 것이다. 식사를 마친 후 우리 대원 일동은 일병이 수색중이라는 모모(某某) 부락을 피하여 밤새도록 걸어 갔는데, 주변 논에는 물이 가득차 있어 달빛이 반사되어 은세계(銀世界)를 이루었고 개구리의 평화로운 합창은 요란스러우면서도 정취를 느끼게 하여 춘수만사택(春水滿四澤)이란 글귀는 이 광경을 두고 한 말이었으리라!

왕(王) 대장은 행진 도중 가끔 일행을 정지시켜 놓고, 혼자 주변을 정찰한 뒤 다시 행진을 지시하기도 하여, 동이 틀 무렵에 들판을 벗어나 야산길로 접어들었다. 그 때였다. 왕 대장이 갑자기 우리를 정지시키고, 땅에 엎드려 전방을 살펴보더니 일군 분견대가 보인다고 나즈막하게 말하였다.

우리가 보아도 멀리 희미하게나마 민가틈에 높다랗게 솟아 있는 일군 초소대(哨所臺)를 발견할 수 있었다. 그 곳이 바로 우리가 목표(目標)로 하고 있는 일군 분견대여서 왕 대장과 우리 7인 동지는 머리를 맞대고 작전을 짜기에 여념(餘念)이 없었다.

아! 드디어 우리 7인 동지가 탈출 후, 처음으로 일군(日軍)과 맞서 복수의 총뿌리를 들이대는 전투(戰鬪)가 벌어지게 된 것이다.

공격 대열은 우리 7명이 선두에 섰고 왕 대장은 중간에 기타 대원들은 후미의 순서로 일보일보 초소를 향하여 전진하여 갔다.

우리가 선두에 선 것은 일본어(日本語)로 보초와 대화를 할 수 있고, 38식 소총으로 무장하였기 때문에 변장(變裝)한 일본군처럼 현혹(眩惑)시켜 위장작전(僞裝作戰)을 펴기 위하여 자진해서 앞장 섰던 것인데, 우리의 작전은 적중(的中)하였다.

우리가 태연하게 서슴치 않고 분견대 정문을 향하여 행진하자 일병 보초는 총뿌리를 들이대며 "누구냐?"고 소리를 질렀는데, 맨 앞에 섰던 나와 박 동지가 "수고한다. 우리는 토벌작전차 이곳에 왔다. 이상 없나?"하고 대담한 태도로 반문(反問)했다.

보초는 총을 세우며 이상 없다고 경례를 하며 보고하였는데, 그 때 왕 대장이 권총을 쏘아 보초를 그 자리에 쓰러뜨리고 전대원이 물밀듯이 병사로 뛰어 들어갔다.

정 동지와 최 동지는 전화통과 무기고의 문짝을 개머리판으로 쳐 부수면서 적과 대치하였고, 나와 성 동지, 박 동지, 그리고 두 김 동지는 병사 안으로 뛰어 들어가 총을 난사(亂射)한 뒤 제 2병사로 달려가 총소리를 듣고 뛰쳐나와 대항(對抗)하는 일병들을 모조리 사살하였다.

아직 이른 새벽인지라 깊은 잠이 들었던 적병들은 미처 대항하여 싸울 태세를 갖추지 못하고 청천벽력(靑天霹靂) 같은 기습에 혼비백산하여 몰살당하고 만 것이다. 화평군(和平軍) 대원들은 재빨리 일부는 도망치고 나머지는 생포(生捕)되었으나 무장을 해제하여 돌려보냈다.

단 30분 안팎의 숨막히는 기습전(奇襲戰)을 성공리에 끝내고, 소총 30정과 탄환 500발을 노획하여 전원 무사하게 개가(凱歌)를 올리며 일군(日軍)분견대 영내를 유유히 빠져나왔다.

이 분견대는 오강진(吳江鎭)에 위치한 교통상 요충지(要衝地)에 주둔한 비교적 규모가 큰 분견대였고, 노획(鹵獲)한 무기도 그 성능이 좋아 전리품치고는 값진 것이어서 우리는 혁혁(爀爀)한 무공을 세운 셈이 됐다.

이리하여, 전대원들은 의기양양하게 콧노래를 부르며, 약 2킬로미터의 거리를 단숨에 걸어나와 조그마한 재를 넘어 잠시 휴식을 취하는 동안, 우리는 울분을 푼 희열감(喜悅感)에 사로잡혀 동지애

제5장/쫓기면서도 *怨讐*를 갚고

(同志愛)를 만끽하며, 마냥 흥분의 연속이었으나 냉정을 되찾기 위하여 숨을 길게 내뿜으니, 총에 맞아 쓰러진 일병들의 최후 모습이 아른거리고, 신음하던 비명소리가 귓전에 울려와 나의 신경을 자극하여 만감(萬感)이 착잡하였다.

살인(殺人), 나는 분명히 살인을 한 셈인데 과연 어찌하여 무엇 때문에 누구를 위한 살인이란 말인가? 그러나, 그것은 결코 살인은 아니다. 내 자신이 비굴하고 무의미하며, 억울한 죽음을 면(免)하기 위하여 어쩔 수 없이 행한 불가피한 정당방위(正當防衛)이며, 적을 죽이지 않으면 내가 죽어야 하는 절체절명(絕體絕命)의 막다른 판국인지라 어디까지나 내 자신이 살아 남기 위한 최후수단(最後手段)이며, 민족을 위한 분노의 복수였다.

적군으로서 그들 스스로 묘혈(墓穴)을 파고, 죽음을 택한 것이나 다름없다고 전쟁에 있어서의 살인에 대한 정의(定義)를 내 나름대로 내려 보았다.

왕(王) 대장과 왕(汪) 참모는 우리 7인 동지에게 일일이 악수를 청하면서 용맹을 찬양하며 경탄해 마지않았다. 그리고, 부락민 5명을 동원하여 전리품(戰利品)인 총과 탄환을 나누어 운반케하니 일행은 이제 20명으로 늘어나서 전시편성(戰時編成) 3개분대 병력은 갖춘 셈이고 노획한 소총과 탄환으로 재무장(再武裝)하여 강력한 전투력을 보유하게 되었다.

모두 승리의 쾌감에 빠져 긴장이 풀린 것 같았다.

그러나 우리들은 왕(王) 대장이 말하던 일본이 점령하고 있는 최전선(最前線)인 태호(太湖) 근처의 왕 정위(汪精衛) 치안경찰대(治安警察隊) 습격을 눈 앞에 두고 있었기 때문에 승리에 대하여 만족하고 안일(安逸)한 생각으로 흥분할 틈이 없었다. 일병(日兵) 몇 명의 사살로 우리의 소원이 풀린 것도 아니고 아직 탈출의 목적도 달성된 것이 아니었다.

우리 7인 동지는 2차 세계대전이 끝나는 그 날까지 일제와의 투쟁을 계속해야 할 것이며 항일운동(抗日運動)은 일병(日兵) 개개인(個個人)에 대한 감정과 살해(殺害)에 있는 것이 아니고 우리 국가와 민족을 침략한 일본제국(日本帝國)과 그의 추종(追從)세력의 타도에 있으므로 우리 7인 동지는 승리의 그날까지 계속 투쟁해야만 했다. 그러기에 이제부터 습격하려는 경찰대도 우리의 적(敵)이 아닐 수 없었다.

이곳에서 말하는 화평군(和平軍)이란 중화민국(中華民國)의 역적(逆賊)이며 일제(日帝)의 앞잡이 왕 정위(汪精衞) 일명 왕 조명(汪兆銘)이 지휘하는 군대였다.

이들은 일군과 연합하여 주로 일본군이 점령한 지역 안에 주둔하고 있으면서 치안과 전투의 임무를 맡았고 일제(日製)무기로 무장되어 있어서 비교적 전력이 강한 편이었다.

일본 분견대(分遣隊)를 습격한 후 오래간만에 숲이 우거진 야산(野山)길을 몇 시간 계속 행진하였다.

해는 중천(中天)에 뜨고 허기진 뱃속에서는 꾸르륵 소리가 연거푸 났다. 그도 그럴 것이 새벽부터 지금까지 아무것도 먹지 못했거니와 전투에 소모된 정신과 육체의 긴장이 풀리면서 자연히 나타나는 생리현상이었다.

"이 중요한 시기에 병이라도 난다면 어찌할 것인가" 슬며시 근심도 하였지만 우리 7인 동지는 누구하나 건강에 이상이 없었고 강인

한 체력을 유지하고 있으니 "이는 신의 가호가" 아닌가 싶었다. 높고 깊은 산은 아니지만 우거진 숲이 제법 두메산골을 연상케 하는 오솔길을 내려갈 무렵 왕(汪) 참모가 대열에서 벗어나 나에게 다가왔다.

동지들은 걸음을 멈추고 왕(汪) 참모를 주시했으며 나는 그가 넘겨준 쪽지를 읽고 나서 동지들에게 보여주었다.

그 내용은 "오솔길"을 따라 얼마 않가서 작은 부락이 있고 그 부락에서 식사를 할 예정인데 왕(王) 대장과 우리들은 이 숲 속에서 앞으로의 겸찰대 습격 작전계획을 세웠으면 좋겠다는 것이었다. 우리 7인 동지는 왕(王) 대장의 제의에 모두가 찬성하였다.

왕(王) 대장도 그렇게 생각했겠지만 부락이나 인가안에서 모의한다는 것은 보안상 좋지 않을 뿐만 아니라 우리 일행중에는 일반인도 5명이나 있었기 때문에 조용한 산속에서 휴식을 취하며 작전계획을 세우는 것이 당연한 일이었다.

왕(王) 대장은 호주머니속에서 구겨진 지도를 꺼내 땅위에 놓고 우리 동지들은 그를 중심으로 둘러앉아 그동안 일군에서 배우고 훈련받은 공격 요령과 작전 방법을 연상하며 머리를 맞대고 지혜를 짜냈다. 이번 전투는 지난 3월 10일 일군을 탈출한 후 우여곡절(迂餘曲折) 몇 번의 사선(死線)을 넘긴 일본의 점령지역을 완전히 벗어날 수 있는 마지막 기회일 뿐 아니라 반드시 지나 가야 할 교통의 요지로서 숙명적(宿命的)인 일전(一戰)이 아닐 수 없었다.

한 시간 이상 숙의(熟議)를 거듭한 끝에 작전계획은 일단 그 윤곽이 들어났다. 우리가 파악한 적정(敵情)은 대개 아래와 같았다.

적은 일개 중대 편성으로 약 40명의 병력이고 그 중에는 일병(日

兵)도 5명이상 배치되어 주로 작전지시(作戰指示)와 연락을 맡고 있다는 것이다.
　부대 위치는 부락의 우측 야산 언덕 밑에 있는 이동(二棟)의 건물로 한 쪽은 병사(兵舍)고 또 한 쪽은 창고라고 했다. 그리고 병사 앞에는 태호로 가는 길이 있고 그 길 밑에는 논과 밭이 있는 넓은 평지이며 부락의 후면은 야산(野山)지대로 숲이 우거져 있다는 것이었다.
　공격 개시는 해가 진 후 야습으로 결정하고 더 자세한 것은 부락에 접근하여 상황을 소상히 파악한 후에 결정키로 했다.
　모의한지 한 시간이 훨씬 넘어서 식사준비가 다 됐다는 전갈을 받고 조그마한 동네에 들어갔으나 우리 일행도 20명으로 불어 같은 장소에서 동시에 식사를 할 수 없었다.
　우리 일행은 세 군데로 분산되어 모처럼 동지끼리 허술한 농가 마당에서 오붓하게 오리알과 죽순요리로 점심겸 저녁식사를 맛있게 들었다. 식사가 끝나고 행군이 시작되기 전에 우리 7인은 오래간만에 옹기종기 모여 앉아 소총을 손질하고 노획한 탄환(彈丸)을 분배하여 탄대(彈帶)에 넣어 허리에 두르고 야습에 대비한 작전계획을 숙의(熟議)하기 시작했다. 이번 전투는 우리들이 주동이 되어 속전속결(速戰速決)을 하지 않고는 승산(勝算)이 없어 보였다. 일본 분견대(分遣隊) 습격 때와 몇 가지 다른 상황은
　첫째, 적의 병력이 많다는 점
　둘째, 분견대 습격 후 일본 추격대가 언제 당도할지 모르는 점
　셋째, 공격 시기가 잠자는 시간이 아닌 점
　네째, 적의 보초를 속일 방법이 없는 점

이러한 몇 가지 상황으로 판단하여 볼 때 사격전을 강행하여 최후 돌격하는 방법 이외의 작전은 생각할 수 없었다. 우리들의 의견이 일치되자 이러한 뜻을 왕(王) 대장에게 전달하였다.

왕(汪) 참모는 왕(王) 대장과 상당한 시간동안 무언가 이야기하더니 대원 두 명을 불러 무장을 풀게하고 어디론가 보낸 후 우리들에게 다가왔다.

그는 미소를 띄우면서 우리의 뜻을 전적으로 찬성한다는 의사표시와 아울러 두명의 대원을 적황(敵況)을 탐정(探偵)키 위하여 보냈으니 그가 돌아 온 때 까지 이곳에서 충분한 휴식을 취하고 적의 동태를 정확하게 파악한 후 최종의 작전계획을 세우자는 것이었다.

앞으로 이곳에서 얼마 동안이나 휴식이 계속될지는 몰라도 우리들에게는 모처럼의 명상(瞑想)을 할 수 있는 기회가 되었다. 탈출이후 일본부대 사정이나 우리들로 인하여 모진 처벌을 받을 것만 같은 한국 전우들의 참기 어려운 부대생활이나 또는 지금쯤은 우리의 탈출이 고향에 알려져 일경(日警)의 학대(虐待)로 불안과 고통으로 나날을 보내고 있을 것만 같은 가족들의 소식이 궁금하고 가슴 아프게 했다.

그리고 비록 적(敵)이기는 하나 나를 유달리 보살펴 주고 위로하여 주었던 고바야가와(小早川) 중대장에게는 참으로 미안한 생각이 간절하였다.

또 하나 비명을 지르고 우리에게 사살(射殺)된 일병의 시체에서 흘러 나오던 새빨간 피는 누구를 위한 유혈(流血)이며 무엇 때문에 고귀한 생명을 버려야 했던가? "전쟁(戰爭)"인가? "복수(復讐)"인가? "애국(愛國)"인가? 서로가 살기 위한 투쟁인가? 신(神)의 장난인가?

앞으로 닥쳐 올 우리의 운명은 어찌될 것인가. 나 자신도 알 수 없고 오직 신(神)만이 알 것이다.

그러나 우리는 싸워야 한다. 불쌍한 가족을 위하고 동포를 위하여, 그리고 조국(祖國)의 독립(獨立)을 위하여 싸워야만 하는 것이다.

시간은 흘러 어느 덧 저녁 노을이 완연할 때 부락 앞에서 보초(步哨)를 섰던 중국 대원이 쎈생(先生) 쎈생(先生)하며 우리가 쉬고 있던 집 문 앞에 다가오면서 "왕뙈창"(王隊長) 래래(來來)하며 연락해 주었다. 아마 정찰차 보냈던 대원이 돌아온 모양같아 우리가 각자 총을 메고 나가려 하자 왕(汪) 참모가 손을 앞뒤로 흔들며 집에서 나오지 말고 기다리라는 신호를 보내 잠시 머뭇거리고 있는데 옆 골목에서 왕(王) 대장이 나타났다. 보초 한 명을 문 앞에 세우고 우리들 앞에 다가선 왕(王) 대장은 "칭쥐 칭쥐(請坐 請坐)"하며 앉으라고 했다.

마당 한 구석에 모여 앉은 우리는 왕(王) 대장의 설명과 함께 왕(汪) 참모의 필서(筆書)를 보면서 적의 상황을 들었다.

척후(斥候)에 의하면 일병(日兵) 대부대가 어젯밤 그곳을 지내 갔고 경찰대에는 초비상(超非常)이 내려져 경계가 삼엄할 뿐 아니라 부락민의 외출도 금지되었다는 것이다. 그러기에 여러가지 정황을 종합하여 판단할 때 날이 어두워지면 되도록 빨리 경찰대 주변에 잠복(潛伏)했다가 잠자는 시간을 이용하여 적을 쳐부수고 산길을 택하여 강행군으로 이 지역을 빠져 나가지 않으면 위험할 것이라고 했다. 이러한 판단은 우리도 이미 예측한 바로 경찰대를 습격하고 빨리 이곳을 벗어나는 것이 안전할 것 같았다.

왕(王) 대장의 판단과 우리들의 의견이 비교적 빨리 일치(一致) 되어 최후의 작전(作戰)계획(計劃)을 끝내고 대원들을 집합시켜 경찰대를 향하여 행진을 서둘렀다. 해는 이미 서산에 기울고 대지의 봄바람에 나무가지가 흔들리는 "쐐-" 소리만 들릴 뿐 침묵의 행진은 계속되었다. 누구 한 사람 입을 열지 않았고 한 줄로 늘어선 우리들의 대열은 앞쪽과 뒤쪽이 보이지 않고 그저 자기 앞 사람만 따라가는 침묵의 전진이었다. 높아졌다 낮아졌다 좌우(左右)로 꼬부라진 재를 넘기도 하면서 한 시간쯤 길있을 무렵 밀티 불빛이 보이기 시작했다.

제법 큰 동네인지 불빛은 희미하나마 길에 붙어 길게 펼쳐져 있고 그곳을 향하며 좌측에는 비교적 밝은 불빛이 보여 경찰대 병사(兵舍)가 아닌가? 혼자 추측해 봤다. 선두에 가던 일행이 일단 멈추었는지 대원들이 잠시 제자리에 쉬고 있을 때 이윽고 왕(汪) 참모가 우리 앞에 나타나 대열의 선두(先頭)로 안내하면서 어둠 침침한 숲속을 올라가 멀리 전방을 내려다보며 적황(敵況)을 설명하였다. 아직까지는 희미하게 시야(視野)에 동서로 뻗은 길과 가옥의 형태가 들어왔으나 얼마 안가서 어둠의 장막에 가려질 것 같았다.

왕(王) 대장과 우리 7인 동지는 어둠속에서 적정(敵情)을 살피고 작전계획을 재확인 한 후 그곳에 앉아 출동할 때까지 무기를 어루만지며 마음의 준비를 단단히 했다. 동지들의 각오는 철저하여 누구 한 사람도 초조한 빛이 없었고 대담한 언행이 철벽같은 전우애(戰友愛)를 느끼게하여 마음 든든했다.

그뿐 아니라 일군에서 모진 기압(氣壓)과 학대(虐待)를 받으면서도 굴욕(屈辱)과 분노(忿怒)를 참고 의도적으로 열심히 배우고 익힌 야간전투(夜間戰鬪)훈련이 이제 실전(實戰)에서 그들과 싸워 생사(生死)를 결판(決判)내게 되었으니 참으로 세상일은 얄궂은 운명의 장난이라 할까 아이로니칼한 비극이었다.

　동지들은 이구동성(異口同聲)으로 야간전투수칙(夜間戰鬪守則)을 하나하나 호칭(呼稱)하면서 용의주도(用意周到)하게 전투준비를 끝냈다. 특히 소리와 빛(光)은 조용한 밤일수록 멀리서 듣고 볼 수 있기 때문에 담배도 당분간 피우지 않기로 약속했다.

　대지(大地)의 밤은 깊어만 가고 달도 없고 별도 볼 수 없는 암흑의 천지로 변하여 야습을 하기에는 아주 적격(適格)인 날이었다. 신(神)의 가호(加護)인지 어머님의 수호(守護)인지 정신이 번쩍들고 용기가 솟아 올랐다.

　그때 왕(王) 대장의 지시로 중국전우(中國戰友)들은 일제히 작전에 돌입하여 적의 전면(前面)인 논과 밭에 잠복(潛伏)하기 위해 출동했고 우리 7인 동지는 부락을 우회(迂回)하여 경찰대 뒤쪽 야산의 숲속까지 야간 행진에 들어갔다.

　그리고 왕(王) 대장은 미리 무기를 나르던 짐꾼 3명을 부락에 침투시켜 모종(某種)의 사명(使命)을 부여했다. 그들의 사명에 대해서는 알 바가 아니었지만 나중에 알고 보니 적의 경계심을 부락으로 돌리기 위한 임무였던 것 같았다.

　중국대원들이 출동한 후 우리도 산길을 따라 마을쪽으로 내려가기 시작했다. 어깨에 멨던 총은 오른손에 들고 허리에 찼던 대검(帶檢)은 흔들리지 않도록 탄대(彈帶)로 고정시키고 방음(防音)에 신경쓰면서 무언(無言)의 행진을 계속하였다. 산 밑에 이르러 논두렁에서 멈춘 동지들은 바짝 다가앉아 얼굴을 맞대고 앞으로의 계획을 상의했다.

만일의 사고에 대비하여 행진 순서와 앞과 뒷 사람사이의 거리를 대략(大略) 정했다. 우리는 행진 도중 자기의 앞과 뒤에는 누가 있는가를 수시로 확인해야 했고 또한 적에게 노출당하지 않기 위하여 대원과 대원 사이에 상당한 거리를 두어야만 했다.

그리하여 선두(先頭)에는 우리의 분대장격인 성(成) 동지가 먼저 출발하고 후미(後尾)는 김 영남(金暎男) 동지가 후방경비를 맡아 따라 오기로 했다.

나는 중간에 위치해서 앞에는 정(丁) 동지가 있었고 최(崔) 동지, 김 봉옥 동지가 뒤따랐다. 캄캄한 밤이었지만 멀리 보이는 경찰대의 불빛은 우리들의 행진 목표를 안내하듯 아른거렸고 가끔 개짖는 소리가 밤의 정막을 깼다.

지금쯤은 왕(王) 대장이 보낸 탐정꾼이 부락에 들어가 무슨 공작을 하고 있을 것만 같았고 경찰대원들은 저녁식사를 마치고 휴식중일지도 모른다는 생각이 들었다. 허리를 굽히고 잘 보이지 않는 논두렁을 짐작으로 걷다 보니 때로는 진창에 미끄러져 빠지기도 하고 총을 든채 옆으로 넘어지고도 아프다는 소리 한번 못하고 숨을 헐떡거리며 걷고 또 걸었다. 옷은 흙탕물에 젖어 한기마저 들었으나 그것쯤은 문제가 아니었다. 되도록이면 빨리 부락 뒷산으로 잠입해야 할 터인데 좀처럼 논밭의 평지를 벗어나지 못했다.

간혹 들려 오던 개짖는 소리도 멈추고 멀리 경찰대의 불빛만 희미하게 보일 뿐 부락의 위치도 알아 볼 수 없도록 암흑속으로 사라져 버렸다.

얼마나 시간이 흘렀는지 앞에 가던 정(丁) 동지도 뒤에 오던 최(崔) 동지도 기척이 없고 오직 나 혼자만이 외롭게 걷고 있어 마음이 좀 불안하여졌다. 걸음을 멈추고 땅바닥에 앉아 심호흡을 몇 번 하고서 내 위치를 판단해 보았다. 다행이도 아직 아른거리는 경찰대 건물의 불빛이 대략 방향 감각을 깨닫게 해주었다. 짐작하건데 내가 앉아있는 곳은 틀림없이 부락에서 상당한 거리가 떨어진 산밑임을 깨달았다.

머리를 땅에 대고 주위를 살펴보니 어둠속에서 희미하게 불룩 솟아오른 물체가 보였으니 그게 바로 나즈막한 산등이 틀림없었다. 총을 땅에 놓고 흙묻은 손을 옷에 비벼 이마의 땀을 닦고 있을때 어디선가 색색거리는 소리가 들려왔다. 암흑속에서 흔들리는 검은 그림자는 뒤에서 따라오던 최(崔) 동지였다.

우리 두 사람은 가벼운 허리운동을 하고서 그 자리에 앉아 뒤에서 오고 있는 김 봉옥(金鳳玉), 김 영남(金映男) 두 동지가 올 때까지 기다리기로 했다.

앞으로 우리들이 가는 길은 야산의 숲속이기 때문에 길 없는 논두렁을 따라 허리를 굽히고 넘어지고 빠지고 미끄러져 고생하던 이제까지의 전진(前進)과는 달라서 좀 편이 갈 수 있겠지만 서둘러 가지 않으면 우리들의 작전계획에 차질(蹉跌)이 생길 것 같아 마음 한 구석에 초조(焦燥)한 생각이 들었다.

왕(王) 대장과 약속한 작전은 경찰대 건물에서 불이 꺼지면 부락 앞에 잠복했던 중국 대원이 먼저 일제(一齊)히 사격을 개시하고 그후 우리 7인 동지는 병사(兵舍) 뒤쪽에서 적의 허(虛)를 찔러 포위(包圍)사격을 하자는 계획이었다.

그러기에 우리들은 서둘러 경찰대 뒤쪽까지 잠입(潛入)하여 전투 태세를 갖추어야만 했었다.
 부락의 불빛은 사라지기 시작했고 개짖는 소리도 멈추어 현재까지의 정황(情況)은 별다른 사고없이 우리의 작전이 예정대로 진척되어갔다. 그러나 두 김(金) 동지가 아직까지 나타나지 않아 불안하기도 하고 앞에 갔던 성(成) 박(朴) 정(丁) 세동지들의 현재의 동태도 궁금하였다. 시간은 자꾸만 흘러가고 밤은 점점 깊어가는데 최(崔) 동지와 나 두 사람이 이곳에서 앉아 기다려야 할지 오던 길을 되돌아가 찾아 봐야 할 것인지 선뜻 결정을 내리지 못했다. 불길한 생각마저 들어 만감(萬感)이 오고 갔다. 누구보다도 용감하고 대담한 영남(映男)이나 가장 나이가 적어도 영리하고 판단력이 있는 봉옥(鳳玉) 두 동지에게 무슨 사고는 있을 수 없지만 워낙 오랜 시간 나타나지 않으니 답답하지 않을 수 없었다. 먼저 가자니 뒤에 오던 두 김(金) 동지가 염려되고 이곳에 무작정 앉아 있자니 먼저 간 세 동지에 근심을 안겨 주는 것 같아 진퇴양난(進退兩難)이었다.
 몇 미터 앞도 잘 보이지 않는 어둠속에서 최(崔) 동지와 나는 어쩔 수 없이 현재의 위치에서 좀더 기다려 보기로 하고 만일에 대비하여 땅에 엎드려 사격 자세를 취하고 나는 위쪽을, 최(崔) 동지는 아래쪽을 맡아 고개를 쉴사이 없이 좌우(左右)로 반복(反復)하면서 주변의 경계를 철저히 하고 있었다.
 이렇게 시간이 오래 걸릴 줄 알았더라면 차라리 언덕을 계속 올라가 앞서간 동지들에게 일찍 연락할 것인데 잘못된 판단을 한 것 같아 후회도 되었다. 아마 이 곳에서 낭비한 시간이 한 시간은 될 것 같았다.

그때였다. 최동지의 발이 나의 신발 바닥에 무엇인가 신호를 하듯 계속 밀어대고 있었다. 나는 재빨리 몸을 돌려 최(崔) 동지와 나란히 머리를 맞대고 귀엣말로 속삭였다.

최(崔) 동지는 낮은 말로 "무슨 소리가 들려오고 있어, 무엇인가 근처에 있는 것 같아" 그 말에 나는 초긴장을 하고 머리를 땅에 대어 숨을 죽인채 앞을 살피니 무슨 소리가 앞에서도 들리고 옆에서도 들려 무엇인가가 땅을 스쳐가는 소리 같았다. 우리는 살금살금 포복(匍匐)하여 관목(灌木)사이로 몸을 감추고 만일의 경우 일격을 불사(不辭)할 각오로 닥쳐 올 사태에 대비했다.

그때 지금까지 보이지 않던 검은 물체가 움직이기 시작했다. 최(崔) 동지는 무엇인가 각오가 된 듯 앞쪽을 응시하며 조용히 말을 꺼냈다.

"재영(在榮)이! 이곳은 내게 맡기고 앞에 간 동지들이 있는 곳으로 가봐. 나는 기다렸다가 별일 없으면 뒤따라 갈거야"라고 힘주어 말했다.

경우에 따라서는 최후가 될지도 모르는 이 한마디 말은 위험할 것만 같은 상황속에서 최(崔) 동지가 아니면 아무나 할 수 있는 말이 아니었다. 누가 가고 누가 남아 있던 적을 눈 앞에 두고 우리는 떨어질 수 없어 생사는 운명에 맡기고 동생동사(同生同死)를 다짐했다.

아까부터 들려오던 소리는 멀어졌다가 사라지고 우측에서 들리다가 좌측으로 옮겨가고 가늠을 잡을 수 없었다.

긴장속에 참고 기다리는 것도 한도가 있고 시간만 보내고 있을 수 없어서 우리는 땅바닥을 더듬어 조그만 돌 몇 개를 집어 앞뒤로 던져보았다. 아무런 반응이 없어 다시 남아있는 돌을 더듬어 찾고 있을 때 어둠속에서 "누구요! 류동지! 최동지요!" 조그마한 목소리로 수하(誰何)를 물어왔다. 이게 웬일인가! 우리 두 사람은 성(成) 동지의 음성임을 확인하고 깜짝 놀라 "오 오 성(成) 동지!" 하고 응답하자 주위에서 검은 그림자가 쏜살같이 우리 쪽으로 기어오고 있었다.

한 사람 두 사람 칠흑같은 어둠속에서 다가오는 물체는 다름아닌 성(成) 정(丁) 박(朴) 그리고 두 김(金) 동지였다. 정말 거짓말 같은 기적이 아닐 수 없었다. 그렇게 기다리던 두 김(金) 동지가 어찌된 일인지 성(成) 동지로부터 자초지종(自初至終)을 듣고보니 두 김(金) 동지는 안전을 기한다고 부락에서 너무나 멀리 우회(迂廻)하다 우리와 연락이 끊어지자 재빨리 숲속으로 먼저 간 동지들과 합류하여 나와 최(崔) 동지를 기다렸다는 것이었다. 시간이 지나도 우리가 나타나지 않자 혹시 사고가 난 것이 아닌가 하고 우리 두 사람을 찾아 숲속을 헤메었다는 것이다.

이리하여 우리 7인 동지는 다시한번 불사조(不死鳥)의 투쟁정신으로 무장하고 다가올 야습(夜襲)을 위하여 전열(戰列)을 가다듬어 어둠의 숲속을 뚫고 경찰대 뒤쪽 산 밑에 당도하여 아직도 깜박거리는 불빛을 보고 안도(安堵)의 숨을 쉬었다. 그리고 곧 바로 지형지물(地形地物)을 이용하여 각자 거리 간격을 취하고 "엎드려 총"의 자세로 전투 태세를 갖추었다. 밤 10시가 지나자 멀리서 들려오던 개 짖는 소리도 완전히 멈추고 경찰대의 불빛도 사라졌다.

우리는 마치 우주에 쏘아 올리는 로켓 발사의 "카운트 다운"이라

제2부 / 憤怒의 熱氣

도 하는 것처럼 일각 일각 왕(王) 대장의 신호 총소리만 기다렸다.
 드디어 고요했던 밤의 정막을 깨뜨리는 총성이 요란하게 울리기 시작했다.
 얼마 후 경찰대쪽에서도 대항하는 총소리가 들려왔다. 왕(王) 대장 부하와 경찰대원이 쏘아대는 총소리와 번쩍거리는 불빛으로 요란한 사격전이 벌어지자 동내에서 짖어대는 개 소리도 한목 끼어 온통 세상이 무서운 암흑의 전쟁터로 변했다. 때를 기다렸던 우리 동지들도 간격을 넓히며 경찰대를 포위하듯 일제히 총을 쏘아댔다.
 우리가 쏘아대는 총탄은 정확히 경찰대 건물을 향하여 집중되었지만 허(虛)를 찔린 적탄(敵彈)은 우리들의 머리 위로 가끔 스쳐갈 뿐 마지못한 응전(應戰)일 뿐이었다.
 우리가 사격하기 시작한지 얼마 후 우측에 있던 성(成) 동지가 소리쳐 말했다. 경찰대 앞의 도로(道路)위에 무엇인가 검은 그림자가 어둠속에서 계속 움직이고 있다는 외침에 우리 동지들은 목표를 그쪽으로 향하여 사격을 계속했다.
 총격전이 시작된지 30분도 안되어 적(敵)의 총성은 멈추고 건물에는 불빛이 보이기 시작했다. 간혹 인기척이 들려오고 불빛 사이로 소란스러운 분위기가 감지(感知)되었다.
 우리는 모두 일어서서 총에 착검(着劍)하고 일보 일보 전진하면서 건물에 접근한뒤 일제히 소리치며 병사(兵舍)안으로 뛰어 들어갔다. 때를 같이하여 왕(王) 대장 부하들도 돌격해왔다.
 순식간에 경찰대는 완전히 점령 당하고 건물 앞 마당에는 막대기나 총끝에 흰천을 매달고 항복한 대원들이 옹기종기 모여서 "씨쌩(先生) 씨쌩(先生)"하면서 무엇인가를 애원(哀願)하였다.

그때 우리들은 건물 내부를 샅샅이 뒤져 보았으나 숨어있는 적(敵)은 한 사람도 없고 앞마당과 길 옆에는 도망칠때 버리고간 소총만 여기저기 흐터져 있었다. 백기를 들고 항복한 경찰대원은 9명 뿐이었고 나머지는 어디론가 도주(逃走)해 버렸다.

그리고 보니 우리의 작전 계획은 적중되어 포위된 사격전에서 승산이 없자 전의(戰意)를 상실하고 무기를 버린 채 많은 적병(敵兵)이 어디론가 도망쳐 버렸고 9명의 항복한 적의대원은 모두가 화평군 출신의 중국인이었고 일병(日兵)은 한 명도 없었다.

이렇게 송호지구(松滬地區) 경찰대(警察隊) 습격은 사격 개시 40분만에 아군의 일방적인 승리로 끝나고 전리품(戰利品)으로 일제(日製) 소총(小銃) 40정(梃) 탄환 두 상자 담배 한 박스를 노획(鹵獲)했다. 이때 우리 동지들은 왕(王) 대장과 왕(汪) 참모의 "호(好) 호(好)"를 열발하며 기뻐하는 모습을 보면서 서로 힘찬 승리의 악수를 나누었다.

그때 나는 9명의 포로 중 4명이 발과 어깨에 심한 상처를 입고 마당 한쪽에 앉아 신음하는 소리를 듣고 비록 적이기는 하나 애처러운 생각에 고개를 돌리고 말았다. 나는 혼자 전투의 목적은 오직 승리에 있을 뿐 적을 사살하는 것 만이 능사는 아니다라고 자문(自問)자답(自答)하였다. 경찰대 습격을 속전(速戰) 속결(速決)한 우리 일행은 다음 목적지를 향하여 출발 준비를 서둘렀고 왕(王) 대장의 지시로 9명의 포로중 4명의 부상자는 석방하고 5명은 짐꾼으로 기용하여 우리 일행은 이제 25명으로 늘어났고 2차에 걸친 노획품은 도합 소총이 70자루, 탄환이 3상자로 전리품(戰利品)치고는 그야말로 값어치있는 막대한 성과가 아닐 수 없었다.

제2부 / 憤怒의 熱氣

2차(二次)에 걸친 공격(攻擊)작전은 성공했으나 우리들 부대는 빨리 이곳을 벗어나야만 했다. 그리하여 잠시도 쉴 사이없이 다시 한번 대오(隊伍)를 가다듬은 우리들의 긴 대열은 무수한 산을 넘고 강을 건너 인적 없는 외딴 섬 같은 곳에 당도했는데, 멀리 시야(視野)에 들어오는 수평선은 큰 호수인지 바다인지 분간할 수 없었고, 크고 작은 배가 수 없이 물위에 떠있는 것을 볼 수 있었다.

 나는 그 곳이 어디인지 궁금하여 왕 참모에게 물어봤더니, 중국 땅에서 그 유명한 태호라는 것이었다. 태호(太湖)라는 호명(湖名)은 귀에 익은 이름이었으나 실제로 당도하여 눈앞에 보니 그렇게도 바다와 같이 넓을 줄은 미처 몰랐다.

 태호(太湖)가 저렇다면 파양호(播陽湖)와 동정호(洞庭湖)는 얼마나 넓은 호수일까 상상을 하여 보았는데, 역시 대륙인지라 우리 나라와 비교하면 충청북도(忠淸北道)의 면적에 해당하는 널따란 호수였으니, 어찌 놀라지 않을 수 있겠는가!

 호수에는 섬 비슷한 산이 구름속에 산재해 있었고, 많은 배가 가리떼같이 떠있어 웅장한 대륙의 자연에 그저 감탄하면서 멍하니 도취되어 있노라니, 언제 연락이 되었는지 커다란 배 두 척(隻)이 우리를 태워 가기 위해 준비되어 있어, 우리 7인 동지는 왕 대장, 왕 참모와 같이 앞배에 타고, 뒷배에는 대원과 무기를 운반하는 인부들이 동승하였다.

 잔잔한 수면에 민선(民船)과 어선이 낙엽처럼 떠있고, 그 배 사이를 두 척의 배는 나란히 유람선처럼 회유(回遊)하면서 주변의 경치에 시름잊고, 고개를 전후좌우로 돌려가면서 두 시간쯤 지나자, 연안에 자리한 항구 같은 도시에 상륙하였다.

지금까지 농촌과 벽촌에서 보아왔던 민가와는 달리 이 연안 일대에는 상가(商街)가 발달하여 식료품가게 등이 즐비하였고, 인구도 많은 것 같아 오가는 행인이 줄을 이었으며, 옷차림도 청의(靑衣)만이 아니고, 가끔 색다른 복장과 양복차림도 있었다.
　이곳은 아마도 일본 점령지역이 아닌 모양이어서 그런대로 평화(平和)스러운 환경이었고, 총을 멘 중국 편의대원(便宜隊員)들의 모습이 눈에 띄게 많았다. 왕 참모에게 도시 이름을 물어보았더니 이곳은 태호(太湖)의 남서쪽 끝에 위치한 장흥(長興)이라는 도시였다.

제 6 장 ●●●●

正義와 不義의 對決

— 태호의 변란과 기적 —

　오랜만에 우리는 호수 연변에 있는 큰 음식점에 안내되었는데 점포 앞에는 항구의 부두(埠頭)처럼 대형 선박이 정박하고 있는 것이 보였고, 식당의 널따란 홀에는 선원으로 보이는 손님이 많이 앉아 식사를 하고 있었으며, 생선 비린내가 코를 찔렀다.
　이윽고, 요리(料理)가 나왔는데, 그 동안 농촌지대에서 구걸(求乞)하여 먹던 음식과는 전연 달라 집기(什器)부터 크고 아름다우며 고급스러웠다. 요리가 푸짐하게 연달아 나오는데 저육(猪肉)간탕, 닭고기볶음, 죽순(竹筍)요리, 면(麵)과 밥도 나오는가 하면, 노주(老酒)도 나와 왕 대장은 많이 들도록 권하였는데, 성 동지와 김 봉옥(金鳳玉) 동지는 주량(酒量)이 커서 두주(斗酒)를 불사(不辭)하고 마시는 것이었다.
　나는 허리띠를 풀어 놓고 실컷 배불리 먹었는데, 얼마나 많이 먹었던지 한동안 숨이 차고 배가 몹시 불러, 신발을 신고 벗기가 불편할 정도며 몸을 앞으로 구부리기 어려웠다. 우리는 숨을 헐떡거리면서 마치 임신부(姙娠婦)처럼 뒤뚱거리며, 식당 앞에 놓여 있는 의자에 기대앉아 편한 자세로 휴식에 들어갔다.

모처럼 일본 점령지역을 완전히 벗어나 안전지대서 마음놓고 식사를 하고 나니, 음식맛도 좋았지만 기분도 홀가분하여 마치 관광차 외국에 온 이국인(異國人)처럼 오손도손 둘러앉아, 자유롭게 대화를 나누면서 잔뜩 부른 배를 꺼치려고 무진 애를 썼다.

앞으로 우리들의 계획은 어찌되는 것인지, 언제 어디로 가는건지 도무지 알 길이 없고, 다만 왕 대장에게 일임하다시피하여 당장 내일 일을 모르고, 당분간 그를 따라 다니는 처지가 되어 비교적 오랜 시간 휴식을 하다가, 왕 참모의 안내로 근처에 있는 여인숙(旅人宿) 같은 집으로 들어가 무장을 풀고, 그 동안 풍찬노숙(風餐露宿)으로 피로해진 심신을 회복하기 위하여 낮잠을 자기도 하고, 자유시간도 가질 수 있었다.

이 숙소는 알고 보니 왕 대장과 그 대원들의 근거지(根據地)로, 전방공작을 준비하거나 임무를 마치고 귀환하였을때, 휴식도 하며 대원의 보충이나 무기공급을 받는 거점(據点)이어서 한국식 방방(房)이 많았다.

그러므로, 이 근방에는 일군(日軍)의 첩자(諜者)나 연안군(延安軍)의 공작원들이 출몰하는 완충지대(緩衝地帶)같은 지역이어서 때로는 위험한 곳이기도 하였다. 저녁때가 되어 왕 대장이 여러 사람과 같이 나타나더니 우리들에게 인사 소개를 시켰는데, 그 중에 하 대장(夏隊長)이라는 사람은 체격이 김 영남(金映男) 동지만한 우람하고 인품이 좋아 보이는 50대의 장년과 그의 처(妻)인 진 부인(秦夫人) 그리고 아들 철(鐵)을 각별히 대우하며 추켜 올리고,

나머지 사람은 하 대장의 부하들이라고 일러 주었다. 하 대장의 처는 상당한 미모(美貌)였고, 아들 철은 18세쯤 되어 보였으며, 일본어(日本語)를 제법 구사하여 우리들과 자유롭게 대화할 정도였다. 왕 참모 말에 의하면 하 대장은 충의구국군에 속해 있는 별동대장(別動隊長)으로 주로 이 곳에 주둔하며, 임무를 수행하고 있다는 것이었다.

숙소의 방안에는 마작(麻雀)이 있었는데, 진 부인으로부터 배우면서 동지들과 같이 치고 놀았으며, 철은 일어(日語)뿐 아니라 일본 군대의 내부사정도 잘 알고 있어 이모저모 들려 주었다. 그리고, 일군이 상해(上海)를 점령한 뒤 영국(英國) 담배 제조창을 점유하여 담배 이름을 교꼬(旭光)라고 바꾸어 군수용으로 만들어낸 고급 담배를 몇갑 주어 피워 보니 맛이 일품(逸品)이어서 그와의 대화가 즐겁기만 했다.

이 소년은 또한 우리가 궁금하게 생각하고 있는 중국인의 풍습과 일상용어를 가르쳐 주어 큰 도움이 되었고, 이 지방 지리(地理)에 대해서도 알려 주면서 태호(太湖) 근방까지 일군이 침투하고 있다는 정보까지 알려 주었다. 그리고, 고급과자와 빵도 가져와 권하기도 하여 어찌나 친절하게 잘 하는지 이 날은 마치 생일잔치를 받는 것처럼 흐뭇하여 앞으로 기억될 만한 날이라고 생각하였다.

이렇게 우리들은 마작도 하고 맛 있는 과자도 먹으면서 시간 가는 줄 모르고 놀고 있던 중, 진 부인은 남편과 교대하여 어디론가 나가 버렸다. 그 뒤에도 해가 질 때까지 놀이가 계속되었는데 갑자기 진 부인이 들어와 자기 남편에게 귓속말을 하더니 무슨 영문인지 몰라도 두 사람이 함께 허둥지둥 급하게 나가 버렸다. 그 내외가 나가자 마작판도 깨지고, 밤이 깊어 모두 잠자리에 들었는데, 눕자마자 코를 고는 동지도 있었다.

나는 모처럼의 편안한 잠자리건만 좀처럼 잠이 오지 않아 공상에 잠기었다. 밤은 점점 깊어 가는데 눈은 초롱초롱하여, 천정만 물끄러미 바라보다가 문득 부모님이 보고 싶어서 호주머니 속에서 사진을 꺼내어 멍청하게 바라보고 있노라니, 갑자기 고향 생각이 치밀어와 가슴이 뛰고 마음이 괴로왔다.

위기에 몰려 마음이 불안할 때도 고향 생각이 간절하더니, 이날따라 마음이 편히고 즐기운 날임에도 하염없이 고향이 그립고 어머님이 보고 싶었다. 더구나 내가 일군(日軍)을 이탈한 뒤 우리 가족에 대한 일본 관헌(官憲)의 핍박(逼迫)이 얼마나 심하였을까, 생각만 해도 미칠 것만 같았다.

그러나, 아버님의 진정(眞情)은 내가 일군에서 멍청하니 고생만 하다가 개죽음을 당하는 것보다는 능동적으로 행동하여 탈출해 주기를 바라실 것이라고 생각하며, 아버님께서는 어떠한 고초(苦楚)를 겪으시더라도 마음속으로 기뻐하시리라 자위도 해 보았다.

무소식이 희소식이란 옛말을 음미하면서 잠이나 자야겠다고 엎치락뒤치락 하였으나 시간만 흐르던 중, 다시 벌떡 일어나 창문을 열고 태호(太湖)를 바라보니, 멀리 보이는 고기잡이배에서 번쩍이는 불빛만이 우리를 지켜보듯 적막하고 처량하게 보였다.

내 옆자리에 누워 자던 정(丁) 동지가 따라 일어나더니 내 어깨를 어루만지면서 "집안 걱정을 하는 모양이지? 나는 처가 보고 싶고 어머니의 노환이 걱정되어 잠을 자지 못하겠네. 그러나, 생각하면 무엇 하겠어, 우리가 무사하면 그게 부모님께 대한 효도이지, 그렇지 않은가?"라고 말하였다. 정 동지와 내가 서로 얼굴을 마주보며 이런 이야기 저런 이야기를 주고 받을 때, 갑자기 밖에서 여러 사람들이 요란하게 떠들면서 우리 숙소 쪽으로 접근해 오고 있었다.

나는 자고 있는 동지들을 모두 깨워 밖의 동정(動靜)을 살펴 보았더니 시끄러운 중국말로 고함(高喊)을 지르며 언쟁(言爭)하는 것이 분명하였다.

그들의 발자욱 소리가 점점 가까워지면서 언쟁소리도 점점 커지더니 우리 숙소에 들이닥친 사람들은 하(夏) 대장과 그의 처, 그리고 왕(王) 대장과 왕(汪) 참모 등 여러 사람들이었고, 언쟁은 주로 하 대장과 왕 대장 두 사람이 얼굴을 붉히며 소리질러 싸우고 있었다.

이따금, 진 부인은 남편을 역성들어 흥분한 어조로 왕 대장에게 항변하기도 하며, 때로는 우리 7인 동지를 손가락으로 가리키기도 하고, 힐끗힐끗 쳐다보며 지껄이는 것이 무엇인가 우리와 관련된 문제인 것 같아 심상치 않은 상황에 불길한 예감(豫感)이 들었다.

한참 동안, 이들은 시비를 계속했으나 어떤 한 사람의 중재(仲裁)로 언쟁은 일단 멈추었고, 모두 밖으로 나가 버렸다. 그런 뒤 숙소는 조용하여 졌으나 한번 깬 잠이 다시 오지 않았고, 그들의 언쟁 내용과 이유가 무엇인지 몹시 궁금하여 여러 모로 각자(各自) 추리(推理)를 해 보았다.

하 대장과 왕 대장은 어떤 사이이며, 같은 충의구국군(忠義救國軍) 소속이라면 계급(階級)은 누가 위이고 누가 아래인지, 그리고 진 부인이 거들은 까닭은 무엇인가? 모든 상황이 기이(奇異)하여 아무리 생각하여도 알아차릴 도리가 없고, 더 이상 생각해 볼 여지가 없어 그만 두고 잠이나 자기로 하였으나, 어쩐지 모든 것이 석연(釋然)치 않고 개운치 않았다.
　새벽까지 3시간 가량 우리 동지들은 밤을 지새우며, 깊어가는 태호(太湖)의 야경(夜景)을 바라보고 있노라니, 대륙의 이국(異國) 정서(情緖)는 향수(鄕愁)와 원한이 교차되어 가슴이 찢어지듯 답답하였고, 어제의 일군분견대 습격 때에 쓰러져 간 일병들 시체가 눈앞에 떠올라 더욱 잠을 잘 수 없었다.
　새벽 6시경 동이 트자, 우리는 보누 자리에서 일어나 숙소 주인이 가져다 준 세면도구로 세수를 마치고, 어젯밤 식사를 했던 식당에 가서 조반(朝飯)을 들었다. 식당 앞에는 어제 본 선원들이 세수를 하고 있었는데, 볼만한 것은 수건(手巾)에다 물을 적셔 그 수건으로 2, 3명이 돌려가면서 얼굴을 문지르고 있었다.
　소주(蘇州)에서 일군 부대를 떠나온지 꼭 8일이 지났으나, 그동안 한번도 비가 오지 않고 날이 가물더니, 날씨가 흐려지기 시작하면서 이슬비가 보슬보슬 내리기 시작하였다.
　농민들에게는 단비가 내려 오랜 가뭄 끝에 기쁘기 한이 없겠지만 우리들로서는 달갑지 않은 비였으나, 아무리 비가 오더라도 우리가 가야 할 길은 가야만 했고, 비에 젖은 의복을 갈아 입을 여유도 없으니 걱정이 되어 어쩐지 아침부터 기분이 우울해지고 음산(陰散)하게 느껴져 불쾌하였다.
　식당 앞 부두에는 어제부터 대기중이던 우리가 타고 갈 배에서 사공들이 부지런히 출범(出帆)준비를 하고 있어, 우중(雨中)에 오늘은 어느 곳으로 몇 시간이나 타고 가는 것인지 초조하게 기다리고 있을때, 왕 대장과 왕 참모가 부하들을 거느리고 나타나 우리 동지들은 왕 참모와 동승하여 선두에 나섰고, 왕 대장과 그 부하들은 뒷배에 분승하여 줄기차게 내리는 봄비를 맞으며, 태호(太湖)의 수면을 미끄러지듯 연안을 빠져 나갔다.

100미터쯤 전진하여 수심(水深)이 깊은 곳을 지나고 있을 무렵, 뒤에서 소리치며 우리를 향해 쫓아오고 있는 배가 있었는데, 자세히 보니 간밤에 하 대장을 따라와 같이 마작을 치며 놀다 간 바로 그 사람들이었다.

그들은 왕 대장이 타고 있는 배에 접근하자 큰 소리로 무어라고 지껄이며, 불평불만(不平不滿)을 말하는 것이어서 왕 대장 역시 이들 못지않게 흥분하여 격앙(激昻)된 어조로 쏘아대고 있었다.

어쩐지 아침부터 날씨가 좋지 않은 데다 어젯밤 사태의 궁금증이 겹쳐 불길한 예감이 들었는데, 결국 이런 일이 벌어지고 있구나 생각하여, 그들의 언쟁하는 양상(樣相)을 예의 주시하였다.

저쪽은 여러 명이 합세하여 떠들어댔으나 이쪽은 왕 대장 혼자서 강경하게 항변하였는데, 시비(是非)는 점점 커져서 무슨 일이 곧 일어날 것만 같이 공기가 험악하더니, 왕 대장이 갑자기 권총을 뽑아들자 사태는 급변하여 근처에 떠 있는 어선들이 구경차 몰려 들었고, 우리 일행은 숨을 죽이며 사태의 추이만 응시할 뿐 이었다. 무슨 사연인지 우리들에게도 닥쳐올 것만 같은 공포속에서 드디어 왕 대장의 권총에서 한발의 탄환이 불을 뿜자, 그 순간 쫓아온 한 사람이 물 위에 떨어지면서 떠내려 갔다.

이윽고, 두번째의 총성이 요란하게 울리자 또 한 사람이 비명을 지르며 배바닥에 쓰러져 신음하였고, 다른 한 사람은 꿇어 앉아 손을 비벼대면서 살려 달라고 애걸복걸하는 것이었다.
　그러나, 안색이 새파랗게 질린 왕 대장은 서슴지 않고, 마침내 세 번째 방아쇠를 잡아 당기어 주저앉은 사람을 쏘아대고, 그래도 분이 풀리지 않았는지 계속 권총을 휘둘러 쓰러져서 죽어가는 두 사람에게 몇 발의 총탄을 난사하였다.
　소란했던 비극은 멎었으나, 으시시한 전율(戰慄)의 공포분위기는 계속되어 왕 대장이 겨누는 총구가 다음에는 누구에게 돌려질 것인지 아연실색(啞然失色)하여, 우리는 모두 고개를 떨구며 외면히였다. 이렇게 돌발한 사내의 원인과 경위를 전혀 알지 못하는 우리들은 어리둥절하여, 누구를 두둔하고 누구의 행동이 우리에게 이(利)로운 것인지 도무지 판단할 수 없어, 그저 시간이 가면 모든 것이 해결되겠지 하고, 시간이 흐르기만 바랄 뿐이었다.
　극도로 흥분한 왕 대장의 모습이 무섭기도 했지만, 우리와 시선이 마주쳐 공연히 비위를 거슬리게 되면 뜻하지 않은 봉변을 당할 우려도 있고 해서, 쥐죽은 듯이 가만히 있을 수 밖에 없었다.
　무거운 침묵이 한동안 흐른 뒤에 왕 참모가 내 옆으로 접근하여 오더니 말문을 열었다. 동지들을 한군데로 모이게 하고, 종이에 무엇인가 적고 있을 때, 우리들은 이제는 모든 궁금증이 풀리겠구나 하는 기대감과 의아심을 갖고 초조히 그의 해명을 기다렸다. 그는 예(例)에 따라 간단히 적은 쪽지를 나에게 건네 주었는데, 나는 그 쪽지를 동지들에게 들어 보이면서 각자 읽어 보도록 하였다.
　내용인즉, 방금 총살된 3명은 모두 하 대장의 직계 부하로서 하 대장과 같이 일군(日軍)에 내통(內通)하여 우리 7인을 밀고(密告)하고, 신병(身柄)을 넘겨 주는 댓가로 많은 현상금을 노리고 있었다는 가공(可恐)할 음모(陰謀)가 진행중이었음을 알려주었다.
 참으로, 모골(毛骨)이 송연(悚然)하여지는 흉계(凶計)이었음을 안 우리는 왕 대장의 결단이 구세주(救世主)처럼 느껴져 고맙기 그지 없었다. 그리고, 하 대장의 아들 철은 본래 이중간첩(二重間諜)으로 일군 부대와 중국군 부대를 무상(無常)출입하면서 정보를 제공하고 있으며, 일군이나 중국군은 그를 서로 이용하고 있다는 사실이었다.
 어젯밤의 소란했던 사태도 알고 보니 하 대장 일파(一派)의 음모로서 우리를 회유(懷柔)하여 납치하려는 작태였고, 이를 완강히 반대하여 우리의 신병(身柄)을 보호하려는 왕 대장과의 의견 충돌이었던 것이다.
 그리하여, 일단 배를 타고 떠난 우리들을 하 대장이 부하를 시켜 뒤를 쫓아 마지막 납치 계획을 달성하려다 왕 대장의 강경한 반대에 부딪혀 뜻을 못 이루게 되자, 험악한 분위기가 조성되어 왕은 선수(先手)를 써서 최후의 수단으로 그들을 모조리 사살하여 없애버렸다는 요지였다.
 그러고 보니, 어제부터 생긴 일련의 사태가 수긍(首肯)이 갈 뿐 아니라, 그야말로 우리들이 위기일발로 험악한 죽음의 구렁텅이에서 간신히 빠져나온 셈이었다.
 이는 오로지 왕 대장의 인간적(人間的)인 양심과 차원(次元)높은 애국심, 의협심(義俠心)의 발로로서 자기 동족을 희생시켜가면서까지 이민족(移民族)인 우리에게 베푼 은혜야말로 가위(可謂) 대의명분과 파사현정(破邪顯正)의 귀감(龜鑑)이었으며, 동병상련의 우국정신이었음을 생각하니 스스로 머리가 숙여지는 것이었다.

나는 제2차 세계대전 이면(裡面)에는 이러한 기구(崎嶇)하고 상상할 수 없는 엄연한 사실이 태호(太湖)의 일각에서 새로운 인도주의 역사를 창조하려는 장엄한 인간의 절규(絶叫)로서 전 세계 인류에게 알리며 호소하고 싶었다.

만약, 왕 대장의 주관(主觀)이 물질이나 사욕에 흔들렸거나 변심하였던들 우리 7인 동지는 여지없이 일본군에 넘겨져 무참히 총살되었을 것이라 상도(想到)하니, 어젯밤 그런 사정도 모르고 잠을 잤던 것에 대해 인간이란 촌각의 전도(前途) 운명도 모르고, 지나고 나면 숙명(宿命)으로나 돌리는 무력한 존재이구나 하는 환멸(幻滅)을 느끼지 않을 수 없었다.

그러나, 위기가 아주 사라진 것은 아니어서 사실은 이제부터가 첩첩산중격으로 무수한 사선을 넘어야 하는 것이다. 왜냐 하면, 일본군 정보망은 우리 7인이 태호(太湖) 연변에 나타났다가 일박(一泊) 후 선편으로 출발한 것을 탐지(探知)한 이상 대대적인 수색작전이 전개될 것은 뻔한 일이고, 또한 하 대장 일당이 자기들의 동료가 사살된 보복으로 철저하게 일본군과 내통하여 동조할 것이 분명하기 때문에 한시바삐 먼 곳으로 도피해야만 할 긴박한 상황에 놓여 있는 것이다.

더구나, 일본군은 우리들의 병력을 파악하였기 때문에 응분의 부대편성과 진로방향을 차단하기 위하여 혈안이 될 것이 뻔한 노릇이었다.

호상(湖上)에서의 변란(變亂) 후, 우리들이 타고 있는 배는 왕 대장의 지시에 따라 일로 남서쪽을 향하여 전진해 갔다. 보슬비는 짓궂게도 쉬지 않고 계속 내려 옷이 몽땅 젖었고 냉기(冷氣)마저 감돌았다.
　수 많은 어선 사이를 누비며 잔잔한 호수에 물결을 일으키면서 일렬종대로 비교적 빨리 노를 저어 우리들 배는 전진하였는데, 가끔 후방을 돌아보니 조반을 든 식당이 안개속으로 희미하게 사라져 갔고, 크고 작은 섬들이 나타났다가 사라지고 사라졌다가 나타나고 하여 마치 고국에서 제주도 여행갈 때 다도해(多島海)를 지나던 경관(景觀)을 연상하기도 하였다.
　비는 차차 세차게 내려 봄비답지 않게 소낙비로 변하여 머리 위에서 흘러 내리는 빗방울이 물을 붓듯이 얼굴에 줄줄 흘러 내렸다. 그러자, 왕 대장은 갑자기 사공들에게 어선 사이로 끼어들어가 전진을 멈추도록 지시하였다.
　우리는 비맞은 총대를 닦고 총구를 종이로 틀어막아 배바닥에 보이지 않도록 뉘어 놓고 사방을 살펴 보았다. 그러나 이 넓은 호상(湖上)에서 설령 적군이 나타났다 하더라도 피신할 곳이 없으며, 그렇다고 후퇴할 수도 없었다. 그것은 태호(太湖)의 사면(四面)이 훤하게 터져 있어 먼 곳에서도 일목요연(一目瞭然)하게 우리의 동태가 파악될 것이고, 더구나 망원경(望遠鏡)으로 보게 되면 우리 7인 동지들 모습마저 똑똑히 노출될 것이 뻔하였다.
　배가 멈춘 뒤 시간은 흘러 정오가 지나고, 비는 그칠 줄 모르고 내렸으나 바람은 전혀 불지 않아 호상(湖上)은 빗방울만 떠 있어, 이 곳 어부(漁夫)들에게는 오히려 이런 날씨가 고기잡이에 좋은지 모두가 싱글벙글 즐거운 표정들이었지만, 적군에게 쫓기면서 위기에 직면하여 전전긍긍(戰戰兢兢)하고 있는 우리들 처지와는 아주 대조적(對照的)이었다.

겉옷 뿐 아니라 이제는 내의(內衣)마저 물에 담근 빨랫감같이 되어 버렸고, 소중하게 간직해 왔던 부모님의 사진이 어찌할 도리없이 호주머니 속에서 물에 잠기듯 적셔져 있었다. 그리고, 간밤에 얻었던 교꼬담배도 몇 개피 남아 있지 않았으나 그나마도 다시 피울 수 없게 되었다.

제발 날씨라도 좀 개였으면 하고, 하늘을 원망하던 차에 왕 대장이 일발의 총성을 울렸다. 그 총성은 다름 아닌 주변에 떠 있는 어선들에 대한 공포(空砲)로 우리들의 존재를 알리는 일종의 엄포였다.

그 때에 나는 벌떡 일어나 전방을 주시하여 보았더니 멀리 가물가물 보이는 수평선상(水平線上)에 검은 연기가 나부끼고 있었다. 그것은 발동선(發動船)에서 뿜어대는 연기 같았으며, 일본군이 발동선을 징발(徵發)하여 우리의 진로를 차단하며, 포위망을 좁혀 오고 있는 것 같았다. 그렇다면 좌우 양쪽에서도 지상의 일본군이 태호(太湖)에 투입될 것이 뻔한 노릇이었다.

아니나 다를까 전방에 나타난 발동선군이 그 정체를 드러내어 우리쪽을 향하여 다가오고 있으며, 뒤편에서도 발동선 소리가 들려와 비로소 우리가 완전히 일본군에게 포위되어 있음을 알 수 있었지만, 속수무책(束手無策)으로 아무런 대처방안 없이 다만 어선으로 가장하여 다른 어선과 민선 사이로 끼어들어 전진도 후퇴도 하지 않고, 제자리에서 맴돌며 닥쳐올 사태를 기다려야만 하는 신세가 되어 버렸다.

빈자일등(貧者一燈)이라는 말이 있는데, 아침부터 줄기차게 내리는 봄비를 지금 이 상황(狀況)에서 생각해 보니, 우리에게 더할 나위없이 이(利)롭고 고마운 비인 것이다.
 만약, 갠 날씨였다면 훤한 대낮에 우리의 동태(動態)가 사방 어느 곳에서나 적에게 노출되어 발각되었을 터인데, 느닷없는 비가 줄기차게 내림으로 시야(視野)가 흐려 멀리 관망하기가 어려운 기상(氣象)이어서, 우리가 아침에 떠나 올 때, 비 때문에 우울했던 심정은 말끔히 풀리고, 오히려 앞으로 계속 내려 주십사 하고 기우제(祈雨祭)를 올려야겠다는 마음마저 생겼다.
 그러나, 우리는 조만간에 벌어질 일전(一戰)을 각오하고, 다가오는 운명을 극복할 수 있는 묘안을 모색하기 위한 무거운 침묵만이 흘렀으며, 그 동안 여러번 위험한 난관을 무릅쓰고 사경을 넘어 왔지만, 이제는 능동적으로 교전(交戰)을 하거나 대처할 방도가 전혀 없는 것이다.
 결국 이 태호(太湖)가 우리들의 최후를 고(告)하는 지옥(地獄)인가 싶어, 기왕 죽을 바에야 용감하게 항전(抗戰)을 벌여 삶의 종말을 장식(裝飾)해야겠다고 마음먹었다.
 돌이켜 보건대, 내가 지난 날 학교생활에서 교과과정 중 가장 흥미 있게 배우고 공부했던 지리(地理)시간에 기억한 이 낭만(浪漫)의 태호(太湖)가 우리들의 마지막 삶터가 되었더란 말인가! 과연 이것이 피(避)할 수 없는 숙명이라면 아무런 이름없는 곳에서 죽는 것보다는 그래도 세계적으로 알려진 명소(名所)에서 세계대전에 참가하여 생명을 걸고 투쟁하다가 역부족(力不足)으로 이 태호(太湖)에서 산화(散華)하였다면 일면(一面)으로 차라리 다행한 죽음이겠구나 하는 망상(妄想)마저 해 보았다.
 나 뿐만 아니라 다른 동지들도 굳은 표정으로 아무 말이 없었으며, 하기야 아무리 지략을 짜서 적극적으로 용감한 전투를 벌이거나 소극적으로 구명책(救命策)을 강구하려 해도 닥쳐온 진퇴양난의 주변정세를 벗어나기란 하늘의 별 따기보다 더 어려운 절망적(絶望的)인 상황이니 넋을 잃을 수 밖에 더 있겠는가! 왕 대장도 속수무책인지 입을 굳게 다문 채 심각한 표정이었고, 선상(船上)은 무거운 침묵만 깔리었다.

사불여의(事不如意)하여, 일군(日軍)에게 잡히어 포로가 될 바에야 차라리 죽는 것이 열번, 백번 낫기에 결국 우리가 우리 손으로 무조리 합동자살(合同自殺)을 하자는 결돈에 이르렀는데, 7인 동지 중 한 사람도 이를 반대하는 이견(異見)이 없어서, 그 방법은 연령순으로 총을 겨냥, 동시에 방아쇠를 당기기로 약속하였다.

그 순서는 성 동지는 김 영남(金暎男) 동지가, 김 동지는 최 동지가, 최 동지는 정 동지가, 정 도지는 내가, 나는 박 동지가, 박 동지는 김 봉옥(金鳳玉) 동지가, 김 봉옥 동지는 성 동지가 쏘도록 완벽(完璧)하게 짜놓았다. 그리하여, 최후의 탄환 한 발씩을 따로 청의(青衣) 저고리의 오른쪽 호주머니 속에 잘 닦아 간직하기로 하였다. 말이 그렇지 참으로 억울하고 기가 막힌 정황(情況)이 아닐 수 없었다.

이렇게 비장한 결의를 하고 나니 우리들은 오히려 머리가 가벼워지고 마음마저 차분해져 닥쳐 올 전황에 임기응변할 태세를 갖출 수 있었다. 수10척의 일군 발동선단은 남에서, 북에서 점점 가까와지고 있어, 그 선체(船體)를 수면에 뚜렷이 나타내기 시작하며 포위망(包圍網)을 좁혀 오고 있었다.

그러나, 한가지 다행한 것은 태호상(太湖上)에 떠 있는 어선과 민선의 수가 헤아릴 수 없이 워낙 많아서 쉽사리 우리 배를 식별하여 골라내기가 힘들 것 같았다. 그렇지만, 하(夏) 대장의 아들 철(鐵)이란 놈이 우리의 행방이나 모습 등을 거의 정확히 알고 있기 때문에, 일군 수색부대가 작전을 쉽사리 포기하지는 않을 것이어서 안일한 속단은 금물이었다.

하염없이 지루한 시간은 그런대로 상당히 흐르고 있는데, 비는 멈추지 않고 줄줄 내리어 온몸은 흡사 물에 빠진 생쥐처럼 머리카락에서 흐르는 빗물이 그칠 줄 몰랐고 더욱 심해지기만 하였다.

아까부터 자꾸 신경이 쓰이는 부모님의 사진도 물에 젖어 빛이 바래면 영영 망가질 것만 같아 쏟아지는 비가 무심하기 짝이 없게 느껴져 처량한 경지에서나마 마음속으로 부모님의 만수무강(萬壽無疆)을 빌고 또 빌었다.

이렇게 부모님을 생각하고 묵례(默禮)를 올리는 것도 이것이 마지막이라 느껴지는 순간 눈물이 와르르 쏟아져 나는 태호의 수면을 바라보며 소리없이 울었다. 용케도 눈물과 빗물이 범벅이 되어 같이 흘러내리니 동지들이 눈치를 채지 못하고 창피를 면할 수 있었다. 한참 동안 실컷 울어 눈물을 몽땅 쏟고 나니, 웬일인지 허전하여지면서 나도 모르게 태연자약(泰然自若)한 마음의 여유가 생기어, 다시금 뱃속으로부터 우러나오는 용기(勇氣)를 일깨울 수 있었다.

나는 이쪽 저쪽 태호상(太湖上)에 떠 있는 일군 발동선을 향하여 마음 속으로 외쳤다. 적군이여 올 테면 오라! 원수인 왜놈들아, 올려면 빨리 오너라! 우리는 최후의 일각(一刻)까지 최후의 일인(一人)까지, 마지막 탄환을 빼 놓고 모조리 너희들 가슴에 명중시키리

제6장 / 正義와 不義의 對決

라! 이와 같이 정정당당하게 싸워 대한의 젊은 학도로서 불굴의 기백을 유감없이 발휘하여 후회없이 죽어 가리라!

 그리하여, 우리 7인 동지가 몸과 마음이 굳게 뭉쳐 있는 곳에 필연코 조국 광복의 서광(曙光)은 비칠 것이라는 신념과 확신을 가졌다. 다시 말하거니와 죽음을 각오한 이상 무엇이 두려울 것이 있겠는가? 인간이란 살고자 바둥거릴 때 약해지는 것이지, 후회없이 죽겠다는데 비겁하거나 옹졸할 리 없는 것이다.

 허심탄회(虛心坦懷)해진 나는 스스럼없이 벌떡 일어나 사방을 휙 둘러보니 어디선가 난데없는 나팔소리가 처량하게 들려오는 것이 아닌가! 귀에 손을 대고 유심히 들어보니 틀림없는 나팔소리였는데, 무슨 신호나팔인지 몰라 더 똑똑히 들어 보려고 동지들이 모두 귀를 기울여 보았으나 나팔소리는 곧 멈춰 버렸다.

 왕(王) 대장도 나팔소리를 들었는지 우리들을 쳐다보며, 고개를 갸우뚱하더니 무엇인가 생각에 잠기는 것 같았고, 우리들은 모두 배에서 일어나 여기저기 떠 있는 어선 사이로 전방과 후방을 주시하여 보았더니, 검은 연기를 호상(湖上)에 뿜어 올리며 우리를 향하여 전진해 오던 발동선군(群)이 반대 방향으로 그 선체가 차차 멀어지고 있었다.

 우리는 눈을 의심하여 계속 주시(注視)하였으나, 정말로 신기하고 묘한 일이 아닐 수 없어, 아무리 보아도 일군 선단(船團)은 멀어져만 가고 있음이 분명하였다. 무슨 생각이 들었는지 왕 대장은 큰 소리로 뱃사공들에게 노를 저어 전진하라고 외쳐댔으며, 사공들은 마지못해 일어나서 노를 젓기 시작하였고, 우리들은 계속 전방을 주시하며 전진하여 갔다. 불과 얼마 가지 않아 다시 전후방을 살펴

보았으나 일군 선단(日軍船團)은 완전히 어디론가 자취를 감추어 버렸다.
　너무나도 허망하고 기이한 일이기에 어떻게 추측하고 판단할 수 없는 오직 기적(奇蹟)이구나 생각되어, 인명(人命)은 재천(在天)이란 말대로 천우신조(天佑神助)의 뜻을 실감하게 되었다.
　후일에 알게 되었지만, 우리를 추격하던 일군 부대에게 어이없이 비상소집령(非常召集令)이 내려져 긴급 복귀(復歸)하였다는 것이어서, 아마 우리 7인의 추격보다도 더 화급하고 중요한 작전상 이유가 있었던 모양이었다. 그리고, 남부지나(南部支那)의 계림작전(桂林作戰)이 치열하여짐에 따라 지원부대(支援部隊)로 그곳에 이동 명령이 내려졌다고 전(傳)해 졌다.
　이리하여, 우리 부대는 총 한번 쏘지 않고, 무사히 일군 포위망에서 벗어날 수 있게 되었는데, 몇 시간 동안 긴장과 초조와 절망으로 합동자살까지 기도(企圖)했던 우리들이 다시 전진하여 가자, 그렇게도 줄기차게 내리던 봄비도 멈추고, 잔잔한 태호상(太湖上)에는 따스한 3월의 햇빛이 부드럽게 수면(水面)에 드리워졌다.
　자연환경도 우리의 소생(蘇生)을 축복하여 주는 것 같았고, 갈매기의 울음소리 또한 우리의 환희를 구가(謳歌)하여 주는 것 같았다.
　우리들이 수장(水葬)될 줄만 알았던 태호수면(太湖水面)이 그렇게도 맑고 깨끗하게 보였고, 본래 간직한 낭만(浪漫)을 만끽할 수 있어, 이 때의 기쁨이야말로 영원히 나의 뇌리에서 사라지지 않을 것이다.
　왕 대장과 왕 참모는 언제나 쌍동이처럼 늘 붙어 다니는 것이 상례(常例)였으나, 이날 따라 왕 참모는 우리 옆에서 떨어질 줄 모르고, 태호(太湖)에 얽힌 이런저런 이야기와, 삼국시대(三國時代)의 역사, 그리고 전설(傳說) 등 재미있는 이야기를 들려 주었다. 아마 그도 한시름 놓고 마음이 후련하여 우리들과 함께 기쁨을 나누고자 함이었으리라!

이제부터는 일로(一路) 충의구국군 사령부가 있는 상요(上饒)로 직행하는 여정(旅程)이어서 삼라만상(森羅萬象)이 우리 일행을 반겨 주는 것 같았으며, 비에 흠뻑 젖었던 옷도 체온과 햇볕으로 마르기 시작하였다.

오후 5시경 10여 시간의 선상 악몽(惡夢)에서 깨어나 오랜만에 태호연변(太湖沿邊)의 조그만 부락에 상륙하였다. 마치, 오랜 항해 끝에 항구에 상륙한 것 같기도 했지만, 거리와 시간에 비(比)하여 훨씬 지루하고 고통스러운 항로였음을 부인할 수 없었다. 우리 일행은 어느 민가에 들어가 점심 겸 저녁식사를 마치고, 쉴 사이도 없이 육로로 길을 재촉하여 걷고 또 걸어갔다.

석양(夕陽)에 펼쳐지는 노변의 경관(景觀)을 감상하면서 나그네 같은 낭만을 느끼며 발걸음도 가볍게 걸어갔는데, 그렇게도 널따란 소주평야(蘇州平野)도 이제는 끝이 났는지 제법 험준한 산악지대로 접어들어, 대나무와 관목(灌木)으로 우거진 밀림 속을 골짜기에서 흐르는 물소리를 들으며 산길을 계속 걸어갔다.

울창하게 꽉 들어찬 삼림은 불과 5미터 앞도 보이지 않을 정도로 숲이 우거져 있어, 우리는 나뭇가지와 풀을 헤치며 걸어가야만 했고, 산길이지만 길바닥은 큰 바위를 깎아 깐 듯 노면이 반질반질한 대리석(大理石)으로 포장한 것처럼 미끈하여, 아마 요순시대(堯

舜時代)에 만들어진 돌길인지도 모를 일이었다.

또한, 이 지대는 적의 전화(戰禍)를 입지 않아서인지 자연환경이 그대로 보존되어 있었고, 주민들도 평화로워 우리들의 행렬을 지켜보는 표정은 아무런 불안이나 겁(怯)을 느끼지 않는 모습들이었다.

들녘에서 일손이 바쁜 농부들이나 동리 앞에 모여 있는 촌민이나, 우리를 보고는 반가이 인사를 하고, 때로는 손을 흔들어 보였다. 중국의 국기인 청천백일기(靑天白日旗)가 여기저기 나부끼고 있었으며, 의복은 거의 청의(靑衣)를 입고 있어 청색을 좋아하는 민족인 것 같았다.

그리고, 반일(反日), 항일(抗日)과 반공사상은 남녀노소를 막론하고 철저한 모양이어서, 가는 곳마다 담벽에는 '타도(打倒) 이뻔꿰쯔(日本鬼子)', '타도 공산주의'란 표어가 눈이 부시게 각양각색(各樣各色)으로 붙여져 있었다.

이 곳은 소주(蘇州)에서 약 500리 떨어진 태호(太湖)의 남단인 오흥(吳興)땅이었고, 우리는 이 곳에서 막간산(莫干山)을 넘어서 남쪽을 향하여 전진을 계속하였는데, 이제 겨우 강소성(江蘇省)을 벗어나 절강성(浙江省)으로 접어든 셈이다.

제3부

하늘 끝 바다 끝

제3부

제 7 장

머나먼 重慶 길

―충의구국군과 전우애―

 그 동안 강소성(江蘇省)에 있는 소주(蘇州)를 기점(起點)으로 출발하여 서남쪽으로 오강(吳江)과 평망(平望)땅을 거쳐 강소(江蘇), 절강(浙江), 양성(兩省)의 경계를 이루고 있는 태호(太湖)를 동쪽에서 서쪽으로 건너 절강성(浙江省)북단의 태호에 연한 장흥(長興)과 평흥(平興)을 지나 막간산(莫干山) 줄기의 험한 산길을 넘어 길안(吉安), 효풍(孝豊)을 거쳐서 해발 1,500미터 이상의 높은 산을 숨막히듯 힘겹게 기어 넘었다.
 그리고 어잠(於潛), 분수(分水), 순안(淳安), 상방(上方), 상산(常山) 순(順)으로 도시의 주변인 안전지대를 찾아 절강성을 뒤로 강서성 경계지역인 왕산(王山)과 호강림(湖江臨)을 지나 서남쪽을 향하여 긴 여로(旅路)는 계속되었는데, 워낙 강행군(強行軍)을 하였기 때문에 발꿈치는 짚신에 스치어 피가 나고, 벗겨진 상처가 아물 사이도 없이 걷고 또 걸었는지라, 발바닥은 부르트고 발 전체가 퉁퉁 부은 데다 신발 바닥에는 잔모래까지 끼어들어 더 이상 도저히 걸을 수 없었지만, 그래도 걸음을 멈출 수는 없었다.
 그리하여, 소주(蘇州)를 떠난 2주일 만에야 겨우 일차 목적지인 상요(上饒)에 당도하였다.
 이 지역은 일본 점령지역은 아니었지만, 선(線)과 점(點),즉 철도를 비롯하여 모든 공로(公路)는 일군이 점거하여 경비를 엄중히 하고 있었고, 상요(上饒)라는 소도시는 강서성(江西省) 동북쪽에 위치한 교통의 요지로서 충의구국군(忠義救國軍) 사령부가 주둔하고 있는 곳이었다.
 우리 부대가 상요(上饒) 교외에서 사령부 본부가 있는 곳으로 행진하여 가면서 주변의 환경을 바라보니, 노변(路邊)은 깨끗하게 정비되어 있었고, 오가는 사람의 의복도 단정하여 오랜만에 도시다운 도시에 온 기분이었으며, 의젓하게 무장한 중국군인들을 많이 볼 수 있었는데, 그들이 메고 있는 소총은 전부가 미제 엠원(M1)이었고, 복장도 미군처럼 카키복을 입고 있어 그 자태(姿態)가 군인다워 보였다. 사령부 근처에 있는 건물도 웅장하였으며, 영내외가 깨끗하여 보는 사람으로 하여금 엄숙한 군대 분위기임을 느끼게 하였다.
 우리 일행은 사령부 정문에 이르러 중국군 보초의 주시(注視)를 받아가며, 영내로 들어 갔는데, 왕 대장과 왕 참모는 우리 7인을 식당에 붙어 있는 대기실로 안내하고 사령부 안으로 들어갔다.
 한참만에 충의구국군 장교 두 사람이 나타나더니 우리들을 한 사람씩 심문(審問)을 시작했는데, 내가 장교실에 들어서니 그는 책상 위에 용지(用紙)를 내어 놓으면서 기입하라고 하기에 들여다보니 다음과 같은 사항이었다.

즉, 성명, 생년월일, 주소, 학력, 일군 입대(日軍) 연월일, 탈출시 부대명과 위치, 일군계급, 병종, 탈출이유와 목적, 그리고 앞으로의 희망 등 의심스러워 조사한다기보다 신병(身柄)파악에 중점을 두고 있었는데, 상당히 세밀한 신분조사서였다. 나는 사실대로 정확히 써 주었으며, 가족관계까지 소상히 쓰도록 하는 것으로 보아 정규군인(正規軍人)의 신상명세서나 다름없었다.

우리 7인 동지들의 조사가 모두 끝나자 사령부 정문 근방에 있는 어느 병사인 숙소로 안내하더니, 한 사람의 보초를 숙소(宿所) 앞에 세워 두고 사령부와 연락을 취(取)하게 하였다. 그러나, 그 보초는 우리를 경계도 하겠지만 그 보다는 보호의 책무도 띠고 있는 것 같아서 불쾌하지는 않았으며, 더구나 우리들은 무장을 소지한 대로였고, 보초의 표정이 싱글벙글 부드러운 인상(印象)을 주었기 때문이다.

우리는 자유롭게 총을 벽에 세워 놓고, 탄환은 방구석에 풀어 놓은 다음, 잠시나마 낮잠을 자며 피로를 풀 수 있었다. 저녁식사는 보초의 안내로 사령부 안 식당에 가서 하였으며, 식사를 마치고는 곧장 숙소로 돌아와 바로 취침하였다.

다음날, 다시 사령부에 가서 심문을 받았는데 어제와는 달리 오늘은 일문일답식(一問一答式)으로 구두시문(口頭試問)이나 같았다. 심문요지(審問要旨)는 대략 다음과 같다.

　문 : 일군 입대경위(入隊經緯)는?
　답 : 일본정부는 조선인 학도지원병제도를 법률화하여 한국출신 학도들을 강제로 지원 형식을 취하여 일군에 입대시켰다.
　문 : 일본에 유학한 이유

답 : 생략함.
문 : 중경에 있는 한국 임시정부에 대한 견해
그리고 7인의 사전모의한 사실, 전쟁에 대한 판단, 일본정부의 전쟁수행 능력여하, 일본국민의 전시생활 양상, 한국과 중화민국의 역사적 관계 등.

몇 시간에 걸친 대담(對談)을 끝마친 조사관은 붓을 들더니 책상 위의 종이에 '환영 한국 7인 동지(歡迎韓國七人同志)'라고 크게 써서 두 손으로 번쩍 들어 보였다.

나는 남변내붕이나 한문(漢文)이 유식하다고 칭찬을 들었는데 그것은 오로지 아버님 덕분이어서, 배재(培材)중학교 재학시 방학 때 귀성(歸省)하면 한문선생을 사랑방으로 초빙하여 독서당(獨書堂)을 차리고 한문공부를 하였기 때문이었으므로, 매우 보람있게 느끼었다.

중국어와 한국어는 여러모로 다르지만 한자(漢字)를 많이 알면 그 뜻은 대략 통(通)할 수 있어 조사관과의 대담이 비교적 의사소통(意思疎通)이 잘 되었던 것이다.

다음 세째날도 우리들은 그들의 심문에 응(應)해야 했는데, 심정은 약간 불쾌하였지만 우리들의 정체를 더욱 세밀하게 파악하려는 의도라 생각하여, 흔쾌(欣快)히 영내로 들어가 그들의 지시에 따랐다.

대기실에서 10여분 기다리고 있는데, 그 동안 통 보지 못한 상교(上校), 즉 대령계급인 정복 장교와 사복차림의 중국인 두 사람이 와서 나란히 의자에 앉더니, 우리에게도 자리에 앉도록 권하면서 상교가 무어라고 말을 꺼내자, 사복 입은 옆 사람이 일본말로 통역

(通譯)을 하였다.

우리는 깜짝 놀라 그의 말을 경청하였는데, 이 자리에 일본어 통역이 나타나리라고는 생각하지 못한 의외(意外)일 뿐 아니라, 그는 일어(日語)를 제법 유창하게 구사하며, 우리가 충분히 이해할 수 있도록 설명까지 하여 주었다. 반가운 일이 아닐 수 없는 것이 그 동안 중국인들과 대화(對話)가 잘 안 되어 겨우 필문필답식(筆問筆答式)으로 의사소통을 하여 왔기에 얼마나 답답하였던가 생각하니, 이제는 통역을 통하여 중국인들의 말을 제대로 알아 들을 수 있게 되었으니 여간 다행한 일이 아닐 수 없었다.

상교(上校)는 말하기를 "형제의 나라 한국의 7인 동지들을 진심으로 환영한다며, 조국독립을 위해 항일정신(抗日精神)에 투철하여 위험을 무릅쓰고 용감하게 일군에서 탈출한 것을 높이 찬양하고, 더우기 일군 분견대를 기습하여 다대한 전과를 올린 영웅적인 활동에 감탄하여 장 개석(將介石) 총통(總統)에게 이미 보고하였으니, 앞으로 당신들의 희망대로 모든 것을 기꺼이 협력하여 주겠다."는 것이었다.

그는 이어서 중경(重慶)에 있는 한국 임시정부(臨時政府)에 가고 싶다면 자기부대로 하여금 안전하게 호송하여 주겠다는 뜻을 부언(附言)하고, 그 동안의 심문은 7인 동지들을 확인하기 위한 실무적인 방편이었지 결코 의심하여 괴롭게 하려는 것이 아니었다고 해명하면서, 혹시 무례한 언동이 있었다면 양해하여 달라는 사과의 말까지 곁들이는 것이었다.

뿐만 아니라, 이제부터 7인 동지들이 자유롭게 활동할 수 있도록 최대한의 편의를 제공하겠으며, 충의구국군 사령관인 마 지초 대장

(馬志超大將)을 상면할 수 있도록 주선하겠다고 말을 맺으며, 우리에게 다가와서 악수를 청하였다.

이 때부터 우리의 안내는 이 통역관이 전담하게 되었는데, 이 사람은 일본 법정대학(法政大學) 법과를 졸업하고, 현재 군의관(軍醫官)으로 이 사령부에 근무하고 있었다. 그의 성명은 왕 정마(汪政馬)로 아주 쾌남(快男)으로 생겨 인정이 많아 보였고, 그렇게 친절할 수 없었으며, 특히 정(丁) 동지와는 동창(同窓)이어서 우리들하고 쉽사리 친밀한 사이가 되었다.

우리 통시들은 왕(汪)씨를 우리들 숙소로 초청하여 일본 유학시절의 이야기로 꽃을 피웠고, 우리들의 탈출과정을 보다 자세히 알려 주면서 앞으로의 희망도 서슴없이 이야기하였다. 어쩐지 그는 마치 오래 사귄 친구처럼 느껴져, 시간 가는 줄 모르고 밤이 깊을 때까지 환담하였다.

내가 다닌 명치대학(明治大學) 정경학부에도 중국 유학생이 3명 있었는데, 2명은 대만출신(臺灣出身)이고, 1명은 상해출신(上海出身)이었으나 지금은 어디서 무얼하고 있는지? 왕씨를 대하고보니 문득 그 친구들이 연상(聯想)되어 만나 보고 싶었다.

다음 날, 왕씨의 안내를 받아 사령부 의무실(醫務室)도 구경할 겸 따라 갔는데, 우리는 병원에 들어서자마자 모두가 단번에 환자가 되고 말았다.

그것은 그 동안 치료할 곳도 없고, 약(藥)도 없으려니와 그럴 사이도 없어, 환자(患者)이면서도 아무런 치료를 받지 못하고, 10여 일간의 탈출과정에서 긴장과 인내로 참아 왔지만 오랜 행군(行軍)으로 발은 상처투성이었고, 피부병마저 생겨서 한 사람도 성한 시람이 없었으며, 또한 동지 중에는 돌에 채이고 나뭇가지에 찔려 얼굴에 외상(外傷)이 심했고, 종기가 생긴 동지도 있었다.

왕(汪)씨는 옥도정기(沃度丁幾), 머큐룸 등으로 일단 치료를 하여 준 다음, 미제(美製) 복용약인 다이아찐과 반창고, 붕대 등을 골고루 나눠 주면서 숙소에 가서 필요할 때 사용하도록 온정(溫情)을 베풀어 주었다.

역시 민족은 다르지만, 최고학부를 다닌 지성인이라 그런지 일맥상통하는 선후배같아 마음 든든하고 믿음직스러웠다. 그의 말에 의하면, 이 병원에서 쓰고 있는 일체의 의약품은 미국에서 쓰고 있는 것으로 최신 발명품인 페니실린, 다이아찐 같은 우수 약품도 있다는 것이어서, 우리는 이 곳에 와서 처음으로 제2차 세계대전의 부산물(副産物)인 항생제(抗生劑)를 보고 듣고 써 보았던 것이다.

우리 동지들은 각자 약봉지를 들고 숙소로 돌아와 약을 계속 상처에 바르고 먹기도 하며, 다친 곳을 붕대로 감아 보기도 하고 온종일 편히 쉬면서 치료에 전념(專念)하였다.

다음 날 아침, 우리는 잠에서 깬 뒤 신통(神通)함을 발견했는데, 그것은 상처투성이의 발이 깨끗하게 아물고, 근질거리던 피부병이 가신 듯 나아 버린 것이다. 참으로 신기한 일이어서 우리들은 모두 약의 효력에 감탄하고 감사할 뿐이었다.

그리고, 이 곳 숙소에서 기거하면서부터는 사람다운 생활을 하는 것 같아, 자고 나면 이를 닦고 세수도 하며, 식사도 세끼를 시간맞추어 정상적(正常的)으로 했으며, 우리끼리 자유로운 대화를 할 수 있었고, 잠도 자고 싶은 대로 잘 수 있었기에 한결 마음이 안정(安定)되었다.

아팠던 상처도 아물고 하여 이제는 정말 살 것만 같아 오랜만에 냇가로 소풍을 나가 보니, 시냇물 양쪽에 계단식으로 되어 있는 논에는 물이 가득 담겨져 있어, 논바닥에는 큰 알밤만한 우렁이 논바닥이 보이지 않을 정도로 가득히 차 있어 꿈틀거리고 있었다.

고향에서 우렁을 주워다가 삶아서 맛있게 먹었던 생각이 떠 올라, 우리는 일제히 논에 들어가 우렁을 몽땅 주워 모았다. 그리고, 모처럼 발을 깨끗이 씻고 나서 우렁을 한아름씩 들고 숙소에 돌아왔는데, 보초병이 우리를 반갑게 맞이했으나, 우렁을 보자 깜짝 놀라는 것이었다.

까닭인 즉, 중국인들은 풍토병(風土病) 때문에 우렁을 전혀 먹지 않는다는 것이어서, 이런 말을 듣고서야 우리가 고국에서 아무리 즐겨 먹던 우렁이지만 이 곳에서는 먹을 수 없으므로 아까운 생각이 들면서도 주워온 우렁을 모조리 논에 다시 내다버렸다.

4일째 되는 날, 우리는 왕 군의관 안내로 충의구국군 사령관인 마 지초 대장(馬志超大將)과 원 청원(院淸源)장군을 상면하게 되었는데, 마 지초 장군의 귀가 어찌나 큰지 어린이 신발만큼 컸고, 키는 작았으나 우람한 몸매에 눈이 부리부리하게 커서, 그의 무서운 모습이 마치 삼국지(三國志)에 나오는 관우(關羽)를 연상하게 하는 비범(非凡)한 인물이어서 과연 장군답구나 하는 생각이 들었다.

그는 우리 7인 동지와 일일이 악수를 한 다음 말을 꺼냈는데 "당신들 7인 동지들의 의거(義擧)는 이미 장 개석(蔣介石) 총통(總統)에게 보고되어 한국 임시정부 주석(主席)인 김 구 선생(金九先生)에게도 연락되었으므로 우리 군대가 호송 책임을 지겠으니, 곧 떠나도록 하시오."라고 말하였다.

그는 사령관으로서 위엄있는 풍채(風采)이였고, 권위 있는 어조로 친절하게 대해 주는 것이 감명 깊었다. 우리는 고맙다는 인사를 정중히 하고, 왕씨와 같이 사령관실을 물러 나왔다.

마(馬) 사령관의 배려로 6일 동안 충분한 휴식을 취하여 기사회생(起死回生)한 우리는, 7일째 되는 날 드디어 제2의 목적지를 향하여 1개 소대의 중국군 호송병력(護送兵力)과 함께 머나먼 여정에 올랐는데, 그 동안 짧은 시일이었지만 정들고 보람 있었던 충의구 국군 사령부를 하직하고, 일로 행진(一路行進)에 들어갔다.

이제부터 행진하는 코오스는 험준(險峻)한 산중길이 많았으나, 교통의 요충지 같은 곳에는 아직도 일군(日軍)의 습격을 받을 우려도 있어 비상한 경계를 하지 않으면 안되었다. 그러나, 지난날과는 달리 앞으로의 행진은 쫓기며 도피하는 행진이 아니고, 우리가 능동적으로 믿음직한 호위병력을 거느리며, 개선부대(凱旋部隊)와 같이 의기양양하고 유유히 걷고 있는 것이다.

만약, 일군을 만나더라도, 1개 소대의 병력이 있으려니와, 우리가 그 동안 천신만고(天神萬古)를 겪으면서 다져진 심신과 자신감 있는 승산(勝算)을 간직하고 있기 때문에 문제시하지 않았다.

때는 3월 하순, 바야흐로 대지의 봄은 무르익어 푸릇푸릇한 초원(草原)은 끝없이 펼쳐져 있고, 아지랭이가 가물가물 춘색을 춤추듯 낭만에 젖은 여정이기도 하여, 매일같이 계속되는 행군은 자유분방한 나그네와도 같아, 그림 같은 산야와 전원을 흐르는 시냇물 소리를 반주(伴奏)삼아 나뭇가지에 앉아 지저귀는 새소리에 시상(詩想)을 느끼면서, 피로한 심신을 달래기도 하였다.

부락 앞을 지날 때는 으레 동리 어구(洞里於口)에 끓여 놓은 물동이가 놓여져 있어, 지나가는 행인이 누구나 갈증을 풀 수 있었다. 중국인들은 원래 냉수(冷水)를 절대로 마시지 않기 때문에, 다른 나라에서는 볼 수 없는 특이(特異)한 관습이어서, 행인이나 나그네 등 길손을 위하여 끓인 물을 마련하여 동리마다 입구(入口)에 일년 열두 달 하루도 빠짐없이 물단지를 준비해 놓는다는 것이었다.

그리고, 그 물은 동리 가구수(家口數)대로 매일 번갈아가며, 누가 말하지 않아도 자기집 차례가 되면 의당 그날 하루의 일과로서 끓인 물을 준비하여 오랜 역사와 전통으로 오늘날까지 계승되어 온 미풍양속(美風良俗)이었던 것이다.

아마, 내가 생각하기에는 영국의 스톤 보오드(Storn board)제도와 비슷한 것 같았다.

모든 산길은 바위를 깎아서 깔아놓은 것 같아, 아무리 비가 와도 패이거나 길바닥이 망가지는 일이 없어, 포장도로 못지않게 깨끗하고 단단하였다. 이러한 넓고 좁은 산길을 3일 동안 걷고 넘어 조그마한 산간도읍(山間都邑)에 이르렀다.

이 곳에서 우리는 오래간만에 기차(汽車)를 타게 되었는데, 알고 보니 절공철도(浙贛鐵道)였다. 이 철도는 남창(南昌)에서 남심철도(南尋鐵道)와 교차되며, 장사(長沙)를 거쳐 호남성(湖南省), 귀주성(貴州省)을 횡단하여 사천성(泗川省)까지 뻗어 중경(重慶)에 이르는 5개성(省)을 관통하는, 만여리(萬餘里)나 되는 기나긴 선로(線路)였다.

우리가 탄 기차는 전시(戰時)에 운행되어서 그런지 승객도 그리 많지 않았고 객차라고 해도 말이 객차이지 화물차와 비슷하여 사람도 타고 짐을 싣기도 하였으며 속력은 그야말로 '민만디(漫漫的)'여

서 5시간쯤 달렸으나 몇 리나 왔는지 그리 멀리 오지는 않은 것 같
았으며 기차에서 내린 우리 일행은 트럭 두 대에 분승하여 다시 들
판을 달려갔다.
 자동차 역시 모처럼 타게 된 것이었으나 보행보다는 다소 빨랐지
만 어찌나 흔들리고 덜거덕거리는지 걷는 것 이상으로 고달팠다.
이틀간의 트럭 행진은 상당한 거리를 달려 중국 서남쪽의 오지(奧
地)로 깊이 들어간 것 같았으나 그렇다고 이 곳이 완전한 안전지대
라고는 할 수 없었다.
 그것은 중국 서부의 산악지대를 제외하고는 도시와 선로 등을 일
군(日軍)이 장악하고 있기 때문에, 상황에 따라서는 언제 그들의
작전지역에 들어갈지도 모르기 때문이다. 아무튼 2일 동안의 트럭
편 행진은 고역(苦役)이었고, 차에서 내릴 때에는 허리가 몹시 아
프고 엉덩이가 멍이 들었는지 일어서기가 힘들었다. 그러나, 이번
여정(旅程)은 정신적으로 마음이 편했고, 식사도 행진 중이지만 그
때그때 제시간에 들었기 때문에 건강에는 조금도 이상이 없었다.
 이리하여, 우리는 일주간의 도보(徒步), 기차, 트럭 등의 행진을
일단 마치고 산자수명(山紫水明)하여 절경(絕景)을 이루고 있는
심산유곡(深山幽谷)에서 1박을 하면서 심신의 휴식을 충분히 취하
게 되었다.
 지명(地名)은 알 수 없으나 마치 중국의 고대사(古代史)에 나오
는 도원경(桃園境)같이 아름다운 곳이어서 맑게 흐르는 물이 폭포
가 되어 낭떠러지에 굉음(轟音)을 내며 떨어지고, 산악 전체가 울
창한 숲을 이루어 마치 전신주 크기의 대나무와 여러 종류의 관목
(灌木) 등이 빽빽이 차 있어 호랑이가 금방이라도 뛰어나올 것 같

은 오지(奧地)였다.

형형색색(形形色色)의 기암절벽(奇巖絕壁)이 하늘을 찌를 듯 솟아 있고, 이름 모를 각종 새소리와 풀잎 내음은 흡사 태고적(太古的) 원시생활을 연상하리 만큼 그윽하여, 한국에서는 볼 수 없는 아열대지방(亞熱帶地方)의 식물들이 노변에서 푸르름을 자랑하는 듯 보였다.

우리는 수려(秀麗)한 자연환경에 도취되어 무아지경(無我之境)에서 시간 가는 줄 모르고 관망(觀望)하고 감상(鑑賞)하면서 산록(山麓)에 자리한 민가에서 여장을 풀고, 마치 신선(神仙)이나 된 양(樣) 모든 시름을 잊고 하룻밤을 지내게 되었다.

우리 7인 동지는 그리운 고향을 생각하며 목청을 가다듬어 '목포의 눈물', '사우(思友)', '봄처녀', '선창', '봉선화' 등 닥치는대로 각기 좋아하는 노래를 독창도 하고 합창도 하여 탈출 후 처음으로 망향(望鄕)의 회포(懷抱)를 마냥 풀었다.

밤은 깊어 산정에 걸친 달을 바라보니, 만리 타국이기는 하나 달빛만은 고국에서 보는 그 달빛과 조금도 다를 바 없었고, 고향산천이 주마등(走馬燈)처럼 뇌리를 스쳐갔다. 인간의 운명(運命)이란 실로 모르는 것이어서, 오늘 이 시간에 이러한 곳에서 저 달을 바라볼 줄이야 꿈엔들 생각조차 하였으랴! 나는 내 자신이 정말로 나인가 하고 의아심(疑訝心)이 순간적으로 들었으나, 나는 틀림없는 나 류 재영(柳在榮)이었다.

우리는 중국군 대원들과 일주일 동안을 동고동락하며, 기거(起居)를 같이하여 왔기에 서로가 정이 들고, 대화하는 말도 알아들을 수 있어 토막말일망정 간단한 생활용어는 통할 수 있게 되었다.

그들은 거의가 무식한 편이어서 정신적으로는 상통할 정도는 아니어도 인성(人性)은 순박한 사람들이어서, 믿음직하고 예의가 바르며, 우리들에게 정중히 언동을 하면서 최선의 편의를 베풀고자 애쓰는 고마운 전우(戰友)이기도 하였다.

식사 때는 언제나 맛있는 반찬은 우리 앞에 놓고 많이 들도록 권하였으며, 잠 잘 때도 편한 자리를 양보하는 등, 그들의 따뜻한 인정은 우리들의 외로운 마음이나 피로를 말끔히 가시게 해 주었다. 그렇다고 우리는 추호도 오만하거나 그들의 호의를 당연한 것처럼 몰염치(沒廉恥)하게 받아들이지는 않았고, 어디까지나 고맙게 생각하여 최대의 경의와 사의를 표하며 친절하게 사귀었다.

하룻밤을 인적(人跡)이 뜸한 심산유곡(深山幽谷)에서 보낸 우리 일행은 아침 일찍 심기일전하여 숙소를 등지고, 다시 전진하여 몇 구비의 산을 넘어 고원지대를 우측으로 산봉우리를 끼고 내리막길로 접어들었는데, 멀리 보이는 전방에 한줄기 하얀 신작로(新作路)가 남북으로 뻗어 있었다.

그 길은 용효산(龍虎山) 밑에 가로 놓인 군용도로로서 일군(日軍)이 수시로 군수물자 등을 수송하는 중요한 간선도로인데, 우리는 이 길을 건너야만 목적지를 가는데 지름길이라는 것이었다. 고원에서 내려다 보이는 이 도로는 주변에 숲이나 민가도 없고, 무성한 잡초만 우거져 그 길 너머에는 크리이크가 있다는데, 언덕 때문에 보이지는 않았으나 우리는 그 크리이크에 당도하여 반드시 배편을 이용하여야만 하는 것이다. 우리가 걷고 있는 길 옆에는 많은 고산식물이 벌써 새싹을 드러내었고, 꽃봉오리가 맺혀 있는 것도 있어 아름다운 초원을 이루어 발걸음을 멈추게 하는 보기 드문 경치였다.

햇볕은 청명(淸明)하여 여름을 재촉하듯 한낮에는 무더웠고, 이마와 등에서는 구슬땀이 방울방울 맺히었다. 우리는 주변의 경관을 못내 아쉬워하면서 뒤쪽을 몇번이고 되돌아보며, 내리막길을 걸어 눈앞에 펼쳐진 들판을 향해 내려갔다.

얼마 내려오지 않았을 때, 앞서서 가던 대원이 갑자기 정지하더니 '모두 앉아' 하며 뒤로 구두전달(口頭傳達)하여 왔다. 일행은 일제히 제자리에 앉아 전방을 주시하여 보니, 일군(日軍)의 대열이 신작로에 나타난 것을 볼 수 있었다. 그 병력(兵力)은 1개 대대(大隊) 병력에 해당하는 대부대(大部隊)였고, 완전무장을 한 것으로 보아 틀림없이 어디론가 이동하는 부대인 것 같았다.

그러나, 거리(距離)가 많이 떨어져 있기 때문에 피아간(彼我間)에 당장 작전거리는 아니었지만, 일군 역시 우리를 발견한 모양인지 가끔 공포(空砲)를 쏘아대며 일종의 시위(示威)를 하는 듯하여, 적극적으로 작전을 개시하려는 의도는 없이 다만 행군만을 계속할 뿐이었다.

우리 일행도 그들의 행군하는 동태만을 관망하고 있을 뿐, 전진을 멈추고 계속 풀밭에 엎드려 있었다. 일군(日軍)은 필시 작전 명령을 받고, 지정된 일시와 장소에 긴급히 도착하려는 것 같았다. 우리는 얼마 후 일군의 행군 대열이 시야(視野)에서 사라지자, 모두 일어나 서서히 내리막길을 걸어 내려가 그 신작로를 무사히 건너 크리이크 언덕까지 도달하였다.

막상 크리이크에 당도하였지만 배가 없어 당황하던 중, 마침 지나가는 민선(民船) 한척이 있어 이 배로 여러번 왕래하여 전원이 크리이크를 건널 수 있었다.

 하오 늦게서야 노변에 있는 어느 동리에서 점심을 마치고, 다시 서둘러 행진에 들어갔는데, 이 지방은 기온이 높은 곳이어서 가로수가 남양군도(南洋群島)에서나 볼 수 있는 야자수와 비슷하였는데 중국대원들 말을 들어 보니 이 나무 열매가 여름철에는 배(梨)보다 더 큰 열매가 주렁주렁 열려 행인들이 그늘에서 쉬면서 그 먹음직스러운 열매를 따먹는 것이 보통이라고 하여, 한 개 얻어먹어 보니 맛이 귤 비슷하였고, 나무 이름은 유쓰라고 하였다.

 우리는 비교적 넓은 길을 한 시간 이상 걷다가 좁은 밭길로 접어들면서, 앞에 가로놓은 야산(野山)을 향하여 행진해 갔다. 어느새 해는 서산에 기울고, 초원에서 보는 지평선(地平線)은 높게 자란 풀 사이로 석양의 노을빛이 마치 붉은 실을 흐트러 놓은 것 같아, 반짝반짝 눈부시게 우리가 걷고 있는 앞길을 비추었다.

 좁은 길바닥은 습기가 있어 짚신바닥이 물에 젖어, 깨끗하게 나았던 발바닥의 상처가 다시 물집이 잡히어 가끔 통증(痛症)이 일어났고, 땀에 젖어 마를 사이 없는 등에서는 피부병이 재발했는지 간지러웠다.

 그러나, 갈길은 바쁘고 멀어 쉴사이 없이 걸었는데, 해가 완전히 서산에 지고, 어둠이 초원 위에 깔릴 무렵, 200미터 전방에 있는 동서(東西)로 뻗은 신작로를 건너 크리이크를 통하여 수로로 가야 할 교통상 요충지(要衝地)에 이르렀다. 그런데, 이 곳은 군사상 요지(要地)이어서 과거에 몇 번이나 중(中), 일(日) 양군의 희생이 컸던 치열한 전투지역으로, 지금도 일군의 군용트럭이나 수송부대가 그칠 사이 없이 왕래가 빈번한 곳이었다.

우리는 숙명적으로 이 길을 건너야만 크리이크를 통하여 제2의 목적지인 중국 제3전구(戰區) 고축동(顧祝同) 사령부로 가는 길에 접어들기 때문에, 이 날 저녁 안으로 기필코 건너야만 할 길목이었다.

우리가 탈출 후에 마지막 관문(關門)이 될지 모르는 마(魔)의 도로이어서, 우리는 이 도로를 눈앞에 두고 한참 동안 주변상황을 파악하며, 도로작전(道路作戰)을 짜기 위해 풀밭 속에서 각자의 간격(間隔)을 넓혀 만일의 경우에 대비하였다.

시간은 하오 8시가 지나 칠흑 같은 어둠이 깔리어 10미터 앞도 잘 보이지 않는 밤이 되었는데, 우리가 작전계획을 세우고 있는 동안에도 일군의 군용트럭이 헤드라이트를 비추며 소음을 내고 질주(疾走)하고 있었다. 우리 병력은 1개 소대로서, 지난번 왕(王) 대장이 안내하던 때와는 달리 무장도 최신식 무기로 화력(火力)이 우수하였기 때문에, 적의 소수병력과의 교전은 그리 문제되지 않을 것이라고 생각되었다.

우리 7인 동지와 충의구국군 지휘관은 풀 속에 묻혀 서로의 군사 경험을 살려, 머리를 짜내어 숙의한 끝에 최종적인 작전계획을 세워, 9시 정각부터 마(魔)의 신작로를 건너갈 작전지시를 전대원에게 알리고, 대오(隊伍)를 정비하였다.

마침내, 전대원을 3개 분대로 편성하고, 1분대는 현 위치에서, 2분대는 우측으로, 3분대는 좌측으로 50미터 간격으로 떨어져 풀밭에 잠복(潛伏)시킨 뒤, 1분대부터 도로를 재빨리 뛰어 넘어가되, 반드시 3명 내지 4명이 1조(組)가 되어 행동하고, 앞 조가 완전히 건너간 뒤에 다음 조가 뛰어가도록 하며, 만약 적이 나타나면 중단(中

斷)하였다가 다시 행동을 개시하도록 하였다.

그리고 적에게 발견되어 사격을 받게 되면 좌우측(左右側) 분대가 일제히 엄호(掩護)사격을 하도록 했으며, 일군이 소부대일때에는 1분대, 2분대, 3분대 순으로 엄호를 받아 가며, 길을 뛰어 넘어가고, 많은 병력일 경우에는 길을 건너는 것을 중지하고, 일제히 응전(應戰)하도록 지시하였다.

우리 7인은 1분대에 속하여, 9시 정각이 몇 분 남지 않았을 때, 전방을 보니 별로 이상(異常)이 없는 것 같아 이때다 하고 성(成) 동지와 김 영남(金暎男) 동지, 박 동지가 비호같이 뛰어 길을 건너 풀밭 속으로 사라졌다.

조금 뒤에 나와 정, 최, 김 봉옥 동지 등 4명이 뛰어 넘고, 나머지 대원도 뒤를 이어 1분대는 전원 무사히 건너 포복(匍匐)하여 크리이크 언덕까지 전진, 언덕 너머에서 도로 쪽을 향하여 횡(橫)으로 사격태세를 취했다. 그러자, 2분대가 행동을 개시하여 차례로 도로를 뛰어 넘어왔고, 3분대가 넘어오려 할 때 어디선가 뚜닥뚜닥 소리가 들리더니, 10여명의 일군 기마병(騎馬兵)이 도로를 질주하였다.

그들은 우리 3분대원을 발견한 듯 총을 난사하며, 어둠 속으로 사라져 버렸다. 그 후, 얼마 안되어 적의 군용차 소리가 들려오고 헤드라이트가 훤하게 도로를 비추더니, 두 대의 차가 정지하면서 불을 꺼버려 조용하여졌다. 우리는 긴장하여 그들을 경계하면서 상황의 추이(推移)를 살폈지만, 워낙 어두운 밤인지라 적의 동태(動態)를 파악 못하고 있는데, 또 멀리서 차(車)소리가 가까이 들려오고 있어 적의 병력은 점점 증가할 것만 같아, 아직 길을 건너오지 못한 3분 대원들이 걱정되었다.

사태는 심상치 않아 당장 일전(一戰)이 벌어질 상황인데, 그렇다고 우리가 선제공격(先制攻擊)을 하자니 소재(所在)가 알려져 집중사격을 받을 우려가 있고, 가만히 있자니 아군(我軍)을 방치하는 것이 되어 이러지도 저러지도 못할 지경이 되었다.

더구나, 우리의 후면에는 크리이크가 있어 일보의 후퇴도 할 수 없는 그야말로 배수진(背水陣)의 상태에 놓여 있었다. 적의 후속 군용차는 거의 우리들 앞까지 다가왔으나, 그들 편(便)의 플래시 신호를 받았는지 발동을 끄고 차에서 일병들이 부산하게 내리는 군화소리만 요란하게 들려왔다.

바로 그 때, 3분대의 제1조 대원이 일군 기마병(騎馬兵) 총에 맞아 쓰러져 있는 것을 적(敵)이 발견했는지 바로 우리의 앞까지 와 있기 때문에, 어찌할 도리없이 숨을 죽이고 초긴장 상태에서 사격자세만 취하고 있을 따름이었다. 그러자, 3분대원의 신음소리와 함께 일발의 총성이 터지자 어느 쪽이 쏜 총탄인지 분간할 수 없는 데다 연달아 총성이 터지고 말았다.

아마 첫발은 우리편 부상병(負傷兵)이 쏜 것 같으나 결국 치열한 총격전이 벌어지고 만 것이다. 우리 3분대쪽에서는 총격의 불빛이 쉴사이 없이 터져 나왔고, 이에 맞서 도로쪽의 일군이 쏘아대는 사격도 멈추지 않았다.

이 긴박한 상황을 직시(直視)한 우리 1, 2분대도 더 이상 참을 수 없어, 3분대의 위기를 구출하기 위하여 크리이크 언덕 위에서 일제히 엄호사격을 개시하였다.

일군은 3대의 군용트럭에 타고 있던 병력이 얼마나 되는지, 도로를 중심으로 좌우 양쪽 풀밭 속에서 날아오는 총탄이 비오듯 하여,

피아간(彼我間) 일보도 접근(接近)할 수 없을 정도로 총격전이 극(極)에 달했다. 그렇다고 한없이 사격전만 할 수 없는 것이 일군은 앞으로 계속 지원부대가 밀려올 가능성이 있으나, 우리쪽은 현 병력(現兵力) 이외는 증가(增加)될 병력이 없는 터이므로, 교전(交戰)이 오래 갈수록 불리한 입장에 놓여진다는 것은 명약관화(明若觀火)한 사실이었다.

그래서, 우리는 현재의 교전상태를 빨리 종결짓고, 적의 병력이 불어나기 전에 크리이크를 통하여 한시바삐 목적지로 전진하여야만 했다. 그러므로, 우리는 백병전(白兵戰)을 각오하고, 신작로 쪽으로 포복하여 각개전진(各個前進)을 도모했으나, 한 가지 염려되는 것이 우리의 3분대 화력을 어떻게 피해야 할 것인가. 그 점이 마음에 걸리었지만, 거리상으로 판단할 때 3분대가 전진사격만 하지 않으면 아군의 사격에 총상을 입지 않을 것 같았다.

우리 7인 동지는 낮은 목소리로 최후의 돌격전을 구두전달하며, 각자 총끝에 대검(帶檢)을 꽂았다. 그러자, 군용트럭의 발동소리가 들리더니 차차 멀어지면서 총소리만 간간이 들려올 뿐이었는데, 자세히 보니 헤드라이트를 번쩍이며 왔던 길을 되돌아가는 것을 확인할 수 있었다.

이리하여, 한 시간 동안의 무서운 전투는 끝나고, 우리 대원인 중국군 2명이 적탄에 맞아 희생이 되었고, 3분대원과 합류한 일행은 민선을 구하려고 초조(焦燥)한 시간을 보내다가 용하게 사공 없는 배 몇 척을 발견하여 대원들이 노를 저으며 크리이크를 따라 서쪽으로 떠났다.

선상에서 이날 전투를 도리켜 생각해 보니, 그것은 우리가 일군

(日軍)을 탈출한 뒤, 제7의 관문을 통과한 셈이 되었으며, 뜻밖에도 일군이 후퇴한 것은 그들의 병력이 많지도 않았지만, 싸워 보았자 끝내 승산(勝算)도 없으려니와 군수품을 수송하기 위해 지나던 터라, 우리를 발견하고 일단 저항하다가 그들 부대로 되돌아 간 것이 아닌가 싶었다.

  우리 일행은 태풍일과(颱風一過)후처럼 평온을 되찾아 크리이크에서 육로로 방향을 바꾸어 야간행진을 계속하여 밤을 지새우며, 마침내 우리가 목표했던 제2의 목적지인 중화민국 제3전구(戰區) 산하의 왕가탑(汪家塔) 근처에 당도하였다.

제 8 장 ●●●●

먼동이 틀 때까지

− 항일 투쟁과 낭자군 −

 소주(蘇州)에 있는 일군부대에서 탈출한지 만 27일 만에 안전지대인 이 곳에 무사히 우리 7인 동지 전원이 안착하였으며, 그 동안 잃은 것이 있다면 중국군 전우 2명의 귀중한 생명과 경기관총 1정을 빼앗긴 아쉬움이었고, 얻은 것이 있다면 우리의 원수(怨讐)인 일본군인 6명을 사살하여 미력(微力)이나마 적의 전력을 약화시켰고, 소총 70정과 탄환 800발을 노획한 전과(戰果)라 하겠다.
 그 밖의 수명의 안내인을 위시하여 여 진장(餘鎭長)과 왕 대장(王隊長), 왕 참모(汪參謀), 그리고 왕 군의관(汪軍醫官) 등은 영원히 잊지 못할 맹우(盟友)로서 그들로부터 많은 은혜를 입은 것이다. 이러한 일련(一連)의 사태와 인연(因緣)은 제2차 세계 대전이 우리 7인에게 안겨 준 숙명적(宿命的)인 시련이요, 지구상 어느 곳에나 또한 어느 때나 정의(正義)는 살아 있다는 진리(眞理)를 시사(示唆)한 것이라고 확신하였다.
 이 곳에 당도한 우리 7인 동지는 드디어 제3전구 사령부 휘하(麾

下)의 이 준공 소장(李俊公小將)이 통솔하는 정치부에 소속되어 그 동안 멀고도 길었던 쫓기고 숨어다닌 곡예(曲藝)를 마치고, 이제 앞으로 이 곳 정치공작대원(政治工作隊員)들과 함께 활동하며 생활하게 된 것이다.

중국 군대는 어느 부대를 막론하고 정치부(政治部)가 편성되어 있어, 전후방에서 정치공작을 유일한 과업으로 활동하고 있는 것 같았다. 정치부장인 이 준공 장군(李俊公 將軍)은 문무(文武)를 겸비한 군인같이 보였으며, 우리 동지들은 중교(中校;중령)의 대우를 받으며, 80여명의 대원들과 활동을 같이하게 되었는데, 대원중에는 낭자군(娘子軍)이라 일컫는 여자대원(女子隊員)이 10여명이나 있었다.

나는 고국에서 중국의 낭자군(娘子軍) 이야기를 다소 들었지만, 이 곳에서 막상 그들을 직접 대하고 보니 진기(珍奇)하게 보였고, 복장도 남자와 똑같은 군복에 권총을 차고 있어 늠름한 모습이 아름답고 씩씩하게 보였으며, 그들의 조국과 민족을 위하여 남녀의 구별 없이 참전하고 있는 정신과 태도에 깊은 감명(感銘)을 받았는데, 나라 잃은 우리들의 가슴을 뭉클하게 하였다.

우리가 도착한 날 밤 이곳에서는 성대한 환영회(歡迎會)가 베풀어졌다. 주최(主催)는 이 부대였고, 장소는 강서성립(江西省立)사범학교 교사(校舍)였다. 저녁식사를 마친 우리는 낭자군의 안내를 받으며 환영회장에 들어가보니, 전면(前面) 교단에는 우리가 앉을 좌석이 마련되어 있었고, 소강당에는 남녀노소할 것 없이 일반인이 입추(立錐)의 여지없이 만원을 이루었고, 우리가 실내에 들어서자 박수(拍手)소리가 울렸는데, 참으로 감격적이고 영광스러운 순간

이어서 감개무량(感慨無量)이었다.

　그야말로 한 나라의 민족과 또 다른 나라 민족과의 반가운 해후(邂逅)였고, 뜻을 같이하는 인류간의 교환(交換)이었다. 소주(蘇州)에서 일군을 탈출하여 이 곳에 이르기까지 얼마나 많은 사선을 넘어왔던가! 오늘의 이 환영회야말로 꿈이 아닌 분명하고 엄연한 현실(現實)이었고, 비록 일인들에게 나라를 빼앗긴 약소민족(弱小民族)이지만 중국 국민들로부터 이렇게 뜨거운 환영의 박수를 받고 보니, 한국 민족으로서의 긍지(矜持)를 갖게 되었으며, 그들이 모두 동기간(同氣間) 같은 생각마저 들었다.

　환영회는 순서에 따라 진행되었는데, 먼저 한 낭자군(娘子軍) 아가씨가 단상에 올라와 우리 7인 동지의 성명(姓名)을 일일이 소개하고 나서, 우리가 일군을 탈출한 경로와 일군 분견대와 경찰대를 습격하여 다대한 전과를 거두고, 많은 총기와 탄약 등을 노획(鹵獲)하여 왔다는 설명을 하자, 다시 한번 우뢰(雨雷)와 같은 박수가 터져 나왔다.

　그리고, 우리의 탈출 사실과 과정이 중국 각 일간신문에 대대적으로 보도(報道)되었다는 것을 알려 주었다. 인사 소개가 끝나자 여흥순서(餘興順序)로 들어가 사범학교 여학생의 독창이 있었는데, 반주는 없어도 고운 목소리로 능란하게 잘 불렀다. 노랫말 뜻은 잘 몰라도 바로 그 노래가 중국 꾸냥(姑娘)의 노래였으며, 이어서 합창이 두 번 있었고 무용도 있었는데, 전시 중에 이국(異國)에서 가무(歌舞)를 감상할 수 있는 행복감을 실컷 만끽하였다.

　장내는 화기애애하여 평화스러운 분위기(雰圍氣)에 휩싸였고, 청중은 한 시간 이상을 시종일관 재미있게 관람하면서 자리를 뜰 줄 몰랐다. 마지막으로 낭자군(娘子軍)들의 행진곡(行進曲) 합창이 있었는데, 청중들도 일제히 일어나서 따라 불렀으며, 내가 듣기에도 멋있고 씩씩한 곡이어서, 후일 우리는 낭자군에게 이 노래를 배워 즐겨 불렀다. 가사(歌詞)는 다음과 같다.

行進曲 (씽 진 취)

起來 起來 不願做奴隸的人們
치래 치래 부유엔주 누 뢰 듸 인 문

把我們的血內 築城我們的 新的長城
빠 위 문 듸 쎄 유이 주 청 위 匸 듸 낀 픠 상 성

中華民國 到了 最危險的 時候
중 화 민 꿔 또아 리우 췌 웨 쎤 듸 씩 허우

每個人們 集合絶叫 最後的 吼聲
매 꺼 인 문 지 허우 췌 지오 췌 허우 듸 허우 셍

我們萬衆一心 冒到 敵人的 砲火
위 문 완 중 이 씬 마우 또우 듸 인 듸 파오 훠

前進 冒到 敵人的 砲火 前進
쳔 진 마우 또우 듸 인 듸 파오 훠 쳰 진

前進－前進－前進－進－
쳰 진 쳰 진 쳰 진 진

－가사 내용(歌詞內容)－

일어서 오라 일어서 오라.

우리는 노예의 인간을 원하지 않는다.

우리는 우리의 혈육으로 새로운 장성을 쌓자.

중화민국은 가장 위험한 시기에 도달했다.

모든 사람은 한데 모여 최후의 사자후를 절규하자.

우리는 한마음 한뜻으로 적(日軍)의 포화 속으로 뛰어 들자.

적의 포화 속으로 전진 전진 전진 하자.

제3부/하늘 끝 바다 끝

이와 같이 씩씩하고 우렁찬 행진곡으로 휘날레를 장식하며 환영 대회가 끝나자, 우리 7인은 다시 낭자군의 안내를 받아 숙소에 돌아왔다.

숙소는 민가를 비워 우리 7인과 중국군 당번병(當番兵) 1명이 같이 거처하게 되었는데, 위치가 동리 변두리의 조용한 지역이어서 숙소 옆엔 민가(民家)가 약간 있었고, 골목길을 빠져 나가면 맑은 물이 흐르는 시내가 있었으며, 그 냇물 건너편은 문전옥답(門前沃畓)이 펼쳐져 있었다.

숙소의 환경은 조용하고 자유스러워 마음에 꼭 들었고, 일과(日課)는 아침에 일정한 시간 없이 자유롭게 기상하여 세수후 아침식사를 마치면, 정치부에 나가 라디오를 듣고 세계 정세를 알아보며 주로 일본방송을 번역(飜譯)하여 정치부 참모에게 건네 주는 것이 우리 7인 동지가 하는 임무(任務)였다.

임무 외에도 우리가 듣고 싶으면 모든 방송에 귀를 기울여 우리 나름대로의 시국(時局)에 관한 보도 내용을 분석하여 새로운 뉴우스에 관심을 가질 수 있었지만, 우리의 생활은 너무나 단조로와 많은 여가시간을 개인적으로 이용할 수 있게 되었다. 오전에 정치부에서 일과를 마치고 나면, 때로는 동리 사람들과 어울려 잡담을 하거나 일상생활을 알아보기도 하며, 회화연습(會話練習)도 하였다.

때로는 낭자군(娘子軍)들이 차엽(茶葉)을 따는데 따라가서 거들기도 했으며, 각자 자기의 내의를 손수 빨아 깨끗하게 입었고, 매 말랐던 정신을 윤택하게 하기 위하여 동지들과 각종 토론(討論)도 하고, 정치부에서 읽을 만한 책을 가지고 와서 읽기도 하였다.

동리 주변의 야산에는 우리나라 진달래 모양의 관목(灌木)인 차

나무가 푸르게 무성(茂盛)하였는데, 바구니를 옆에 끼고 차엽(茶葉)을 따는 꾸냥(姑娘)들의 모습은 우리나라 아가씨들이 나물캐는 모습과 비슷하여 정답고 아름답게 보였다.

한국에서 봄철에 나물캐는 처녀가 우리나라 특유의 멋있는 낭만이라면, 중국에서는 차엽따는 꾸냥이 그들의 전형적(典型的)인 아름다운 정경(情景)인 것 같았다.

원래, 중국인들은 냉수(冷水)를 절대로 마시지 않고, 차(茶)를 꼭 끓여 마시기 때문에, 차엽은 식량에 버금가는 필수불가결한 식료품(食料品)이어서 어느 곳을 가나 차엽을 따는 아가씨들을 볼 수 있었다.

차를 마시는 것은 누구나 인간의 기호(嗜好)에 속하는 것이기는 하나, 중국 각 도시에 가 보면 어디고 차관(茶館)이라 하여 널따란 홀에서 안락의자에 앉아 차를 마시며, 해바라기나 박씨앗 등을 까서 먹고 있는 풍습이 많이 눈에 띄었다.

우리는 가끔 낭자군 아가씨들과 차엽을 따러 야산에 올라가 이 골짜기 저 골짜기를 누비며 차잎을 따기도 하고, 그들로부터 회화(會話)도 익히며 중국 노래도 배웠다. 매일같이 오후가 되면 그들과 어울려 등산하는 것이 즐거운 일과처럼 되어, 이제는 중국가요(中國歌謠)를 여러가지 곧잘 부르게 되어, 그들이 "치라이(起來)" 하고 노래를 시작하면 우리도 "치라이"하고 환영회때 낭자군들이 합창했던 행진곡을 멋있게 따라 불렀다.

치라이(起來)라는 행진곡은 곡조가 경쾌해서 그런지, 나는 며칠 안되어 가사의 발음이나 발성(發聲)을 완전히 익혀 독창도 하게 되어 산 속에서 신나게 부르노라면, 낭자들은 호디호디(好的好的)하며 박수를 치고 칭찬도 하여 주었다. 그 대신 우리도 그들에게 우리 나라 대표적 민요(民謠)인 '아리랑'을 가르쳐 주며, 노랫말 뜻도 대강 설명하였더니, 무척 이 노래를 좋아하며 쉽게 배워 재미있게 불렀었다.

시일이 흐르면서 그들과의 사이는 더욱 가까와져, 종종 우리들의 숙소에 들려 중국가요를 가르쳐 주기도 하고, 유격전에 참가한 이야기도 들려 주는가 하면, 일상생활 용어의 발음 연습도 일러주고 한자(漢字)를 써서 필문필답(筆問筆答)도 하여, 시간가는 줄 모르고 놀다 가곤 하였다. 이들 낭자군 아가씨들은 12명 중 거의 20세를 갓넘은 처녀들로서 얼굴도 예쁘게 생겼거니와 상당히 유식하고 교양(敎養) 있는 여군(女軍)들이었다.

그녀들은 일군에 대한 적개심은 대단하였고 군인정신도 철저하여 때에 따라 2, 3명씩 짝을 지어 사복차림으로 권총을 휴대하고 적진(敵陣)에 돌입하여 군용교량을 폭파하거나 적정을 탐색하는 정찰임무(偵察任務)를 곧잘 훌륭하게 해내는 용사들이었다.

어느 날, 낭자군의 한 사람인 이 양(李孃)이 내 손에 쥐어 준 종이쪽지를 펴보니 '류랑 싼뿌취(流浪三部曲)'란 노래의 가사였는데, 나도 모르게 마음이 설레어 아무 말도 못하고 얼떨떨한 표정을 지었으나 그녀는 상냥한 음성으로 "류 선생(柳先生), 이 노래를 모르시죠. 이 노래는 당신네와 같은 처지에 놓여 있던 우리나라 동북지방(東北地方) 동포들이 불렀던 애절한 유랑(流浪)의 노래입니다. 제가 가르쳐 드리지요"하면서 내 손을 끌어다 류랑 싼뿌취(流浪三部曲)란 글자를 한 자씩 짚으며 '류랑 싼뿌취'라고 발음까지 일러 주었다.

그 때, 나와 그녀는 서로 마주 보면서 시선이 일치된 채 피차 아무 말이 없었다. 한참만에 나는 그 노래의 가사를 우리말 발음으로 읽어 보면서 노래의 뜻을 대충 풀어 보니, 그 내용을 알 것 같았다. 류랑 싼뿌취(流浪三部曲)의 가사(歌詞)는 다음과 같다.

流浪三部曲 (뢰량쌈뿌취)

我的家　　在東北　　松花江上
위듸자　　재뚱빼　　쑹화쟝쌍

那裡有　　森林煤鑛　　大豆高粱
나리이우　쌴린메꿍　　따떠우까오량

我的家　　在東北　　松花江上
위듸자　　재뚱빼　　쑹화쟝쌍

那裡有　　森林煤鑛　　大豆高粱
나리이우　쌴린메꿍　　따떠우까오량

還有那　　哀老的　　多娘牙
환이우나　쒜라오듸　디냥아

九一八　　九一八
지우이빠　지우이빠

從哪個　　悲慘的　　時候
춤나꺼　　뷔찬듸　　씌허우

那年那月　才能哥
나년나유에　채넝꺼

收回我那　無盡的寶藏
씨우훼워나　우진듸빠오창

那年那月　才能哥
나년나유에　채넝꺼

回到我那　可愛的　故鄕
훼또아워나　커애듸　꾸쌍

多娘牙　　多娘牙
디냥아　　디냥아

什麼時候　才能哥
시 머 쓱 허우　채 넝 꺼
回到我那　可愛的　一堂
훼 또아 위 나　커 애 듸　이 탕

이 가사의 내용은 1942년 9월 18일 일본이 조작(操作)한 침략전으로 만주사변(滿洲事變)이 발발하여 정든 고향산천과 무진장(無盡藏)한 지하자원 및 풍부한 농작물인 대두(大豆)·고량(高粱) 등을 저버리고, 그들에게 쫓겨 정처(定處)없이 유랑생활(流浪生活)로 떠돌아 다니는 중국 동북방인 만주지방 주민들이 부른 노래로, 민족적 비애를 노래한 것이었다.

어느 해 어느 달에 우리의 무진장한 보고를 회수하며, 어느 해 어느 달에 우리의 사랑하는 고향에 돌아갈 것인가? 아빠! 엄마! 언제 우리는 한집에 돌아와 만날 것인가?

이 양(李孃)은 나에게 이 노래를 선사하며, 곡(曲)도 열심히 가르쳐 주었는데, 나는 본래 노래를 좋아하고 즐겨 불러서 클라식이던 대중가요던지 혼자 있으면 콧노래를 곧잘 불러 비교적 남보다 쉽게 이 노래를 익혔다.

이 양이 가르쳐 준 류랑 싼뿌취(流浪三部曲)는 나로 하여금 향수에 젖게 하였고, 시름을 달래는데 더할 나위없는 듣기 좋은 곡이었다. 그녀와 마주보며 함께 몇 번이고 되풀이하여 가사와 곡을 완전히 배워 버렸고, 그리하여 나는 우리 동지들에게 이 노래를 가르쳐 줄 수 있었다.

우리 7인 동지는 거의 기혼(旣婚)이었는데, 나는 집을 떠나올 때 혼담(婚談)이 많았지만 별로 관심이 없었을 뿐 아니라, 학문을 계속하고 싶어 독일(獨逸) 유학(遊學)을 갈 예정이어서, 대학 재학시에 제 2 외국어를 영어 대신 독일어를 택한 것도 그러한 이유였으나, 이제는 모두 허사(虛事)가 되어 버렸고, 그간 이성(異性)과의 교제는 전연 없었기에 어딘지 모르게 이 양과의 접촉은 재미있고 시간 가는 줄 몰랐으나, 대화의 요령도 몰랐고 깊은 관심도 없어 별로 할 말이 없었다.

그 후부터 산에 오르면 이 노래를 구슬프게 불렀는데, 이 양 일행은 "호디호디"하며 손뼉을 치고 반겨 주었다. 낭자군들과 허물없는 생활이 계속되는 동안 이곳 부락의 여인들과도 알게 되어 우리들은 인기(人氣)있는 존재가 되었다.

우리들은 틈이 나는 대로 냇가에 나아가 바람도 쐬이고 세탁도 하였는데, 냇가로 가는 좁은 골목길에는 언제나 젊은 여인들이 대문 앞에 나와 의자에 앉아서 우리가 지날 때마다 유심히 바라보곤 하였다. 이곳을 자주 지나게 되니 서로 인사를 나누고 쉬기도 하여, 허물없는 마을사람이 되었다.

그들 중 두 사람은 좀 나이가 들어 보였고 세 사람은 우리들과 비슷한 20세 전후의 젊은 여자였다. 생각컨데 전화(戰禍)를 피하여 각 지방에서 모여든 말하자면 피난(避難) 온 여인들인 것 같았으나 어딘지 모르게 몸 차림새가 깨끗하고 교양있는 신여성들로 보였다.

그들이 거처하는 집에는 중국군 당번병(當番兵) 한 사람이 가끔 출입하여 그녀들을 돌보아 주고 있었다. 그리고 그들 중 뛰어난 미모(美貌)의 유이(余)라는 성을 가진 아가씨가 있었는데 그야말로 미스 중국 정도의 미인이어서 우리 동지들간에 화제(話題)의 대상이 되었다. 중국말로 유이(余)양은 전형적인 동양미인(東洋美人)

으로 말씨와 거동도 상냥하고 부드러우면서도 어딘지 모르게 착하게만 보이는 인상은 내가 과거에 단 한 번도 여성과의 교제가 없었던 탓인지 여성의 아름다움을 이국(異國) 땅인 중국에 와서야 처음으로 느껴 보았다. 우리 동지들은 몇 차례 그들과 만나 대화를 나누고 때로는 노래를 서로 가르치며 일시나마 재미있는 이국정서(異國情緖)를 느낄 수 있었다.

그 중에서도 젊은 세 여자와 유독 친하게 되어 틈이 있으면 곧 잘 그곳에 놀러가기도 하였다. 유이(余)양은 특히 추(秋)양과 사(謝)양하고 친한 것 같아 언제나 세 사람은 대문앞에서 자수(刺繡)를 하면서 모여있다가 우리가 지나가면 반갑게 인사를 나누고 그들이 앉아 있던 의자를 내어주며 쉬어가기를 청했다. 그후 내가 세탁을 하려고 냇가에 가면 유이(余)양이 나도 모르는 사이 뒤를 따라와 세탁물을 빼앗아 들고 물가에 앉아 열심히 빨래를 하면서 곧 잘 "아리랑"을 불러 주었고 나에게도 류랑쌈뿌취(流浪三部曲)를 불러 보라고 졸라대기도 했다. 이곳에 온 후 우리 동지들도 정신적인 여유가 생긴 탓인지 잠자리에 들면 우스개 소리로 여성에 대한 이야기가 가끔 화제에 올라 동지들은 나에게 "류동지" "이(李)양과 유이(余)양이 류동지를 좋아하는 것 같은데 그들 두 사람중에서 한 사람 골라 국제 결혼이나 하지"라고 말하기도 하였지만 丁동지는 "내가 총각이라면 추(秋)양과 결혼하여 항일(抗日)운동에 동참(同參)하겠어"라고 웃으면서 나에게 결혼을 권하기도 했다.

아무튼 동지들의 이러한 말은 진의(眞意)가 어디에 있던 삶의 정서(情緖)가 매마른 전쟁(戰爭)터에서 인간미(人間味)가 넘치는 낭만이기도 했다.

그후 우리는 유이(余)양의 초청으로 그들이 모여있는 집에 가서 중국 고유(固有)의 다과(茶菓)를 들면서 피차(彼此)의 나라 풍습도 이야기하고 때로는 따도쓰뺀꿔쓰(打倒日本鬼子)를 외치며 공동의 적(敵) 日本에 대한 울분을 풀기도 하였으며 그들의 침략으로 입은 서로의 피해(被害)와 고향을 저버린 비애(悲哀)에 대해서도 위로를 주고 받았다.

그리고 유이(余)양과 나는 승리(勝利)를 기원(祈願)하는 축배도 나누었다. 그럴 때마다 유이(余)양은 유독(惟獨) 나를 애수(哀愁)에 섯은 눈조리로 불끄러미 보다가 시선이 마주치면 고개를 숙이고 무엇인가 생각에 잠기듯 말없이 나에게 여운을 남기게 했었다.

이리하여, 15여일이 지난 어느 날, 부대본부에서 우리에게 대기(待機)하도록 연락이 왔다. 전황(戰況)이 고조(高潮)되자 우리 7인 동지도 한가하게 이 곳에 무작정 머물러 있을 수는 없는 노릇이고, 전쟁이 막바지에 접어들은 긴박상황으로 보아 중경(重慶)에 간다는 것은 거의 불가능하게 되었고, 전후방(前後方) 할 것 없이 중국군에게 총출동(總出動)명령이 내려진 것 같았다.

그리하여, 우리가 중경에 가서 김 구 주석(金九 主席)을 만나보고, 독립운동에 참여해야겠다는 처음 생각은 여러모로 재검토(再檢討) 할 시기가 온 것 같았고, 뿐만 아니라 중국 대륙의 모든 병력이 최후의 일전에 참가하기 위하여 전방 최전선으로 총진군하려는데, 유독 우리만 후방으로 역행(逆行)할 명분이 서지 않았다.

또한, 설령 가겠다 하더라도 교통상 도저히 갈 수 없을 뿐더러, 한 낭자군의 과장된 표현이지만 이곳에서 중경까지 걸어서 간다면 근 10년이란 세월이 걸릴 것이라고 말하는 것이었다. 그도 그럴것이 지도(地圖)를 펴놓고 보면 강소성(江蘇省), 강서성(江西省), 호북성(湖北省), 사천성(泗川省) 등 4성에 걸쳐 심산준령(深山峻嶺)을 넘어가야 되는데, 수만리(數万里)가 되는 먼 거리였다.

제 3 전구 사령부에서는 언제 어떠한 전달이 올지 막연히 기다리기도 지루하고, 다시 이곳에 돌아올지 모르는 일이어서 마지막으로 이 곳 왕가탑(汪家塔)의 번화한 도심지(都心地) 구경이나 하기로 하여, 우리는 안내인 한 사람을 앞세우고 시내(市內)로 나갔다.

나는 무엇보다도 그 동안 장만할 수 없었던 우리나라 국기(國旗)인 태극기(太極旗)를 어떤 의복상에 들려 대형(大型)으로 주문하여 만들어 가지고 숙소로 돌아왔다.

이 태극기는 세로가 1미터 50이고, 가로가 2미터쯤 되는 우리가 처음 가져 보는 국기여서, 한국 국민으로서의 긍지(矜持)를 느끼고, 백의민족(白衣民族)을 자각하는 감동(感動)을 느꼈다. 앞으로 전투시에는 언제나 우리 국기를 앞세우고 흔들어 적군에게 과시(誇示)하고, 평상시에도 애국애족하는 정신을 일깨워, 언제나 우리 7인 동지는 국기를 심벌로 더욱 굳게 뭉쳐야겠다는 비장한 각오를 하였다.

숙소에 돌아온 우리들은 한자리에 둘러앉아 전쟁의 결과를 점(占)치기도 하고, 왜적(倭敵)의 패망(敗亡)을 예측하면서, 앞으로 우리가 해야 할 일을 상의하면서 하루를 보내니, 모두 피곤하여 일찍 잠이 들었다.

다음 날 아침, 일어나자마자 우리들은 궁금하여 식사를 서둘러 들고 정치부로 나가 보았더니, 아닌게 아니라 시국에 대한 긴장감이 감돌았고, 낭자군 이(李)양이 나에게 다가와서 하는 말이 우리들과 곧 작별하게 될 것이라고 하면서, 그들도 새로운 과업(課業)을 맡아 출동한다는 것이었다.

제 3 전구 사령부 휘하부대는 온통 전방작전(前方作戰)에 참여할 준비로 분주하였고, 어느 때 어느 부대가 어디로 출동하게 되는지 초조하게 명령만 기다리는 대기상태(待機狀態)였다. 이러한 긴박한 상황을 감지(感知)한 우리는 정치부 근무도 끝날 것 같아, 좀더 적극적으로 대일투쟁(對日鬪爭)을 감행하기로 7인 동지 모두 합의하여, 그 뜻을 사령부에 전달하였다.

그러사, 우리의 요청이 받아들여져, 당일(當日) 즉각 유격대(遊擊隊)가 새로 편성되어 출동하니 희망자는 합류하라는 전갈이 있어, 성 동준(成東準), 김 영남(金映男), 박 영(朴英) 세 동지가 이 유격대에 편입하여 전방공작에 참전키로 하고, 나머지 4명은 주둔부대와 활동을 같이하여 별도지시(別途指示)가 있을 때까지 현재의 숙소에서 대기하게 되었다.

그리하여, 성 동지 등 3명은 이날 밤 이곳을 떠나게 되었는데, 우리 7인 동지가 한때나마 3명과 4명으로 나누어져 작별하게 되니, 지금까지 생사고락(生死苦樂)을 같이하여 온 맹우(盟友)와의 이별은 너무나도 서글퍼 쓰라린 심정을 달랠 수 없었다.

그러나, 어찌하랴! 우리들이 스스로 생각하고 택(擇)한 길이 아닌가…. 돌이켜 보면, 그 수 많은 사선(死線)을 넘고 넘어 무사히 오늘에 이르렀는데, 아무리 숙명적이고 운명의 장난이라 하여 몸은 비록 동서(東西)로 갈릴지언정 동지들 마음만은 앞으로도 별다른 불상사(不祥事)야 있겠느냐는 신념을 갖고, 추호라도 흔들리거나 약한 생각을 하지 말고, 변함없이 용감하게 대처하자고 굳은 맹세

제3부 / 하늘 끝 바다 끝

를 하면서 서로를 격려하였다.

　세 동지를 떠나보낸 숙소(宿所)는 쓸쓸하기 짝이 없어, 빈자리에는 찬바람이 이는 것 같아 좀처럼 잠이 들지 않았다. 더구나 성 동지와 김 영남(金映男) 동지는 연령이나 체구로 보아 어쩐지 형(兄) 같기도 하고 용감하여서 언제나 우리들은 마음 든든한 바 있었는데, 네 명만 남고 보니 어딘지 모르게 허전하였다.

　그리고, 우리들 남아 있는 네 명도 일간에 어디론가 떠나게 되는 모양이어서, 방향이나 지점은 알 수 없어도 작전에 참가하는 것만은 기정사실인 것 같았다. 아무튼 이날 밤은 통 잠을 이루지 못하고, 네 동지끼리 이런저런 이야기와 공상(空想)을 하며, 밤을 지새워 날이 밝았는데, 밤새 피워댄 담배연기가 방안에 자욱하여 싸한 냄새가 진동하였고, 입속이 써서 입맛마저 싹 가시어 머리가 띵하게 아파 왔다. 게다가 나는 몸이 몹시 무거워 조반도 걸르고 그냥 누워 있었으나, 세 동지는 그런대로 아침밥을 먹고 정치부에 출근하였다.

　혼자 누워서 천정만 물끄러미 바라보고 있노라니, 당번병(當番兵)이 쪽지 한장을 가지고 왔기에, 웬 쪽지인가 싶어 펴 보니, 여 양(余孃)이 보내온 편지였다. 사연(事緣)인즉, 자기집에 한번 다녀갔으면 하는 청(請)이었으나 몸도 편치 않은데다 근무시간인지라 가 볼 수 없었으나, 한 여인으로부터 만나자는 요청을 받고 보니 기분이 그리 나쁘지는 않았다.

　그러자, 정 동지가 달려오더니 정치부 이 준공 장군(李俊公將軍)이 전속하게 되어 기념촬영과 송별연이 있다고 알려 주었다. 이 소장(李小將)은 성품이 온후하며 문무를 겸비한 용장이었으며, 언제나 우리 7인 동지를 따뜻하게 대하여 주었고, 환담도 자주 나누었으며, 특히 우리를 위로 격려하기 위하여 낭자군을 동원하여 차엽을 따면서 즐겁게 하여 주도록 세심한 배려를 하여 준 어버이 같은 고마운 분이었다. 부대에 남아 있는 대원들과 이 장군을 중심으로 하여 기념촬영(記念撮影)을 마치고, 연회를 끝낸 뒤 진심으로 그를 환송하며 무운장구(武運長久)를 빌었다.

우리는 그 동안 중국말 회화가 상당히 늘어서 웬만한 일상용어(日常用語)는 자유롭게 대화를 할 수 있게 되었고, 마을 사람들과 곧잘 어울리어 이야기를 나누면서 가까이 사귀게 되었다.

하루는 성립사범학교에 가 보았더니, 전시(戰時)인지라 교실은 모두 군대가 사용하고 있었기 때문에 동리 이곳저곳에서 학생들을 모아놓고 교사들이 순방(巡訪)하면서 수업을 하고 있는 실정이어서, 전시 교육의 중요성을 보여 주었고, 교육은 중단할 수 없는 국가시책 중 가장 우선순위(優先順位)에 있는 백년대계(百年大計)임을 증명하고 있었다.

그리고, 비좁은 방에서 꿇어 앉아 수업을 받고 있는 학생들의 모습은 마냥 장(壯)하게 보였다. 또한, 이 지방 농민들은 우리나라보다 농경(農耕)기술이 발달하여 여러 가지 농기구와 물소 등이 없는 집이 거의 없었고, 농가마다 목욕탕이 마련되어 있었으며, 어느 집이고 대문 안에 들어서면 관우(關羽)의 초상화가 현관 정면에 걸려 있었는데, 중국인들은 관우를 이상적(理想的)인 인물로 전국민이 존경의 대상으로 삼고 있었다.

마침내, 우리에게 큰 변동(變動)이 닥쳐왔다. 미군(美軍)의 함포사격이 동남아 일대에 시작되자 중국군은 전장병에게 전방으로 추격작전을 개시하라는 명령이 내려진 것이었다. 정치부 역시 전방으로 이동 명령이 내려져, 남아 있는 우리 네 명의 동지들도 중국군과 동주지운명(同舟之運命)으로 같이 출동하게 되었다.

우리는 탈출 당시의 결의를 재확립하고, 조국의 광복을 달성하기 위하여 기어코 살아 돌아가 부모형제를 다시 만나야겠다는 각오를 굳게 하면서, 흔쾌히 전방작전에 동참(同參)하기로 하였다.

나는 갑자기 유이(余)양의 쪽지를 받고도 일찍 응답을 못해 준 것을 후회하고 마음 한 구석에는 죄책감마저 느껴져 괴로운 심정을 무어라 말로 표현할 수 없었다. 물론 긴박(緊迫)해진 전세(戰勢)로 사정이 여의치 못한 탓도 있었지만 떠나기 전에 꼭 한 번은 만나보아야겠다는 생각에 기회를 엿보던 중 정(丁)동지가 저녁식사를 마치고 사(謝)양에게 전할말이 있어 같이 가기를 원하여 우리 네 동지는 그간의 호의(好意)에 감사하고 석별(惜別)의 정을 나누기 위하여 유이(余)양이 있는 곳을 찾아갔다.

그도 역시 우리 일행의 이동을 알고 있었는지 반가이 맞아주면서 추(秋)양과 사(謝)양 등 함께 여러가지 색다른 요리를 미리 준비해 놓고 술을 곁들여 푸짐하게 송별연(送別宴)을 베풀어 주면서 그동안 우리와 만나 즐거웠던 이야기며 전쟁으로 인해 피해받은 서러움 그리고 앞으로의 희망 등 섭섭하면서도 정다운 환담을 나누기도 하고 중국 전통의 민요를 합창하면서 서로 작별해야 할 처지를 안타까와 했다.

유이(余)양은 시종 내 곁에 앉아 말이 없다가 내가 가르쳐 준 "아리랑"을 가냘픈 음성으로 곧 잘 불렀으나 좌중은 잠시동안 우수(憂愁)의 침묵이 계속되었다. 나와 세 동지는 유이(余)양의 노래에 보답이나 하듯 작은 목소리로 "류랑 싼뿌취(流浪三部曲)"를 합창하고 그들이 따라주는 로주(老酒)를 마셨다.

김 봉옥(金鳳玉)동지를 제외한 나와 정(丁) 최(崔) 세 사람은 평소 별로 술을 좋아하지 않았지만 오늘따라 추(秋)양과 사(謝)양이 따라주는 술을 마다하지 않고 상당히 마셨다.

고국(故國)에서도 경험하지 못한 정다운 여성과의 주석(酒席)은 마냥 신기(神奇)하기만하고 즐거웠다. 더구나 적과 대치(對峙)하고 있는 살기(殺氣)의 이국(異國)전선(戰線)에서 젊고 아름다운 여성들과의 이별주는 상상도 못했던 흐뭇한 정경(情景)이 아닐 수 없었다.

그리고 간악한 일제의 침략으로 가증(加增) 수모와 비애를 참고 오직 자기 조국의 승리와 독립을 염원하는 한민족(漢民族)과 백의민족(白衣民族)의 숙명적인 인연은 오늘 이 자리에서 그 고귀(高貴)함을 만끽(滿喫)했다.

더구나 얼마 안된 기간이지만 유이(余)양을 위시해서 추(秋)양과 사(謝)양 세 여성이 베풀어 준 친절과 호의는 영원히 잊을 수 없는 추억으로 간직하지 않을 수 없었다. 그뿐 아니라 나는 만리타향(萬里他鄕)인 중국에서 그것도 전란(戰亂)속에서 이성(異性)에 대한 사랑과 삶의 존엄성을 느꼈다.

술자리는 이제 노래도 멈추고 조용한 대화의 분위기로 흘러가고 있었다. 나도 평소보다 제법 많이 술을 들었다. 그러나 젊은 탓인지 술에 취한 기색은 아무도 없었다.

나는 김동지의 주량을 알기 때문에 "봉옥(鳳玉)이!" "한잔 해" "언제 또 술 먹을 기회가 있겠어"하며 술을 권하자 기다렸다는 듯 미소를 띄우고 술잔을 받아 마신 후 그동안 틈틈이 배워서 알고 있다는 중국노래를 부르기 시작했다. 그 순간 유이(余)양이 자리에서 일어나 밖으로 나갔다. 조금 지나서 앞에 있던 추(秋)양이 나를 힐끔 보면서 무엇인가 눈치하였다. 나는 바로 그의 암시를 알아차리고 밖으로 나가보니 유이(余)양이 마당에 서서 조그마한 목소리로 "래래(來來)" 손짓하며 인도하여 그를 따라 입구에 커어튼(CARTAIN)으로 가려진 방으로 들어갔다.

중국 사람들이 사용하는 방(房)이란 대개 대문안에 들어가면 마당 주위로 건물이 세워져 벽과 벽 사이를 커어튼으로 막아 그 커어튼 안쪽이 방으로 사용되고 방 한 쪽에는 침대와 가구가 놓여져 있고 대개 신발을 신은 채 방에 들어간다.

유이(余)양의 방에는 침대 이외에 별다른 가구가 없었고 테이블과 의자가 고작이었으며 책상위에는 거울과 주전자 차잔이 놓여 있었다. 그도 그럴것이 전시에 피난(避難)살이를 하고 있는 그들에게 호화로운 가정생활이 있을 수 없으며 언제 또 다시 일본의 침공으로 피난처(避難處)를 옮겨 갈지 모를 일이었다. 술을 마신 탓인지 불빛 아래 얼굴이 약간 붉어진 유이(余)양은 나지막하게 애교(愛嬌)있는 목소리로 "칭줘(請坐) 칭줘(請坐)"하면서 나의 손을 끌어 침대에 앉게하고 자기도 옆에 나란히 앉아 대화를 나누웠으나 무슨 말을 해야할지 망설여졌다. 그러나 유이(余)양은 서투른 나의 말을 곧잘 알아듣고 웃기도 하면서 그런대로 대화는 이어갔다.

한참 후 그는 손목 시계를 보더니 책상 위에서 붉은 보자기를 가져다 내 앞에 놓고 나의 손바닥을 펴보라는 것이었다. 그의 말대로 손을 보였더니 그는 희고 가냘픈 손가락으로 정성들여 한 자 한 자

"你們是 我的 火爐"라고 써 보이면서 "선뭐(甚麼) 선뭐(甚麼)"하였다.
　나는 그 뜻을 한자(漢字)풀이를 해 보았다. "당신은 나의 화로"라는 뜻이기는 하나 우리말의 화로(火爐)라는 명사가 그들 중국에서는 무슨 뜻을 표현하는지 확실치 않아 짐작으로 그의 손바닥에 "愛人"이라 쓰고 "쓰(是) 부쓰(不是)"하면서 물어 보았더니 유이(余)양은 "쓰더(是的) 쓰더(是的)"하면서 수줍은듯 그렇다고 고개를 끄덕이고 나의 얼굴을 뚫어지게 보고 있었다.
　중국 일부지방에서는 남여긴 깊은 사랑 상내늘 화로(火爐)로 표현한다하고 결국 "你們是 我的火爐"라 쓴 뜻은 "당신은 나의 사랑하는 애인이다"라는 표현이었다. 얼마후 그는 침대에서 일어나 붉은 책보의 선물을 나에게 건네주면서 작별을 고했다.
　나도 일어서서 그의 선물을 받아 들고 "시에(謝) 시에(謝)" 고맙다는 인사말을 전하자 그의 침울한 표정은 보기에도 안타까워 차마 얼굴을 마주볼 수 없어 시선을 천정(天井)쪽으로 돌려 잠시나마 우리 두 사람은 무거운 침묵에 잠겼다. 그때 나는 우연히 침대 머리쪽 벽에 걸린 사진을 보았다. 액자 속에 있는 남자사진은 군복차림의 장교(將校)같았다.
　나는 오랜 침묵을 깨고 무엇인가 말을 하려던차 무심코 유이(余)양에게 "저 벽에 걸린 사진은 누구입니까?"라고 물어 보았다. 그 순간 유이(余)양은 나의 가슴에 얼굴을 묻고 울었다.
　잠시 후 그는 고개를 들어 눈물어린 얼굴로 나를 바라보면서 "류 쎈쌩(柳先生)", "전쟁이 끝나고 우리가 다시 만날 수 있으면 그때 모든 걸 이야기 할께요. 꼭 살아서 만나야 해요"라고 맥없이 속삭이었다.
 나는 그의 눈물을 닦아주고 싶었으나 닦아 줄만한 아무것도 갖고 있지 않았다. 마음만 아플 뿐이었다. 아직도 문간방에서는 술자리가 계속되고 있어 잡담소리가 들려왔다.
 유이(余)양은 벽에 걸린 수건으로 눈물을 닦고 나와 같이 서둘러 술자리에 합류하였다. 세 동지는 기다렸다는 듯 상위에 놓여있던 술잔을 들어 건배를 하고 자리에서 일어나 다같이 중국 행진곡인 치래(起來)를 합창하였다.
 그리고 우리들의 적(敵)인 일본군과 싸워 승리할 것을 다짐하면서 그들과 굳은 악수를 나누었다. 그리고 유이(余)양과 나는 양측을 대표하여 한국과 중화민국의 유대를 공고히 하기 위한 침묵의 포옹을 하고 "씨애(謝) 씨애(謝)"를 연발하고 아쉬운 작별을 고하였다. 대문 밖에 나란히 선 유이(余)양과 추(秋)양 그리고 사(謝)양 세 사람은 손을 들어 "짜이 젠(再見) 짜이 젠(再見)"을 몇 번이나 되풀이 하면서 잘 가라고 작별의 섭섭함을 보여 주었다.
 숙소에 돌아온 동지들은 이구동성으로 고국(故國)에서도 경험하지 못한 석별(惜別)의 주연을 이국(異國)에서 갖게된 아름다운 추억을 간직하고 중국 여성들이 애절하게 부탁한 일본제국타도에 열을 올렸다.
 나는 동지들 앞에서 유이(余)양이 준 선물을 방 가운데에 놓고 정성들여 싸놓은 붉은 보를 끌러 보았다. 동지들은 호기심으로 과연 그것이 무엇인가 하고 궁금하게 생각했겠지만 나는 그가 일군에 쫓기며 고향떠난 피난살이 전터에서 빈손으로 하루하루 살아가는 처지에 정신적인 작별 표시외에 어떻게 물질적인 정의(情誼)표시

제8장/먼동이 틀 때까지

를 준비했을까 하고 마음 속으로 마냥 기뻤다. 또한 나의 인생에서 처음으로 받아보는 이성(異性)으로부터의 값진 선물이 아닐 수 없었다.

책보속에는 비단천에다 "유이(余) 저우(祝) 잉(英)"이라고 성명 세 자를 수(繡)놓은 손수건과 내의(중국여자들이 입는 반바지 비슷한 하의)가 들어 있었다.

중국에 와서 더러 중국사람과 술을 마시었으나 그들은 주석(酒席)에서 술잔을 주고 받는 권주(勸酒)는 하지 않고, 술을 권하고 싶으면 자기 술잔을 상대방에 들어보이면서 "래이래이(來來)"라고 말로 권하기는 하나, 자기가 마신 잔을 남에게 주는 법이 없고, 또한 무리한 권주는 하지 않아 좋은 풍습인 것 같았다.

이날 밤은 비몽사몽간(非夢似夢)에 잠을 설치고, 날은 밝아 오전 9시 정각에 숙소 앞에서 중국군 1개 중대가 도착하자, 4명의 우리 동지는 대열 후미(後尾)에 끼어 출발하였다. 이 때, 간밤의 송별연에서 만난 추 양과 사 양이 전송차 나와서 여(余)양의 편지를 건네주며 째깬(再見)을 연발하였다.

뒤를 돌아보니 여(余)양이 멀리 혼자 서서 우리들 떠나는 모습을 지켜보며 눈물짓고 있어, 나는 손을 번쩍 들어 잘 있으라고 흔들어 댔다. 그녀도 다시 손을 높이 올리고 흔들며 나의 모습을 뚫어지게 지켜보고 있었다. 우리들 대열(隊列)이 한참 동안 내리막길을 내려가고 있을 때, 나는 호주머니에서 여 양의 편지를 꺼내어 읽어 보았다.

구구절절이 애절하였고, 그는 종전이 되면 상해(上海)로 간다는 것과 우리가 행진하는 길목인 자기의 고향 강서성(江西省) 하구(河

口)에 생가(生家)가 있으니 꼭 들려 소식을 전해 주기 바라며, 20세 된 사범학교를 졸업한 동생 여 화양(余華陽)이 있을 것이니 원(願)한다면 우리가 이루지 못한 사랑을 자기 동생과 결혼하여 어느 곳에 살던지 행복스럽게 살아달라는 전혀 상상외(想像外)의 간곡한 사연이었다. 그리고 마지막으로 "전쟁이 끝나면 곧 상해로 나가 홍구(虹口)공원에서 기다리겠다"라고 써 있었다.

나는 여 양의 부탁을 머릿속에 새기며, 그의 안부도 전하고, 그녀가 살았던 집도 보고 싶어 동지들에게 이야기했더니, 모두 동의(同意)하여 2일간의 행진 끝에 하구(河口)에 이르러, 들판 끝에 야산으로 둘러싸인 조그마한 농촌부락에 들러, 그녀가 그려준 약도(略圖)를 보면서 여 양(余孃) 집을 찾았으나, 집은 텅 비어 있어 인기척이 없었고, 근처에서 만난 노파에게 물어본즉, 2개월 전에 모두 피난차 고향을 떠나 갔다는 것이었다. 그러기에 집안은 잡초만 무성하였고, 여 양(余孃)이 기거하던 방에는 침대만 썰렁하게 놓여져 있을 뿐이었다. 전쟁의 비극을 이 곳에 와서도 역력(歷歷)히 볼 수 있어 일인(日人)들에 대한 적개심이 다시금 끓어 올랐다.

바쁜 행군의 대열에서 일시나마 벗어나 세 동지가 가세하여 어렵게 찾아간 유이(余)양의 빈집을 보고 온 나는 어쩐지 마음이 허전하고 아쉬움만 더했다. 짧은 기간이었지만 유이(余)양과의 만남은 재미있고 평화스러웠던 전시(戰時)생활이었고 마지막 부락을 떠나올 때 멀리서 홀로 눈물을 닦으며 서 있던 모습이나 짜이젠(再見)을 몇 번이나 외치며 손을 흔들던 추양과 사양의 작별인사가 눈에 선하고 귀에 들어왔다.

그뿐 아니라 쪽지에 써 있던 동생 화양(華陽)양과의 결혼을 부탁한 사연(事緣)은 무슨 뜻을 담고 있는지, 또한 유이(余)양 방(房)에 걸려 있던 군복차림의 사진은 과연 누구였는지, 그리고 종전(終戰)이 되면 곧바로 상해(上海) 홍구공원(虹口公園)에서 기다리겠다고 했는데 과연 소원대로 될 수 있을 것인지 궁금하고 안타깝기만 하였다. 이런 생각 저런 생각 공상하면서 행진하던중 노변(路邊)에 이름모를 꽃이 여기 저기 산들바람에 나부끼는 정경(情景)은 계절(季節)의 감상(感傷)을 아니 느낄 수 없었다. 문득 주변의 아름다운 경치에 도취(陶醉)되어 잡초위에 주저앉아 쉬어갔으면 하는차에 우리 일행도 휴식시간이 되었는지 대원들이 걸음을 멈추고 노변에 주저앉기 시작했다.

어찌나 반가웠던지 나는 평소에 안면이있던 중국대원 옆에 앉아 이마의 땀을 닦으면서 원(願)대로 잠시나마 자연속에서 한숨 돌리고 담배연기를 내 품으며 쉬고 있었다. 옆에 있던 중국 동지는 오랫동안 참았던지 급히 언덕 아래로 내려 가더니 용변을 보고 웃으면서 나에게 다가와 니호마(你好嗎)라고 인사하고 우리 7인동지의 애국심을 높이 평가하면서 주먹을 흔들며 타도 일본을 강조했다. 나도 호뒤(好的) 호뒤(好的) 동조하면서 부드러운 대화를 나누다가 유이(余)양 일행에 대하여 물어 보았다.

그는 알았다는 듯이 나에게 말하여 주었다. 그의 말에 의하면 유이(余)양 등 5명의 여자는 군인가족으로 그들의 남편 또는 아빠가 출정(出征)중이어서 군부대의 보호를 받으며 수용생활을 하고 있으며 유이(余)양은 모(某)부대장의 제2부인이고 나머지 여자는 그 부대소속 장교의 가족들이라고 했다.

그의 설명을 듣고 나는 자연스럽게 알았다는 표시를 하고 화제를 돌렸다. 중국동지의 간단한 설명을 듣고 나는 비로소 어제밤에 있었던 일과 쪽지에 적혀진 일련의 사연을 다소나마 이해할 수 있을 것 같았다.

아무튼 나는 유이(余)양으로 인하여 만리타국인 그것도 살벌하고 냉정하기만 한 전터에서 국경을 초월한 사랑을 느꼈고 또한 전쟁이 끝나면 상해 홍구(虹口)공원에서 꼭 만나자는 그 쪽지에 담긴 애절한 부탁으로 내가 가는 길에는 반드시 승리만이 있을 뿐 패배는 생각조차 못할 일이었다.

아무튼 유이(余)양은 나에게 사랑을 일깨워 준 최초의 이성이었고 또 그 사랑을 위하여 항일(抗日)정신을 북돋아 준 잊을 수 없는 영원한 은인(恩人)인 것 같았다.

나는 다시 한번 뒤돌아 보고 유이(余)양의 무사 안위를 진심으로 기원하면서 무거운 발걸음으로 전진하였다.

전쟁은 막바지에 접어들어 미군(美軍)이 상해(上海), 항주(杭州), 광동지방(廣東地方)에 함포사격을 가(加)하자 일군(日軍)은 혼비백산하여 많은 희생을 내고 전선을 차츰 축소시키고 있다는 정보(情報)였다.

우리 부대의 출동목적은 패주(敗走)하는 일군부대를 추격(追擊)하여 궤멸(潰滅)시키고, 종전(終戰)을 앞당겨 일본의 항복(降伏)을 받기 위한 작전에 참가하고 있는 것이어서, 우리에게는 항일투쟁(抗日鬪爭)을 완수하는데 천재일우(千載一遇)의 기회가 아닐 수 없었다.

우리가 현재 행진하고 있는 이 노정(路程)은 일군을 탈출한 뒤 한달 이상을 도피했던 바로 그 길이어서, 이제는 우리가 왔던 길을 되돌아가면서 일군 부대를 소탕(掃蕩)하며 전진하는 주객(主客)이 전도(顚到)된 입장이 되었다.

우리는 먼저 유격대로 출동한 세 동지의 소식이 궁금하고 보고 싶었고, 안부를 알고 싶었으나 아직 알 도리가 없었는데, 어디를 가든 언제나 용감했던 세 동지였기에 대한의 젊은 학도답게 혁혁한 전공을 세울 것이고 추호도 비굴(卑屈)함이 없을 것이라고 나는 확신하였다.

우리 네 명은 태극기를 번갈아 들고, 중국군과 같이 행군을 계속하면서, 도중에 일군 분견대를 닥치는 대로 쳐부수고 파죽지세(破竹之勢)로 돌진하여 갔다. 패색이 짙은 일군은 점점 전의를 상실하여 후퇴를 하기 시작하였다.

이 때, 우리는 전진기지(前進基地)에서 한국 광복군(光復軍)의 소식을 들었으며, 이윽고 중경(重慶) 임시정부에서 김 구 주석(金九 主席)의 특명을 받고, 파견되어 왔다는 박 시창(朴始昌) 광복군(光復軍) 소장(小將)을 만나게 되었다.

그 분의 말에 의하면 우리들 7인 동지(同志)의 소식을 중경에서 이미 들어 잘 알고 있다며, 우리들에게 광복군 입대(入隊)를 권유하는 것이었다.

우리 네 명의 동지는 그 분의 언질(言質)을 음미(吟味) 해 보았으나, 누구의 권유보다도 동족(同族)으로서 동일한 목적하에 같은 과업(課業)을 수행할 바에야 한국 광복군에 입대하여 우리 동포들끼리 대의명분(大義名分)을 세워 합리적인 보람을 찾는 것이 당연한 도리인 것 같아, 전원(全員) 의견의 일치를 보아 즉시 입대하기로 결정하고, 부근 연산(鉛山)에 주둔하고 있는 광복군 제1지대 제

2지대에 정식 입대하여 명실(名實)공히 한국 광복군 현역(現役)군인이 되었다.

나는 구대장(區隊長)인 이 소민(李蘇民)씨의 지명(指名)을 받아 제2구대 부구대장직을 맡게 되었다. 이 곳에서 우리들은 노혁명가 정 화암(鄭華岩)씨 댁에 초청을 받고, 임시정부 이야기와 광복군에 대한 내력을 들었으며, 삼전구 초모분처 주임(三戰區招募分處主任) 김 문호(金文鎬)씨도 만났다.

나는 이 댁에 머무는 동안 몸의 상처를 치료받아 건강을 되찾을 수 있었고, 내가 소속한 제2구대에는 우리 4명 외에 윤우현(尹禹鉉)을 위시하여 김 권, 박 재명, 신 회철, 이 회화, 박 승유, 김 영관 등 41명의 대원이 있었으며, 무장(武裝)은 낡아서 좋지 않았으나 정신적인 유대(紐帶)로 단결되어 있었기 때문에, 한민족의 전위대(前衛隊) 역할을 충분히 할 수 있을 것 같아 마음든든하였다.

우리가 광복군에 입대한지 약 3개월 만에 별안간 희보(喜報)가 날아들었다. 그것은 수일 뒤에 소련(蘇聯)이 일본(日本)에 대하여 선전포고(宣戰布告)를 하고 연합군에 가담하면, 일본이 무조건 항복(無條件降伏)을 할 것이기 때문에 일군의 무장해제(武裝解除)에 대비(對備)하라는 지시였다.

제 9 장 ●●●●

勝戰鼓를 울리며

―조국 광복과 개평 인생―

　드디어, 해방의 날이며 조국광복과 아울러 독립의 날이 다가온 것이다. 우리 7인 동지가 일군 부대를 탈출한지 만 5개월 5일만인 1945년 8월 15일, 일본제국은 연합군(聯合軍)에 무조건 항복(無條件降伏)을 하고 말았다. 제2차 세계대전도 연합군의 승리(勝利)로 그 대단원(大團圓)의 막(幕)을 내린 것이다.
　우리는 중원 대륙의 일각에서 꿈에도 잊지 못할 이 날을 맞았는데, 그 때의 감격은 무어라 형용(形容)해야 좋을지 정말 필설(筆舌)로 표현할 수 없었다. 목이 터져라고 대한 독립만세를 외치며, 대형 태극기(太極旗)를 나뭇가지에 걸어 놓고, 전체 동지들이 마치 다례(茶禮)를 모시듯 엎드려 큰 절을 하며, 서로 부둥켜 안고 펄쩍 펄쩍 뛰며 감격의 눈물을 흘렸다. 동리의 중국 사람들이 돼지 한 마리를 선사해 와 그것을 불에 구워 먹으며 축배(祝盃)를 마냥 들었다.
　그렇게도 잔인무도했던 일본이 예상외로 빨리 항복한 것은 소련

(蘇聯)의 선전포고로 인한 것이었으나, 소련을 연합군측으로 끌어넣은 미・영(美・英)의 처사나, 종전 3일전에 일본에게 선전포고를 하고 합세한 소련의 정치적인 저의(底意)는 여기서 논할 바 아니나, 우리 동지들은 1945년 8월 12일, 그러니까 종전 3일전에 장 총통(蔣總統)의 특별지시로 중경 임시정부를 통하여 미리 알았던 것이다. 일본이 곧 무조건 항복을 할 것이라는 소식은 빅 뉴우스가 아닐 수 없었다.

만주(滿洲)를 비롯하여 중국 대륙은 물론 동남아 일대의 필리핀(比律賓), 인도지나(印度支那)까지 광활한 지역을 점령하고, 목전에 승리를 예감이나 한듯 오만하기만 했던 일본은 결국 조건없이 연합군 앞에 손을 들고 무릎을 꿇은 것이다. 그것은 우리들이 바랐던 정의(正義)의 민주진영(民主陣營) 세력이 불의(不義)의 독재자인 제국주의 일본(日本)과 독일(獨逸), 이태리(伊太利) 등 추축국(樞軸國)을 타도 섬멸한 것이다.

우리 4인 동지는 광복군 대원과 중국군이 합류하여 일로 상해를 향하여 전당강(錢塘江)상류에서 배를 몰아 연산(鉛山)을 출발하였다. 강서성(江西省)산골짜기에서부터 유유히 흐르는 전당강(錢塘江)은 절강성(浙江省)을 동서로 가로질러 항주만(抗州彎)에 흐르는 숱한 전설을 간직한 강이었다.

사공의 배 젓는 소리도 흥겨워 보이기만 한 수로(水路)의 행진은 그간 크리이크에서 마음 조리며 탈출할 때와는 정반대로 빨리가는 것이 서운할 정도이며, 연변(沿邊)의 경치가 아름답기만 하였다. 호수같이 망망한 수면에 잔잔한 파도를 일으키며 노를 저어 가다가는 갑자기 구비치며 쏜살같이 배가 떠내려 갈 때는, 스릴마저 느껴

마치 곡예(曲藝)를 하듯 마음이 조리기도 하였으나, 모두가 기쁘고 아름답기만 한 정경(情景)이 아닐 수 없었다.

하루 종일 강상에서 만유(漫遊)하듯 하류 쪽 항주(杭州)를 향하여 가던 배는 석양무렵에 강변의 조용한 부락에서 하룻밤을 묵게 되었는데, 남방의 모기가 어찌나 지독하게 무는지 잠을 이룰 수 없어, 나는 항시 어깨에 감고 다니던 태극기를 이불삼아 네 동지와 함께 덮어 쓰고, 겨우 무더운 밤을 모기의 극성에서 벗어나 잠을 자게 되었으니, 우리의 국기(國旗) 덕을 톡톡히 본 셈이다.

날이 밝자 우리 일행은 전후(戰後) 고향의 부모형제를 그리며, 항주(杭州)를 향해 즐거운 선편의 행진을 서둘러, 오후 늦게 목적지인 항주(杭州)에 도착하였다.

이 곳은 동지나해에 연(沿)한 중국 동남방의 유명한 항구로서 소주(蘇州)와 더불어 유서(由緖)깊은 남방 미인도시라고도 불리었다. 우리들은 시간이 많지 않아 역사적인 고적이나 명승지는 가 볼 사이가 없었으나, 이 곳에서 일박(一泊)하는 동안 거리나 상점에서 또는 숙소나 식당에서 숱한 미녀들을 보았는데, 가냘프고 청초(淸楚)하여 곡선미(曲線美) 있는 중국 고유 의상의 전형적인 동양미인들을 볼 수 있었다.

낭만(浪漫)과 행락(行樂)이 교차되는 남방의 미(美)의 도시 항주는 온통 축제 분위기(祝祭雰圍氣)에 휩쌓여 있어 마냥 즐겁게만 보였으며, 우리는 이 곳에서 잠시나마 끝없는 향수(鄕愁)를 느끼며, 해방을 맞이한 조국의 현상을 이모저모 머리속에 그려 보았다. 마음이 급하고 시국에 흥분되기만 하던 항주(杭州)에서의 일박을 마치고, 우리 일행은 드디어 세계 제일의 국제도시인 상해(上海)에 도착하여 만세장(萬世莊)에서 여장(旅裝)을 풀고, 장기간 유숙(留宿)에 들어가게 되었다.

우리 네 명 동지는 이 곳에서 전방유격대에 가담하여 먼저 떠나간 세 동지도 모두 만나, 다시 7인 동지가 한곳에서 기거하게 되었다. 그리하여, 중경(重慶) 임시정부 요원들의 환영준비와 투항한 일군(日軍)의 무장해제(武裝解除)에 참여하게 된 것이다.

그간에 있었던 일 중에서 가장 통쾌하고 삶의 진면목(眞面目)을 발휘한 것은 중국군과 합동하여 일군을 무장해제(武裝解除)시키고 그늘로부터 항복(降服)을 받아낸 것이었다.

우리 7인 동지는 제일 먼저 탈출시에 우리가 소속되어 있었던 일본(日本)군 호고(矛) 제60사단(師團)산하(傘下) 부대를 무장해제(武裝解除)시키기 위하여 우리들을 체포하고 사살(射殺)할 목적으로 최선두(最先頭)에서 악착같이 추격전을 계속했다는 소주(蘇州) 2325부대의 무장해제를 감행(敢行)했다.

우리들이 권총을 허리에 차고 중국군과 같이 부대로 진입하자 영문(營門) 위병소(衛兵所) 앞에는 일군(日軍) 부대장과 그의 참모(參謀)들이 도열(堵列)해 있었고 부대 앞 광장(廣場)에는 소속 전 장병(全將兵)들이(그중에는 한국 학병도 있었다) 대오(隊伍)를 정비하여 일사불란(一絲不亂)하게 정열(整列)해 있었다. 부대장의 구령(口令)으로 우리는 그들로부터 엄숙한 경례를 받고 무장해제(武裝解除)의 간단한 절차를 끝낸 다음 마지막으로 항복(降服)인사를 받았다.

그후 부대장과 참모들은 우리 7인 동지 앞으로 뛰어와 도열한 다음 그간 있었던 일연의 사항에 대하여 정식으로 죄송하다는 사과의 말을 했다. 우리 7인 동지도 웃으면서 악수를 청하고 탈출에 관하여 미안하게 된 점을 인사말로 전했다.

곧바로 우리들은 부대장의 안내로 장교(將校)식당에 마련된 주연(酒宴)에 참석하여 식사후 다과(茶菓)를 들면서 간단한 대화를 나누었다.

그때 우리 7인 동지는 시종일관 엄숙한 자세로 승리에 대한 자만심(自慢心)은 물론 경거망동한 언행은 일체 삼가하고 한국 학도병(學徒兵)으로서 늠늠한 모습과 불타는 애국심을 보여주고 7인 동지가 완전무장하고 집단(集團) 탈출한 목적이 어디에 있었는가를 상상(想像)케 해 주었다.

무장해제의 모든 절차를 마치고 일본부대의 영내를 떠나올 때 영문(營門) 근처에서 서성거리던 많은 병사(兵士)들 중에는 한국 학병이 몇 명 눈에 띄었고 그들은 우리를 향하여 주먹을 높이 올려 흔들어대며 무언의 쾌재(快哉)를 연발하였다. 어찌 통쾌한 승리가 아니었던가!

이때부터 우리 7인 동지의 상해생활은 마치 개선장군(凱旋將軍)과 같은 대우도 받았으며, 허리에는 권총(拳銃)을 차고 넓은 국제도시인 상해의 번화가를 누비면서 대한 남아의 웅자(雄姿)를 과시하며 통쾌함을 만끽(滿喫)하였다.

그러나, 우리의 행동은 정정당당(正正當當)해야 하며, 추호도 자만하거나 경솔한 언행을 취해서는 안되겠다는 자각심이 들어, 나는 다시 학구생활(學究生活)로 되돌아 간 기분으로 심사숙고하며 만사에 대처하고, 또한 국제사회의 무대에서 좋은 경험을 얻을 수 있는 절호의 기회라고 생각되어, 모든 현상을 똑바로 보고 듣고 생각하며, 공부하고 연구하는 계기로 승화(昇華)시켜 뜻있는 생활을 하기로 마음먹었다.

특기(特記)할 것은 패전 일군과 재중(在中) 거류민(居留民)들의 모습은 참으로 목불인견(目不忍見)이어서, 중국 대륙과 동남아 일대를 점령하고 전승에 도취하여 의기양양했던 그들의 오만불손하고 교활무도(狡猾無道)했던 횡포가 순식간에 풀이 죽고, 변두리 수용소에 연금(軟禁)된 채, 우리들에게 그저 살려 달라는 듯 애걸하는 비겁한 추태는 그야말로 섬나라 근성을 그대로 드러낸 불쌍한 작태(作態)였다.

일말의 동정은 고사하고, 모조리 소지하고 있는 권총으로 당장 쏘아 버리고 싶었지만, 한편 생각하면 연민(憐愍)의 정이 없는 것도 아니었다. 그도 그럴 것이 따지고 보면 그들은 적국인(敵國人)으로 적대감정은 있을지라도, 원죄(原罪)는 군국주의에 도취된 군수뇌와 제국주의 도당의 위정자들에게 있는 것이 아니겠는가?

대학에서 나는 존경하는 교수가 몇 명 있었다. 특히 그 중에는 모교의 은사였던 아까가미(赤神良讓) 사회학 교수가 있었는데 자기는 일본국민으로서 일본이 망(亡)하는 것은 원(願)하지 않으나 대동아전쟁(大東亞戰爭)은 일본의 패망으로 끝날 것이라고 예언(豫言)하면서, 나에게 학병지원을 비판적으로 해석해 준 사실이 있었다. 본래 전쟁이란 참혹한 것이어서, 더구나 패전국의 비애와 참상은 무어라 표현할 수 없는 처절한 비극인 것이다.

그것은 이미 톨스토이의 '전쟁과 평화'에서 음미(吟味)한 바 있거니와, 중국 대륙의 전쟁터에서 수 없이 목격하지 않았던가!

역사의 수레바퀴는 사필귀정(事必歸正)으로, 정의(正義)의 여신

(女神)이 연합군(聯合軍)에게 승리의 영광을 안겨 준 엄연한 현실이었던 것이다.

아무튼, 1945년 8월 15일, 일본이 말하는 소위 대동아전쟁의 악몽은 영원히 흘러간 역사로 사라져 가고 말았다. 일제 36년간의 학정(虐政)은 세계 역사상 유례가 없는 백의민족(白衣民族)의 비애요, 나라 없는 민족이 겪어야만 했던 인간 최악의 비극이었다.

이제, 그 슬픈 역사는 서서히 자취를 감추고, 머지않아 동녘에 태양이 솟아오르 듯 3천리 강산에는 광복(光復)이라는 조국의 영광이 3천만 민족의 영원한 자유와 평화를 위하여 밀물처럼 닥쳐 올 것이 아닌가! 실로 장쾌(壯快)한 일이라 아니할 수 없었다.

우리 민족이 몽매간(夢寐間)에도 갈망했던 조국광복! 그립기만 한 고향산천 정든 부모형제자매! 뿔뿔이 헤어졌던 친우들! 모두가 하루 빨리 보고 싶었다. 주마등(走馬燈)처럼 머리를 스쳐가는 그 많은 사연들을 조용히 눈을 감고 회상도 하여 보았다.

만세장(萬世莊)에서 기거한지 며칠 안되었지만, 우리들은 평생을 조국광복과 독립운동에 몸바쳐 온 민족의 지도자 김 구 주석(金九 主席)을 비롯한 김 규식 박사(金奎植博士),. 이시영 옹(李始榮翁) 등 임정요원(臨政要員)을 맞이할 환영준비를 마치고, 도착 일시만 기다리고 있었는데 드디어 그 날이 왔다. 많은 환영 동포가 손에 손에 태극기를 들고 공항(空港)으로 출영차 나갔다. 우리 동지들도 밝은 표정으로 환희와 영광을 가슴에 간직하고 조국 광복을 전망하면서 상해 공항(上海空港)으로 나가 보았다.

출영차 나온 군중은 누가 특별한 지시도 하지 않았건만 활주로 주변에 질서정연하게 엄숙한 자세로 도열(堵列)하고 있었는데, 이러한 현상은 아마 각자가 마음속에서 우러나온 진심어린 환영의 참 모습이었을 것이며, 또한 평생을 오로지 조국 광복에 몸바쳐 온 애국지사(愛國志士)들에 대한 존경과 예우(禮遇)이었으리라 생각되었다. 그 밖에 독립을 염원하는 나라 잃은 백성으로서 조국의 광복을 기원하면서 이심전심(以心傳心)으로 자각한 애국심(愛國心)의 발로이기도 하였으리라!

이윽고, 우리의 중경 임시정부 요원 일동은 그 가족과 더불어 많은 출영인사들로부터 열렬(熱烈)한 환영을 받으면서 두 대의 비행기에 분승(分乘)하여 상해 공항에 안착하였는데, 들은 바에 의하면 제1진은 김 구 주석을 비롯한 한국독립당파(韓國獨立黨派)였고, 제2진(陣)은 김 규식 부주석을 비롯한 민족혁명당파(民族革命黨派)라고 하였다.

이리하여, 환영절차는 무사히, 그리고 성대히 끝마치고 만세장으로 돌아왔으나, 출영인사들 중에는 비행기의 분승에서부터 여러가지 구구한 억측과 듣기에 거북한 말이 오고가서 나의 마음을 아프게 하였다. 아무튼 자세한 내용은 알고 싶지도 않았지만, 들려오는 말에는 약간이나마 환멸(幻滅)을 느끼지 않을 수 없었다. 이렇게 개운치 않은 말을 듣고 숙소에 돌아온 우리 7인 동지는 정식으로 김 구 주석을 비롯한 임정요원에게 인사를 올렸다.

김 구 주석(金九主席)은 우리들의 성명(姓名)을 기억하고 있었고, 뜨거운 악수와 격찬을 아끼지 않았으며, 장 개석(蔣介石) 총통부(總統部)로부터 우리들의 탈출 과정을 상세히 연락받았다면서, 우리가 노획한 무기와 사살한 일병에 대한 이야기도 들려 주었다. 내가 고개를 들어 그 분들의 시선(視線)과 마주칠 때, 노 혁명가이

신 김 구 주석의 눈에는 눈물이 글썽거리고 있었다.

잠시 침묵이 계속되는 동안 나는 문득 아버님이 연상되었는데, 엄(嚴)하시면서도 인자(仁慈)하신 아버님께서 금산 경찰서(錦山警察署)에 연금(軟禁)되었을 때의 그 수척하고 초라한 모습이 떠올라, 지금쯤 무고(無故)하신지? 내가 이렇게 탈출에 성공하여 무사히 살아나 현재 이 시간에 상해에서 우리의 지도자인 김 구 주석 앞에 건재(健在)하고 있음을 알고 계신다면 얼마나 기뻐하시며 장(壯)하다고 할 것인가 생각하니 당장 뵙고 싶고 뛰어가고 싶었다.

이런 생각에 잠겨 있을 때, 김 구 주석께서 침묵을 깨고 우렁찬 음성으로 말문을 열었다. "젊은 동지들! 우리 대한의 용감한 학도들! 그렇게도 갈망하는 조국광복은 이제 성숙(成熟)되었다 하겠습니다. 그러나, 아직 우리들은 할 일이 너무나 많아 앞으로 여러분과 손잡고 같이 일할 것을 부탁합니다."라고 말을 맺으면서 다시 한번 뜨거운 격려의 악수를 해 주었다. 우리는 일제히 일어나서 인사를 올리고, 그 자리를 물러 나왔는데, 오래간만에 느껴 본 감격의 자리가 아닐 수 없었다.

그 다음 날, 나는 이 청천(李靑天) 장군과 이 범석(李範奭)장군의 부탁을 받고, 김 구 주석 임석(臨席)하에 상해에 체류중인 일부 광복군을 포함한 학도병(學徒兵), 지원병(志願兵) 등 한국 출신 군인에 대한 사열(査閱)을 지휘(指揮)하게 되었다.

나는 동지들과 상의한 뒤에 기꺼이 지휘(指揮)를 맡아보기로 하고, 임정(臨政)요원들이 상해에 도착한 후 3일째 되는 날, 호강대학(滬江大學) 운동장에서는 역사적인 한국인 군대의 열병(閱兵)과 분열(分列)의 의식(儀式)을 거행하게 되었다.

제9장 / 勝戰鼓를 울리며

물론, 무기도 제대로 갖추지 못하고 복장도 일률적으로 통일되지 않았지만 광복군이든, 학병(포로 아닌 포로로서 잔류 일군에서 무장해제된 한국출신 군인)이든 조국독립을 목전에 둔 같은 민족으로서 일군에서 단련된 군대의 체력과 기능은 어느 나라 군인 못지않게 막강(莫強)한 정병(精兵)들이었다.

　나는 아침부터 오늘의 식전(式典)에 대한 뜻과 배경(背景)을 머릿속에 새기면서 마음의 준비를 갖추었다. 이제는 비록 악몽처럼 사라졌지만 간교(奸巧)한 일본 침략주의에 목적없는 충성을 강요당하고 이국만리 중국 내륙에서 복수의 총뿌리를 그들에게 겨냥하고, 몇 고비의 사선을 넘어 천우신조로 이 한몸 살아 남았건만, 만일에 불운하여 죽음을 당했더라면 그 사무친 천추의 원한을 영원히 풀 길이 없었으리라! 생각만 해도 소름이 끼치었다.

　그러나, 오늘 이 식전이야말로 독립을 눈앞에 둔 우리 민족의 역사적인 행사(行事)라 아니할 수 없었으며, 더구나 이국(異國)인 중국 땅에서 그것도 세계 제1의 국제도시 상해(上海)에서 원수였던 일군을 무장 해제시키고, 민족의 지성인 젊은 학도병들이 파란만장했던 독립운동의 선구자(先驅者) 김 구 주석을 비롯한 중경 임시정부 요원을 모신 가운데 거행되는 의식임을 생각할 때, 뜻있고 보람있는 일이라 아니할 수 없었다.

　나는 오늘의 이 식전에 대한 의의(意義)를 정치적인 배경보다도 오직 나라없는 민족의 애국정신(愛國精神)을 고취시키고 끈질긴 항일투쟁(抗日鬪爭)으로 해방을 맞이한 혁명투사들의 노고에 대한 보답이요, 또한 우리 국가와 민족에 대한 충성(忠誠)으로 자부(自負)하고, 대원 통솔에 차질 없이 유종의 미를 거두려고, 마음속 깊이 다짐하였다.

　호강대학은 중국에서 유명한 학문의 전당으로 외국 유학생도 비교적 많았고, 고향의 선배인 박 찬영씨가 재학하고 있었는데 당시 어느 곳으로 피난갔는지 만나보고 싶었다. 나는 부질없는 생각이지만 다시 한번 지나간 학창생활을 회상하면서 식장(式場)으로 들어갔는데, 넓은 대학의 운동장에는 천여명의 대원들이 이미 집합하여 대열을 정돈하고 있었으며, 단상 사열대 전면에는 김 구 주석의 자리를 중심으로 좌우에 많은 의자가 마련되어 있었고, 주위에는 우리 교포들이 늘어서 있었다.

　오늘의 사열관은 이 청천(李靑天) 한국 광복군 총사령관이었는데 그 당시 김 두봉(金斗鳳)씨는 군정부장(국방부 장관)이며, 이 범석(李範奭)씨는 광복군 참모총장직을 맡고 있었다.

　나는 각 중대장에게 오늘의 행사 경위와 취지를 간단히 설명하고, 부대편성(部隊編成)과 동작요령(動作要領), 그리고 정신자세에 대하여 지시를 하고, 본인의 지휘에 따르도록 명령하였다. 전체 대원들은 오늘의 행사를 자각하였기 때문인지 동작이 기민하였고, 자세도 당당하였다.

　이윽고, 이 청천 사열관이 주빈(主賓)들을 안내하여 단상에 올라 좌정하였고, 마침내 개식 선언이 있어 사령관이 사열대에 올랐는데, 엄숙하고 긴장된 순간이었다. 나는 '전체 차렷! 사령관님에게 대하여 경례!'하며 뱃속에서 우러나오는 큰 목소리로 구령(口令)을 불렀다. 나의 구령에 따라 천여명의 대원은 일사불란(一絲不亂)하게 기성부대(旣成部隊) 못지않은 동작으로 보무도 당당히 열(列)과 오(伍)를 제대로 지키면서 열병(閱兵)과 분열(分列)을 훌륭하게 끝마치었다.

 나는 이때 무한한 보람과 기쁨을 느꼈는데, 그것은 내가 일본군 대에서 터득한 간부교육을 통하여, 익히고 닦은 군대지식과 기능, 그리고 통솔력(統率力)을 탈출과정에서 일군 분견대를 습격할 때와 오늘의 사열에서 십이분 발휘한 셈이 되었다. 이리하여 이날의 의식은 성공리에 끝났으며, 마치 독립된 조국의 품안에서 우리의 영도자에게 국군의 씩씩하고 늠름한 기상을 보여준 것 같아 마냥 즐겁기만 하였다.

 나는 전체 대원을 해산시킨 뒤, 그 곳에서 많은 학병들과 인사를 주고 받았으며, 낯익은 얼굴들이 1년 7개월만에 또다시 호강 대학 운동장에서 자유로운 해후(邂逅)를 하게 된 것이다.

 그들은 모두가 나와 우리 7인 동지를 둘러싸고 탈출 후일담(後日談)으로 꽃을 피웠다.

 '7인의 탈출' 이것은 어느 소설(小說)의 제목(題目)처럼 제2차 세계대전에 있어서 전사(戰史)의 한 페이지를 장식할 타도(打倒) 일본 군국주의의 대명사(代名詞)가 되어 중국 대륙에 메아리쳤고, 승리의 숫자인 '럭키 세븐' 7자와 우연의 일치가 된 우리 7인 동지의 탈출극(脫出劇)이었다. 이 때, 제60사단 예하(隸下) 각 부대에 잔류했던 학병들에게 들은 이야기인데, 우리 7인 동지는 신기하게도 일군의 추격으로 수 많은 죽음의 위기를 몇 10분 시차(時差)로 그 고비를 넘긴 모양이었다.

 다시 말해서, 우리 동지들이 일군(日軍) 부대를 탈출한 뒤 도피과정에서 은신했던 곳은 그 곳이 민가던, 크리이크 언덕이던, 축사던, 논두렁이던, 어느 곳 하나 빠짐없이 우리가 출발한 직후 불과

20분 내지 30분이면 한국출신 학병을 선두로 일본 추격대가 뒤쫓아 와 간발(間髮)의 차이로 위기일발 직전에 죽음을 면했다는 이야기였다.

그러자, 약간 흥분된 학우들이 나를 둘러싸고 '류 동지 만세', '재영이 파이팅'을 외쳤으며, 누군가가 '울밑에 선 봉선화'를 부르기 시작하자 모두가 목청을 높여 따라 불렀다. 목이 터져라고 부르는 '봉선화'의 합창 소리는 이 곳 호강대학의 운동장에서 동지나해의 파도를 타고 멀리멀리 고국 땅에 메아리치는 것 같아 그저 슬프고 기쁘고 우렁차게 젊은 대한 남아의 기백이 자연발생적으로 나온 것이다.

지난날 1944년 1월 20일 대구(大邱)의 일군 부대(部隊)에 입대하여 신의주(新義州)를 거쳐 중국 벌판을 달리던 군용열차 속에서 원한에 사무친 우리 학병들이 목이 터져라고 불렀던 '봉선화' 1절, 2절, 3절을 계속 힘차게 합창하는 동지들의 목소리는 울부짖는 애수의 노래같기도 하고, 환희의 대합창(大合唱)같기도 했다.

더구나, 현재 우리들이 처해 있는 오늘의 현실은 봉선화의 가사(歌詞)가 말해 주듯 북풍한설 찬 바람에 그 형태가 없어졌다가 이제 환생(還生)한 것이 아니던가! 노래를 부르던 동지들은 어느새 부둥켜 안고 눈물을 글썽이며, 대한독립 만세(大韓獨立萬歲)를 몇번이고 외쳤다. 이렇게 우리들은 이날 하루를 뜻있게 보내고, 후련한 마음으로 각자 숙소로 돌아갔다.

그 후, 며칠 동안은 분주한 가운데에도 내 스스로의 자유시간을 갖게 되어 자연인(自然人)으로서 자아(自我)를 찾고, 희망과 이상에 잠겨 보기도 하였으며, 때로는 동지들과 해방된 조국의 미래상

(未來像)을 그려보기도 하였다.

그리고, 시간을 내어 상해(上海) 시가지로 구경도 나갔었는데, 특히 불란서 조계 홍구공원(虹口公園)과 부두, 그리고 오색이 찬란한 중국 고풍 번화가, 박달나무로 포장된 상해로 모두가 꿈에 그려보던 세계 최대의 국제도시로서, 인종의 전시장 같은 화려하기 짝이 없는 환상(幻想)의 도시였다.

박 영(朴英) 동지는 영어 회화가 능해서 어디를 가나 자유롭게 의사소통이 되어, 나는 모처럼 그를 따라 상해의 야경을 구경하려고 숙소를 나섰다. 유명한 '파라마운트'의 영화관을 비롯하여 가아든 부리지(Garden Bridge)의 야경을 보고 잠깐이나마 서울과 상해를 비교하여 보았다.

그리고, 다음날은 동지들과 상해의 이구석 저구석을 다니면서 중국인들의 도시 풍속과 농촌 벽지를 비교해 보기도 하고, 세계적으로 유명한 광동요리(廣東料理), 북경요리(北京料理), 상해요리 등을 즐겨 먹어 보기도 하였다. 이렇게 자유로운 생활이 당분간 계속되면서 만세장에서 기거하는 것이 차차 싫증이 나고, 또한 이곳에 머물러야 할 명분(明分)을 찾기에 의심스러워졌다.

그것은 임정 요원중 일부가 이 곳에 유숙하면서부터 많은 사람들이 드나들었고, 때로는 이곳저곳에서 밀담이 성하여졌으며, 가끔 주의와 사상, 인맥과 정권 등 크고 작은 문제로 눈에 보이지 않는 분열과 파벌이 생기는 모양이었고, 때로는 석연치 않은 고성과 언쟁이 일어나기도 했는데, 이 곳을 출입하는 사람들은 거의 모두가 자칭(自稱) 애국자요, 독립투사로 자처하였다. 따지고 보면 사람은 자기 잘난 맛으로 산다는 속담도 있듯이, 내가 관여할 문제는 아니었지만, 아무리 그들을 이해하려고 노력하여도 불쾌하기 짝이 없어 환멸마저 느꼈다.

더구나 들리는 바에 의하면, 그 중에는 일부 소수이기는 하나 해방전에 있었던 자기생활과 사회생활을 철두철미(徹頭徹尾) 항일운동이나 독립투쟁으로 연결시켜 미화(美化)하고, 벌써부터 정권이나 감투에 급급하여 집요하게 독선(獨善)과 아집(我執)을 내세우는 파렴치한 사람도 적지않은 모양이었다.

나는 나의 처지나 입장을 확실히 자각하여 뚜렷한 주관을 세워 행동해야만 할 시기가 온 것이 아닌가 생각하고, 동지들과 숙의한 끝에 만세장을 떠나기로 작정하여, 이 소민(李蘇民) 구대장의 만류에도 불구하고 그와 작별을 고(告)하고, 허리에 차고 있던 권총은 중국부대에 반납(返納)하였다.

그러나, 중국인 전우와의 석별은 너무나도 많은 미련과 추억의 아쉬움이 있었고, 지난 일들을 회상하며, 서로 자기 나라에 대한 충성과 세계평화를 다짐하면서 뜨거운 전우애(戰友愛)를 간직한 채 기약없는 작별을 하였다. 그들은 우리들에게 '째깬 째깬(再見 再見; 중국어로 작별인사)'을 몇번이고 되풀이하면서, 마지막 선물로 신사복 한벌씩을 우리들에게 주었다.

이리하여, 우리 7인 동지는 자유인(自由人)으로 되돌아가 군대생활에서 완전히 벗어난 것이다. 무장을 풀고 나니 마음은 홀가분하였지만 어딘지 모르게 서운하고 허전하였다. 그로부터 며칠후, 우리는 신사복(紳士服)차림으로 민박(民泊)을 하면서 각자의 진로에 대하여 자기시간(自己時間)도 가져 보았고, 서로가 대화를 통하여 귀국후의 이상(理想)도 설계(設計)하여 보았다.

민박이 시작되고 자유로운 평민(平民)생활이 계속된 지 4일 만에 나는 丁동지와 상해(上海)시가지 구경에 나섰다.

말끔한 신사복(紳士服) 차림으로 발걸음도 가볍게 남경로(南京路)를 비롯하여 북경로(北京路) 등 가장 번화한 거리를 두루 거쳐 황포강(黃浦江)에 이르렀다. 부두가에서 망망(茫茫)한 동지나해(東支那海)를 바라보며 고향을 향하여 이국만리(異國萬里)의 향수(鄕愁)를 달래며 丁동지와 두고 온 가족들의 안녕을 기원했다.

시원한 바다바람에 머리를 식히고 마음을 가다듬어 우리 두 사람은 근처에 있는 홍구공원(虹口公園)으로 발길을 옮겼다. 전쟁이 끝나면 곧바로 이곳 상해(上海) 홍구공원(虹口公園)으로 오겠다던 유이(余)양의 쪽지는 그동안 언제나 나의 머리속에 깊이깊이 간직하고 있었으나 일본이 항복하고 전쟁이 끝난 후 주변정황과 신변처리(身邊處理)로 분주한 나날을 보내다 오늘에야 이곳을 찾아오고 보니 후회도 되고 경우에 따라서는 유이(余)양에게 쇠를 싯지 않았나 싶어 마음이 아팠다.

한편 유이(余)양도 전쟁이 끝난 후 오늘까지의 짧은 기간에 특히 여자의 신분으로는 도저히 이곳까지 올 형편이 못된다는 것은 예측할 수 있었으나 설마하는 막연한 기대로 유이(余)의 모습을 연상하면서 공원의 주위를 이리저리 산책해 보았다.

丁동지는 나의 속마음을 알아차린 듯 좀처럼 돌아가자는 말을 하지 않았다. 그만큼 우리 두 사람은 서로를 이해하고 믿고 있는 지기(知己)였기에 나 또한 아쉬운 미련을 버리지 못하고 공원 벤치에 앉아 담배를 피우며 주변을 살펴 보았다.

공원 안에는 젊은 남녀들이 승전(勝戰)의 분위기 속에서 마냥 즐기는 것 같았다. 끝내 유이(余)양의 모습은 보지 못하고 공원을 떠나 북경로(北京路)를 거쳐 숙소로 돌아가던 중 노상에서 우연히 배재(培材) 선배인 손득명(孫得明)씨를 만났다.

그는 배재고보를 졸업하고 우수한 성적으로 세브란스의전(現 延世大學 醫大)를 거쳐 그당시 상해(上海)에서 산부인과 병원을 경영하고 있었다.

본래 우리 배재 출신은 동창의 유대가 강하여 어느 곳에서나 상부상조(相扶相助)하는 전통을 자랑하였다.

손(孫)선배는 나를 만나자 진심으로 기뻐하면서 丁동지와 같이 근처에 있는 중국반점(中國飯店)으로 초대하였다.

저녁 식사를 하면서 나에 대한 그동안의 전후사를 듣고 감탄한 손(孫)선배는 그동안 상해에서 겪은 제2차 세계대전의 전후(前後) 상황을 소상이 설명해 주고 동포애(同胞愛)에 깊은 관심을 경주했다.

장시간 우리 세 사람은 식탁에 둘러앉아 임시정부(臨時政府) 위상(位相)과 광복군 문제 정부수립과 친일파(親日派) 문제 등 광범위한 정치적 문제 등을 논의했다.

나는 손(孫)선배의 박식한 시국론에 감명(感銘)을 받았다.

푸짐한 중국요리를 맛있게 포식한 후 반점(飯店)을 나와 선배동창의 따뜻한 후의(厚誼)와 모교애(母校愛)에 감탄하고 작별인사를 드리려 하자 손선배는 오늘 곧 숙소를 자기집으로 옮기라는 것이었다.

나는 생각해 본다고 일단 사양하면서 서로의 주소를 알리고 동북경로(東北京路) 끝에서 헤어졌다.

다음날 오후 손(孫)선배가 우리들의 숙소에 찾아와 7인의 동지들의 거처(居處)를 자기 병원집으로 옮기기를 원했으나 동지들은 사양하고 나만 그의 강청(強請)에 못이겨 할 수 없이 일시나마 동지들과 헤어져 손(孫)선배가 경영하는 "孫產婦人科" 간판이 붙은 병원 2층으로 숙소를 옮겨갔다.

그후 손 득명(孫得明) 선배는 귀국후 부산에서 다시 "손 산부인과(孫 產婦人科)" 병원을 개업하였고 부산일보(釜山日報) 논설위원으로도 활동하였다.

손득명씨 댁으로 숙소를 옮긴 후 자유로운 생활을 하기 시작하면서, 그간에 보고 느낀 몇가지 의문점과 나 스스로 해결할 수 없는 문제와 또한 해방된 조국의 미래상(未來像)에 대하여 생각한 바를 스스로 자문자답(自問自答)하면서 조용히 명상에 잠겨 보기도 하였고, 또한 높은 이상을 추구하며, 인간이 누릴 수 있는 최상의 행복을 상상하여 보기도 하였다.

그리고, 일제의 압박에서 신음하고 오랫동안 타민족에게 지배되면서 생긴 여러가지의 비극적인 현상과 병폐(病弊), 눈에 보이지 않는 부조리(不條理), 그리고 국가발전에 저해가 되는 요인 등, 이 모든 문제를 누가 무슨 힘으로 어떻게 해결하고 시정하며 보상할 것인가? 모두가 궁금하고 마음에 걸리는 일들이었다.

가까운 예(例)로, 이제 전쟁은 끝나고 해방을 맞이했건만 저 많은 학병과 징병들은 언제쯤 무슨 방법으로 귀국하게 되는 것인가. 돌아갈 배도 없거니와 기약 없는 귀국길이 답답하기만 했다.

만세장 주변에서 들려오는 소문은 벌써부터 정권 장악(政權掌握)과 논공행상(論功行賞)에 따르는 잡음만 들려오고, 임정 내부에서는 확실하지는 않으나 광복군과 학병(포로 아닌 포로)들에게 무장시켜 한국 본토에 상륙하여 국내에 있는 일군의 무장해제를 요구했다가 미군정당국으로부터 거부당했다는 등, 그 저의는 어디에 있던, 좋지않게 해석하는 사람들의 입에서 입으로 널리 전파되어, 그간의 신성한 애국투쟁을 흐리게 하는 사례도 없지 않았다.

그것은 사이비(似而非) 자칭 애국자일수록 그 도(度)가 심(甚)한 것 같아 가소롭고 수치스러운 우리 민족성(民族性)의 일부라고 개탄하지 않을 수 없었고, 그뿐만 아니라, 그간에는 전연 상상도 못했던 이데올로기의 대립마저 차츰 표면화되어 좌파다 우파다하여 분열이 싹트고 있어, 그것도 만리타향인 이국 땅에서 민족의 치부(恥部)를 노출시키고 있었던 것이다.

나는 대학 예과 시절에 즐겨 읽던 책 중에서 영국의 유명한 평론가인 토마스 카알라일(Thomas Carlyle)이 말한 '이 세상에서 가장 속(俗)된 것이 정치(政治)다. ……'라는 구절이 머리에 떠올라 그 뜻을 음미하면서 다시 한번 나의 갈 길을 정립하여 보았다.

일제 36년간의 학정에서 벗어날 조국의 참 모습을 머릿속에 예상하면서, 이제는 세계 어느 나라에 못지않은 민주주의 정치이념에 입각하여 자유스럽고 평화스럽게, 그리고 강(强)한 조국의 새 출발을 다짐하고, 머지않아 아시아 대륙의 동방에는 '조용한 아침의 나라 대한민국'이 한많은 비극의 역사에서 벗어나, 새롭게 단장한 빛나는 모습으로 떠오르는 태양처럼 지구의 일각에서 그 빛을 온 세계에 비출 날이 반드시 오게 될 것을 확신하면서, 나는 제2차 세계대전에 참여하여 몸소 겪었던 죽음과 삶, 절망과 환희, 굴욕과 복수, 자유와 행복 등 탈출 과정에서 체험한 하나의 신념이라고 할까.

우리 인간은 자기가 아무리 뛰어난 소질과 능력을 가지고 있다 하더라도, 그것은 독립(獨立)된 조국의 품안에서 방대한 통치권(統治權)에 의하여 이룩된 정치, 경제, 문화, 사회의 발전과 안정된 기반 위에서만이 참다운 개인의 발전과 행복이 있다는 진리(眞理)를 모든 국민에게 호소하고 싶었다.

그리고, 이제는 우리 모두가 애국애족하여 대외적으로는 한치의 땅도, 한사람의 생명과 재산도, 타민족에게 침범을 당해서는 안될 것이며, 대내적으로는 국가와 민족이 유기적(有機的)으로 무한한 발전을 기할 수 있도록 서로가 보장되어야 할 것이라고 생각되었다.

강(強)은 선(善)으로 통하고 약(弱)은 악(惡)으로 통하는 평범한 진리는 국가나 개인이나 마찬가지다. 만사에 강하다는 것은 그것이 바르고, 착하고, 안정을 기할 수 있지만, 약하다는 것은 불안과 초조, 시기와 자포자기로 악의 요소가 싹트기 쉬운 것이다.

우리는 모두가 강해야 하며 나라도 마찬가지 이치(理致)이다.

그리하여 바르게, 착하게, 행복스럽게 살아야 한다. 이제 나는 악몽 같은 일제의 군대생활도, 생사를 초월했던 일군탈출도, 통쾌하기만 했던 복수의 대일투쟁도, 광복군으로서의 독립운동도 모두가 끝난 것이다. 어서 고국으로 돌아가야만 한다. 그리고 제2의 인생을 찾아야 한다. 다시 말해서 내가 앞으로 살아 갈 참다운 영원한 삶을 재정립(再定立)해야만 할 것이다.

나는 중국 땅 어느 한 구석에서 이미 죽었던 몸이 아니었던가! 그러기 때문에 오늘의 재생(再生)은 나로서 '개평인생'이라 아니할 수 없으며, 그 개평인생을 더욱 슬기롭게, 더욱 보람있게, 더욱 정의롭게, 참다운 삶을 장식해야만 한다.

그 길은 과연 무엇일까? 나는 그 동안의 내 인생을 파괴하여 새로운 제2의 인생을 교직(敎職)에서 찾아볼까 이상(理想)을 그려 보았다.

1945년 9월 중순, 미군정의 주선으로 드디어 귀국선은 상해를 출항하기 시작하여 제1진, 제2진, 제3진이 차례로 순조롭게 모든 한국인은 한많은 이국생활을 청산하고 돌아갈 수 없었던 그리운 귀국길에 오른 것이다.

이리하여, 성 동준(成東準), 김 영남(金映男), 정 병훈(丁炳勳), 최 용덕(崔龍德), 김 봉옥(金鳳玉) 다섯 동지는 제2진의 귀국선으로 일시나마 아쉬운 작별을 고하면서 먼저 귀국하였고, 나와 박영(朴英) 동지는 그 이듬해인 1946년 3월 초에, 그 동안 소중하게 간직하고 나와 생명을 같이했던 대형 태극기를 가슴에 안은 채, 영원한 나의 삶터인 고국(故國)을 향하여 귀국선(歸國船)에 몸을 실었다.

7人의 脫出

1993年 9月 30日　印刷
1993年 10月 1日　發行

　　　　著　者　　柳　　在　　榮
　　　　發行人　　高　　德　　煥

發行處　서울特別市鍾路區　圖書
　　　　平洞39番地의 2號　出版　三知院
　　　　登錄 1978年 6月 22日　제 2-254호(倫)
　　　　FAX. 739-2386　　　전화 737-1052
　　　　　　　　　　　　　　　　 739-2386

표지 디자인
전 산 조 판　藝彬企劃/274-3201　정가 6,000원